民國歷史與文化研究

二 編

第 22 冊

蘇北歌謠研究（第二冊）

馮翠珍 著

花木蘭文化出版社

國家圖書館出版品預行編目資料

蘇北歌謠研究（第二冊）／馮翠珍 著 — 初版 — 新北市：花
木蘭文化出版社，2015〔民 104〕
目 6+270 面；19×26 公分
（民國歷史與文化研究 二編：第 22 冊）
ISBN 978-986-404-290-6（精裝）
1. 民謠 2. 中國
628.08   104012470

民國歷史與文化研究
二 編 第二二冊   ISBN：978-986-404-290-6

蘇北歌謠研究（第二冊）

作　　者　馮翠珍
總 編 輯　杜潔祥
副總編輯　楊嘉樂
編　　輯　許郁翎
出　　版　花木蘭文化出版社
社　　長　高小娟
聯絡地址　235 新北市中和區中安街七二號十三樓
　　　　　電話：02-2923-1455／傳眞：02-2923-1452
網　　址　http://www.huamulan.tw 信箱 hml810518@gmail.com
印　　刷　普羅文化出版廣告事業
初　　版　2015 年 9 月
全書字數　506702 字
定　　價　二編 24 冊（精裝）台幣 45,000 元

蘇北歌謠研究（第二冊）

馮翠珍　著

目

次

第伍章　蘇北歌謠分類與探討（二）

　　本章接續前章，繼續探討蘇北分類歌謠。依次將討論情歌、生活歌及歷史傳說歌。

第一節　情　歌

　　《中國歌謠集成・江蘇卷・情歌類》的〈分類介紹〉開宗明義便說：「江蘇民歌中表達愛情生活內容的佔很大的比重。〔註1〕」此言誠然：因爲蘇北亦同。在蘇北歌謠中，情歌的數量次於兒歌，只有儀式歌可與之抗衡；可見地無分南北、人無分東西，傳達眞摯情意的歌謠始終最受民眾歡迎。

　　蘇北民歌大致有兩種特色：其一是深受蘇南吳歌風格影響的情歌。此類情歌風格細膩、善用雙關與譬喻，而且歌謠多藉物起興，情思婉轉動人；另一類則深具北地直獷風格，率眞爽直的表達反而帶有諧謔趣味，令人莞爾。

　　本節將就至今所見的蘇北情歌，依贊慕、思戀、結交、熱戀、情物、送別、思別、抗婚……等相戀的過程，略列出順序分類介紹、探析，以期一展蘇北情歌的動人及趣味之處。

一、贊慕歌

　　在蘇北歌謠中，情歌是很有趣的一類；其中又以贊慕歌最引人莞爾。

　　所謂贊慕歌，是男女雙方還在相互慕戀階段所唱出的歌謠。這其中或者因爲要引起對方的注意；又或是要一訴自己的情意，所以歌詞委婉之中帶有

〔註1〕見《中國歌謠集成・江蘇卷》，頁199。

新巧的譬喻，讓人一聽可知自己對於意中人的讚美，也引動聽者的興味，每一首都極具特色。

在戀慕歌中，有一類屬於男女對歌的「花船調」，是讚慕歌中極具機鋒的一種。這種花船調在蘇北的徐、海兩州都可見〔註2〕，藉由問答的方式，讓男子以不同的物品或情況來比擬自己對心上人的讚美或思慕之情，非常傳神有趣。茲列舉一二如下：

> 男：一只花船向正東，
>
> 　　又裝蘿蔔又裝蔥，
>
> 　　又裝女花容。
>
> 女：什麼叫蘿蔔？什麼叫蔥？
>
> 　　什麼叫女花容？
>
> 男：乾妹子，我的妹子，
>
> 　　青頭蘿蔔，白頭蔥，
>
> 　　乾妹子就叫女花容〔註3〕。
>
> ……

又如新沂縣的〈花船調〉是這麼拿心上人與金銀相比擬的：

> 男：四只啦小船啦下正北，
>
> 　　一船金子一船銀。
>
> 　　一船都是籠人心。
>
> 女：乾哥哥，什麼叫金子什麼叫銀？
>
> 　　什麼又叫籠人心？
>
> 男：乾妹子，黃的金子白的銀，
>
> 　　乾妹妹就是籠人心〔註4〕。
>
> ……

東海縣的〈四只小船漂四方〔註5〕〉中，是以江南、江北、江東、江西為興，大膽而間接地表達了男方希望廝守的企圖：

> 男：一只小船漂江東，

〔註2〕如銅山縣的〈一只花船〉、新沂縣的〈花船調〉、東海縣的〈四只小船漂四方〉及〈八幫舟船〉等，都是這一類的歌謠。

〔註3〕見《銅山縣歌謠集成》〈一只花船〉，頁84。

〔註4〕見《新沂縣歌謠集成》，頁66。

〔註5〕見《連雲港民間情歌》，頁5。

　　　　　半船韭菜半船蔥。

　　　　　還有半船老公公。

　　女：乾哥哥，我問你：

　　　　　什麼是韭菜什麼是蔥？

　　　　　什麼是那老公公哎？

　　男：乾妹妹，對你說，

　　　　　扁葉韭菜圓葉蔥，

　　　　　我大是你老公公。

蘇北稱父親爲「大」；稱丈夫的父親爲「老公公」。這段歌中，將蘇北在人際稱謂上的趣味融在歌中，非常貼近生活的實貌，也間接吃了女方的豆腐，機趣中調情的意圖明顯，令人有忍俊不住。至於東海縣的另一首花船調〈八幫舟船〔註6〕〉，歌調開始則是以數字起頭，分別配入不同的目的地及物品使之合韻，複雜且精巧地傳達出對歌的精細與愛慕之情：

　　……

　　男：三幫啦舟船下南京，

　　　　　一船呀和尚一船僧。

　　　　　還有一船琉璃燈。

　　　　　咿呀哎得喂得喂，

　　　　　還有一船琉璃燈。

　　女：乾哥哥我來問你，

　　　　　什麼是和尚什麼是僧？

　　　　　什麼是呀琉璃燈？

　　　　　咿呀哎得喂得喂，

　　　　　什麼是琉璃燈。

　　男：乾妹妹你聽著，

　　　　　禿頭是和尚連毛是僧，

　　　　　我愛你個琉璃燈。

　　　　　咿呀哎得喂得喂，

　　　　　我就愛你個琉璃燈。

　　……

〔註6〕見《連雲港民間情歌》，頁7。

歌中把聰慧伶俐的心上人比作晶瑩剔透的琉璃燈，歌頌女子的內在美好；也把民間對出家人的打趣融入其中，更與心上人的靈透形成鮮明的對比。有趣的是，這首〈八幫舟船〉也像新沂縣的〈花船調〉，不只是拿物品來比擬心上人，還有直接用「疼揪心」（一船呀條子一船釘，還有一船疼揪心）、「疼不夠」（一船呀驢子一船牛，還有一船疼不夠）等狀態來形容心上人；甚至也直接在最後一段直接而大膽地調情：

> 男：八幫啦舟船下揚州，
>
> 　　一船呀清水一船酒。
>
> 　　還有一船頭靠頭。
>
> 　　咿呀哎得喂得喂，
>
> 　　還有一船頭靠頭。
>
> 女：乾哥哥我來問你，
>
> 　　什麼是清水什麼是酒？
>
> 　　什麼是呀頭靠頭？
>
> 　　咿呀哎得喂得喂，
>
> 　　什麼是頭靠頭。
>
> 男：乾妹妹你聽著，
>
> 　　淡味是清水辣味是酒，
>
> 　　乾妹同我頭靠頭。
>
> 　　咿呀呀哎得喂得喂，
>
> 　　乾妹就同我頭靠頭。

這段的內容不但有趣，也很有深意；不禁讓人聯想到：生活裡酸甜苦辣、各種滋味都有，一如有清水的淡味、也有酒的辣勁兒；但前提是先要「乾妹同我頭靠頭」（共枕而眠），才能共同體會分享生命裡的淡味與辣勁兒。以之為結尾，讓這首歌更具期待感與未來性。

　　用對歌的方式唱出贊慕之情固然熱鬧有趣，但是單方面地大聲表白出心意，則又是另一種傳達熱情的趣味。蘇北無論是男是女，對於心上人的贊慕都大方而直接、毫不含羞；不過比例上還是以男贊女為多；畢竟要厚著臉皮唱出對心上人的心意，還是需要極大的勇氣。所以贊郎的歌謠不多，內容也較為婉轉。如這首〈誇郎〔註7〕〉：

〔註7〕見《連雲港民間情歌》，頁11。

閒來呀無事呀下盤棋，
手拿著棋子對郎笑嘻嘻
郎兒來我有話問道你，
棋不按路心在哪裡？

我誇呀小郎呀實在俏，
兩眼個含情掛在眉梢。
滴溜溜的眼神惹人瞧。
哎喲哎嗨喲，
咱們二人把心來交。

歌中用質問側寫出男子的情意與自己的心喜，尤其一句「棋不按路心在哪裡」，更是把男子因心猿意馬、不按棋路走棋的情態寫得入木三分，真可謂是神來之筆。又如這首〈瞟才郎〔註 8〕〉，則是女子暗中把心上人從頭到尾細細看過，藉由對男子衣飾的描寫，讓人想見才郎玉樹臨風的模樣：

……

單編草帽頭上戴，修花小辮梳得長，盤在耳疙上。
對襟小褂皮包筋，緞子紐扣放毫光，釘在左邊上。
粘綢褲子淨是縫，玉色帶子織得長。繫在腰當央。
緞子跨虎五色穗，色子寶盒裡邊裝，提在腰骨上。
尖底小鞋納雲彩，順水襪子穿針行，上邊滾滾香。

整首歌裡不說自己的心意、也不提才郎的對自己有情無情；然而單看女子如此細膩的心思全派在才郎的打扮上，也不難理解她的思慕之情。俗話說「佛要金裝、人要衣裝」，歌中這位才郎看來像是個富家子弟，因為他的打扮既華麗又稱頭，配件精美、質料也好，也難怪讓女子忍不住一瞟再瞟。這首歌謠不像前一首大膽調情，反而較為內斂平實，比較之下，更像是女子含情脈脈的凝望之歌，情意更顯雋永。

這種冷眼旁觀式的思慕，也同樣出現在男性的思慕歌中。對於讓人一眼看上就驚為天人的美女，蘇北也有細細的描繪之歌。歌者出城驚訝地發現城南居然有絕世美女：

……

〔註 8〕見《邳縣歌謠集成》，頁 95。

頭上青絲窩水捲，鬢邊斜插斷金簪。兩耳墜排環。

粉面好比花中月，水靈靈的杏子眼，緊襯柳眉彎。

貼身穿著魚白褂，外面又套青夾衫，汗巾繫腰間。

手拿煙袋烏木桿，七星荷包玉花籃，口口吐白煙。

青綢褲子織金帶，鳳頭花鞋藕芽尖，金蓮三寸三〔註9〕。

有人問起名和姓，丈夫姓潘俺姓韓，家住縣宿邊。

這兩首歌的句式一致、側寫的手法也類似，卻由不同的歌者唱出〔註 10〕，令人好奇兩者是否為一首戲曲一分為二。類似這種從外觀開始描寫讚慕情人的手法較為常見，如用「勸郎調〔註 11〕」唱出的〈五誇小妹〔註 12〕〉也是一例：

……

二誇小妹長得好，

臉上淡擦雪花膏。

有紅似白多麼好看，

嘴點胭脂賽櫻桃。

哎，乾妹妹，

一對眉毛好像筆描。

三誇小妹長得好，

身上又穿長旗袍。

貼身穿著白綾子褂，

線春的褲子迎風飄。

哎，乾妹妹，

綠絲帶子紮上兩條。

四誇小妹長得好，

〔註 9〕 見《邳縣歌謠集成》〈出城南〉，頁 90。

〔註 10〕 〈瞟才郎〉由採錄時年已七十七歲、不識字的邳縣農民惠百英所唱；〈出城南〉則是由具有初中學歷的中年人張奎芝所唱。

〔註 11〕 蘇北的勸郎調，多用於從女性的角度勸告情人或丈夫戒賭戒煙，振作為人。歌取型式常是以數字為始，「一勸情郎……二勸情郎……」，是為勸郎調。此處將「一勸情郎……二勸情郎……」改為「一誇小妹……二誇小妹……」，讚美心上人的美好。

〔註 12〕 見《連雲港民間情歌》，頁 12。

<blockquote>

三尺白綾把腳包。

香色的襪子顏色重，

皮底的小鞋後跟高

哎，乾妹妹，

走起路來多麼輕巧。

……

</blockquote>

也有直把女兒家的嬌貴與邳睢銅三縣的價值來相比的贊慕歌〔註13〕：

<blockquote>

男家買親問行情，

姑娘值個邳睢銅。

搬來金山瑪瑙山，

只能買個唾沫星。

</blockquote>

歌中直言女兒是無價之寶，想靠著財大氣粗的優勢並不見得能得到芳心。對女兒家作出如此珍貴的比喻，足顯憐花惜玉之意。至於東海縣的情歌〈野菜苦家菜甜〔註14〕〉，則是男子心甘情願爲情人吃苦受累，完全不顧旁人的指指點點：

<blockquote>

野菜苦呀家菜甜哪嗨嗨，

家菜野菜不一哪哎哎哎般哪。

我愛乾妹如野菜啊，

嗨嗨嗨嗨嗨嗨呀，

嗨嗨嗨嗨呀嗨呀嗬嗨嗨嗨嗨，

人家嫌苦我啊甜啦。

</blockquote>

問題是，其中一方的單相思是否得得到對方的認同，始終是戀情中最不可捉摸的部份，所以也有男子在大聲唱出對女子的愛慕與祈求之餘，希望對方能給自己一個明確的答覆，一如這首〈我想帶二妹去踏青〔註15〕〉中所唱：「我想帶二小妹去踏得兒青喲，不知二妹你可呀領情？」這種單刀直入式的邀請，更表現出蘇北情歌中的直接與爽快。

在以船運爲主要貿易方式的連雲港及大運河沿岸，還有一種贊慕歌是起自於到外地經商，巧遇有緣人而藉歌訴情、進一步互訂終身的內容。無論是打趣兒歌般的〈小扁擔〉，或是直抒愛意的〈我愛揚州好丫頭〉，這種因經商

〔註13〕見《邳縣歌謠集成》〈只能買個唾沫星〉，頁124。

〔註14〕見《連雲港民間情歌》，頁11。

〔註15〕見《連雲港民間情歌》，頁5。

而締結良緣的歌謠，某種程度上都反應出賈人搬有運無的特色，這也正是這類巧遇姻緣式的情歌背後所傳達出的生活實貌。茲轉錄〈我愛揚州好丫頭〔註16〕〉於下以供參考：

> 小小扁擔軟抽抽，
> 挑擔白米上揚州。
> 揚州看我好白米，
> 我看揚州好丫頭。
>
> 魚白褂子青鈕扣，
> 紅頭繩子扎抓髻，
> 一朵紅花頭上戴，
> 愛得我心裡恣悠悠。

就像是〈乾妹子下河採蓮藕〔註17〕〉裡所唱的，當男子為心上人的玉手被蓮藕扎破而心疼時，女子以對唱方式反問道：「我親的的的的乾哥哥，何時你來挑起紅呀蓋頭？」一般：無論求愛的結果是否如唱歌人所想望，這些表達愛慕懷春之情、相互傾慕之意的贊慕歌，已然可被視為是戀曲的前聲，令人迴味再三。

贊慕歌反映出蘇北一般小康家庭的少女，在婚前由於沒有婚姻的責任及義務的束縛，所以保有自我性格、同時也擁有輕鬆自在的生活及感情自由，藉由「花船調」之類的對歌，可以看出少女的頑皮、慧黠；如此無負擔的兩性情感初探與建立，同時也讓少男顯得純情可愛。整體而言，贊慕歌中所表現出的初戀情懷，無疑是清純動人的。

此外，贊慕歌也大量反映出蘇北對男女兩性的審美觀。對於女性的形象之美，大多以具體鮮明的色彩及意象表現出來，不論是紅豔的櫻桃小口、或是粗黑的大辮子；雪白的粉面或是水靈靈的杏子眼，在在都將理想中的女性美一一描繪出來；相反的，對男性的形象就流於外在的裝束及明快性格的要求，使贊慕歌成為反映社會觀點的另一種佐證。

二、思戀歌

思戀歌主要在唱述有情人思念對方、卻不得相見之苦。不同於「思別歌」，

〔註16〕見《連雲港民間情歌》，頁4。
〔註17〕見《連雲港民間情歌》，頁3。

本文將思戀歌與思別歌兩者以歌者身份別作劃分：如果是已婚夫妻、因故兩別，則相互思念的情歌，本文將之歸入「思別歌」；至於情人間因戀情多舛未能相見、進而因此衍生出的思戀之歌，則歸入本單元所要討論的「思戀歌」之屬。

　　蘇北地方民風直率、敢於表達自身感受，因相思所衍生的種種情懷，總能如實反映在情歌之中。對有情人分隔兩地的相思之苦，有各種豐富貼切的比擬、讓人能立刻心領神會箇中酸楚：或是將彼此比作扁擔的兩端，難以見面（扁擔蕩蕩五尺長，情妹挑水望情郎。思想情哥難得會，挑起水桶哭一場〔註18〕）；或是夜深人靜時，獨自綉著鴛鴦、卻反襯出自己的孤單（懶綉鴛鴦好也是傷悲〔註19〕）；再或是手捧情書淚滿腮，大嘆請雁兒來為自己傳情意（雁呀雁兒來呀哎，你將奴的情書代〔註20〕）；也有佳人眼看荷花又開、卻盼不到心上人來（荷啦花的出水面對面哪啊啊，去年想你到今年〔註21〕）而大嘆不知何年再相見的憂思；甚至是拿古代遺世獨立的佳人如王昭君、陳杏圓等人與自身的孤單相比擬……等，都是蘇北思戀歌常見的題材與筆調。

　　不過在眾多思戀歌中，銅山縣有一首〈情哥情妹情意長〔註22〕〉，則可謂是蘇北思戀歌令人動容之最。全歌用九首類似七言絕句的小詩，描寫一對受到命運捉弄的有情人不得婚配的痛苦：兩人因為貧困所迫，女方不得不被賣作童養媳，使得彼此只能遠遠地思戀對方，並藉由情歌悲訴著終生不能廝守的痛苦。茲節錄最後三段如下：

（七）

　　　　床前明月亮光光，月似情哥依身旁。

　　　　情妹矇矓入睡去，醒來還是夢一場。

（八）

　　　　房亭河水長又長，長長流水天天漲。

　　　　不是山洪暴發雨，情哥淚水流不完。

（九）

　　　　太陽出來曬紅牆，情妹出來曬衣裳。

〔註18〕見《連雲港民間情歌》〈扁擔蕩蕩五尺長〉，頁17。

〔註19〕見《連雲港民間情歌》〈夜半淒涼訴于誰〉，頁19。

〔註20〕見《連雲港民間情歌》〈手捧情書淚滿腮〉，頁18。

〔註21〕見《連雲港民間情歌》〈荷花出水面對面〉，頁18。

〔註22〕見《銅山縣歌謠集成》，頁105。

　　　　我願化作光一束，輕輕來到妹身旁。

歌中最後將對情人的思戀，轉化爲月光與日光的意象，象徵著永遠陪在對方身邊、守護著對方；如此細膩、溫和的情感，這般能發乎情、止乎禮，卻又情意綿綿的愛戀，令人不得不想起〈長恨歌〉中「天長地久有時盡，此恨綿綿無絕期」的感傷。

　　類似上述，多數思戀歌中，不外乎闡述著有情人傷春悲秋的痛苦，也因此對於外在環境的變換格外敏感；是以在思戀歌中，有以「四季相思」爲題的歌謠，讓女子逐季傾訴與情人分別的痛苦〔註 23〕。此類思戀歌據朱自清考證，源自於吳曲「子夜四時歌」，其內容正是以思念情人爲主題所衍生出的民間小調。（相關介紹，請參見本文第柒章第三節「四季歌」。）

　　除了四季歌外，思戀歌中也有一部份是運用「五更調」來唱出相思之情（亦請參見本文第柒章第一節）；有趣的是，以五更調唱出的思戀歌，大多帶有戲謔的成份在內，難免令人聽來忍俊不住。例如新沂縣的〈鬧五更〔註 24〕〉，就在描寫女子本在靜夜思念情人，不想周遭卻有各種生物來湊熱鬧，吵得她相思不得的情狀：

　　　　……
　　　　一更裡，相思妹，什麼來喊叫？
　　　　蚊子只管叫，蚊子怎樣叫的？
　　　　扔啊扔扔叫得好不傷心，
　　　　聽得好不動心。
　　　　動動心，傷傷心，
　　　　鴛鴦枕，好難分。
　　　　相思一麼交到二更，鼓打二更天。

　　　　二更裡，相思妹，什麼來喊叫？
　　　　蛙子來喊的呢！蛙子怎樣的叫呢？
　　　　各幾呱各幾呱叫呢！
　　　　叫得好不動心。
　　　　……

〔註23〕如邳縣、新沂、睢寧、銅山、贛榆等地都有以〈四季相思〉爲題的思戀歌。
〔註24〕見《新沂縣歌謠集成》，頁 73。

相思一麼交到三更，鼓打三更天。

三更裡，相思妹，什麼來喊叫呢？
公雞來喊的呢！公雞怎樣的叫呢？
各各各的叫呢！
叫得好不傷心。
……
相思一麼交到四更，鼓打四更天。

四更裡，相思妹，什麼來喊叫呢？
狸貓來喊的呢！狸貓怎樣的叫呢？
阿嘔、阿嘔、阿嘔叫呢！
叫得好不傷心。
……
相思一麼交到五更，鼓打五更天。

五更裡，相思妹，什麼來喊叫呢？
小狗來喊的呢！小狗怎樣的叫呢？
汪、汪、汪的叫呢！
叫得好不傷心。
……
相思一麼到天明，哎哎依哎喲。

根據採錄者的後記，這首歌謠最大的特色是，歌者馬玉才以精妙的口技，把各種動物的叫聲模仿得唯妙唯肖，使得整首歌謠充滿了眞實活潑的趣味。從內容看來，動物的熱鬧叫聲，不但沖淡了思戀歌的悲傷無耐、更反客爲主地成爲整首歌的主要賣點，成爲獨樹一絕的思戀歌。

帶有詼諧趣味的五更調思戀歌還不止這一首。新浦區的〈五更思郎〔註25〕〉，描寫大姑娘在繡閣中夜不成眠，邊做女紅邊想情人的過程；眼看著左思右想來到五更，好不容易將要矇矓入睡了，恍惚間卻聽到了腳步聲：
……

〔註25〕見《連雲港民間情歌》，頁 23。

五更鼓兒咚，

五更鼓兒咚，

窗外的香妃竹翩翩舞春風，

秋蟲唧唧唱呀得喂，

姑娘矇矓睡。

忽聽腳步聲，

疑是應了夢。

慌忙的開門看媽媽到房中。

想起心裡事呀得喂，

臉映太陽紅。

歌末的小小轉折，讓原本因相思而感傷的氣氛頓時被打散；也帶出這首歌諧而不譴的含蓄情意，更反襯出大姑娘含羞帶怯的思戀之情。

說起因過度思戀而導致的恍惚失神，也是思戀歌中常見的主題。不論男女，因為相思造成茶飯不思、丟三忘四，甚至失足跌跤之類的糗事所在多有，也因此為多愁易感的情歌帶來許多不一樣的趣味。例如〈繡絨花〔註26〕〉一類的思戀歌〔註27〕，就是在描述一位慌慌張張的小姑娘抱著大西瓜、趁著夜色要與情人相會、卻因為天雨路滑摔得四腳朝天、落得無法相見的情狀：

姐兒房中繡絨花，小郎捎信要瞧她。

手裡無什麼拿。

買上一只大螃蟹，買上螃蟹和對蝦，

懷抱大西瓜。

天上下雨地下滑，一跤摔得仰八叉，

兩手一扎挲。

爬了螃蟹蹦了蝦，懷裡摔破大西瓜，

恨聲無福的小冤家。

兩手按地忙爬起，身上有泥不敢擦，

低頭轉回家。

〔註26〕見《邳縣歌謠集成》，頁133。

〔註27〕此類歌謠在蘇北各地都有流傳，除邳縣有〈繡絨花〉、〈月亮出來了〉兩種版本以外，新沂縣也有〈扣絨花〉；至於連雲港市則改爲男子爲了趕相會而摔傷、白白錯過約會的〈可恨小姑娘〉，都是這類因摔誤期的妙趣思戀歌。

這首歌不但不像是一般單純敘情思的思戀歌、反而更像是一齣生動逗趣的默劇，每一個畫面都透過歌詞傳神地映在我們眼前；與〈綉絨花〉系列相比之下，灌雲縣〈可恨的小姑娘〔註28〕〉中，這位處處自稱為小生我」的文謅謅男子，因相思失神而摔跤吃苦的情節，就帶了幾分傻氣，讓人有點哭笑不得：

　　……

　　外面天色晚，

　　黑夜又更深。

　　伸手也不見五指，

　　對面看不見人。

　　有一晚磚頭溜子，

　　將我小生絆磕倒。

　　直跌得我小生，

　　渾身上下根根骨頭疼。

　　還為妹妹心上人。

　　譙樓上打五更，

　　格裡格外添精神。

　　叫一聲乾妹子，

　　又叫一聲心上人。

　　我為你玩笑場中，

　　挨過多少飢和餓，

　　三茶四飯黃湯，

　　未沾我的唇。

　　還為妹妹心上人。

　　類似上述這些側寫為愛癡迷、失神落魄的內容，在思戀歌中還有很多：思戀者或是因為貪看心上人反被自己手上的洗衣槌打着，「睡到半夜疼不過，只怪棒槌不怪郎〔註29〕」；或是「走路忘了邁門坎，淘米忘了簸米糠〔註30〕」；又或者是「拾起針、忘了線，我提筆忘了寫文章〔註31〕」……等，這些都

〔註28〕 見《連雲港民間情歌》，頁27。
〔註29〕 見《邳縣歌謠集成》〈只怪棒槌不怪郎〉，頁126。
〔註30〕 見《邳縣歌謠集成》〈想郎想得怪心慌〉，頁126。
〔註31〕 見《連雲港市歌謠集成》集成〈相思歌〉，頁1034。

傳神地描繪出戀愛中人殷切思戀的情懷，甚至對這種相思之苦，忍不住大唱「單相思病還好過，哥啊雙思病要一命亡〔註32〕」。如此強烈的情緒，難免使得思戀者在身邊出現阻礙戀情的絆腳石時，心中會出現強烈的不滿：管它是家人還是動物，只要妨礙好事，都不免成為被遷怒的對象（妹妹今晚想約郎，狠心嫂子把門擋。賭氣一夜未睡覺，三天見嫂不答腔〔註33〕）。這些患得患失的情緒，在邳縣的〈太陽落山望西斜〔註34〕〉中表現得最令人捧腹：

> 太陽落山望西斜，乖女抓米餵金雞。
> 姐叫金雞吃個飽，不到五更莫要啼。
> 拆散姻緣就殺你。
> 金雞一聽把頭點，乖姐說話好希奇。
> 開天闢地就有我，夜風吹耳我先啼。
> 性命抓在你手裡。

情人為愛不顧一切的瘋狂，在歌謠中連無辜的金雞都覺得莫名其妙，畢竟「開天闢地就有我，夜風吹耳我先啼」，說到頭，「性命抓在你手裡」，可憐的公雞也不過是個出氣筒罷了；這段搶白，聽來令人不禁啞然失笑。

這些為戀人神魂顛倒的模樣，難免會引來家人的側目及注意。在蘇北思戀歌裡，就有一類〈小姐想郎歌〔註35〕〉，專寫女子因為相思而傷神落淚的模樣被母親質疑時的對答，讀來令人發噱：

> ……
> 走起路來想起郎，眼淚掉在樹兩旁。
> 娘問小姐哭什麼的？哎，我的娘來，
> 那麼好的大路不平張〔註36〕。
> 扛起鋤頭想起郎，眼淚掉在鋤把上。
> 娘問小姐哭什麼的？哎，我的娘來，
> 那麼好的鋤把磨手慌。
> 燒起鍋來想起郎，眼淚掉在鍋沿上。
> 娘問小姐哭什麼的？哎，我的娘來，

〔註32〕見《連雲港民間情歌》，頁17。
〔註33〕見《徐州市歌謠集成》，頁217。
〔註34〕見《邳縣歌謠集成》，頁82。
〔註35〕見《銅山縣歌謠集成》，頁103。
〔註36〕蘇北方言，不平坦。

　　那麼好的鍋沿利〔註37〕手慌。

　　端起碗來想起郎，眼淚掉在碗沿上。

　　娘問小姐哭什麼的？哎，我的娘來，

　　那麼好的筷子不般長。

　　拾掇牙床想起郎，眼淚掉在枕頭上。

　　娘問小姐哭什麼的？哎，我的娘來，

　　那麼好的牙床不招郎。

類似的歌謠在蘇北各地都可見到〔註38〕，招致女子落淚的藉口也千奇百怪，表面上荒誕不經，其實處處暗示著有情人無法成雙配的尷尬與痛苦：有哭鞋面上的繡花「紅花綠葉對不上」；也有哭推磨的時候「好好的磨來滯什麼膛」；又或者是身上的衣裳「前襟子短來後襟子長」；連頭髮也不對勁兒：「俺三根黃毛沒二指長」；再不就是吃飯時發現「蔥花油鹽未擱上」……，總之藉題發揮，在情事不順心之下，身邊的不對稱的事物也彷彿特別顯眼、都能引發女兒清淚。女孩兒家這些傷春悲秋的心思在麻利的過來人眼裡，格外唱得一針見血，令人忍俊不住。

　　銅山、邳縣、睢寧等地所收錄的〈小姐想郎歌〉的開頭相似，如銅山縣：

　　小姐門前長棵槐，扒著槐樹望郎來。

　　娘問小姐望什麼的？哎，我的娘來，

　　我望槐花幾時開。

邳縣與睢寧：

　　高高崖上一棵槐，手扶欄杆望郎來。

　　娘問女兒望什麼？我望槐花幾時開。

這些開頭都與四川民歌〈槐花幾時開〉大同小異。據學者指出，〈槐花幾時開〉的歌調旋律走向，與川東南地區方言的語調十分接近，可視為直接將語言聲調加以誇張發展而成歌謠的例子〔註39〕，可知這是一首源自於四川的歌謠，沒想到最後竟在蘇北風行，想來正是因為歌謠中詼諧逗趣氣氛，符合蘇北的

〔註37〕蘇北方言，指因過度銳利而割傷。

〔註38〕如徐州市〈我到外邊去溜溜〉；新沂縣〈想起郎〉；東海縣〈想郎〉；邳縣〈門口有棵槐楊樹〉……等。

〔註39〕見周耘著《中國傳統民歌藝術》中〈傳統民歌的起源〉，（湖北：武漢出版社，2003年11月），頁17。作者藉此歌調於文中指出，關於歌謠起源的數種說法中，有一類認為歌謠源於語言：一如〈詩大序〉中所言：「言之不足，故嗟歎之；嗟歎之不足，故歌詠之」。

直爽民風之故。茲轉錄四川原歌簡譜於下：

此類歌謠從每一段第四句女兒的回答中，可以看出女兒對母親詰問的故作鎮定；但是身為過來人的母親，怎麼可能會不知道女兒的心事？只是傳統家庭生活中的親子互動，造成了母女之間彼此心知肚明、卻處處留有餘地的體貼；頂多是以歌謠傳達出大家心照不宣的默契。除非必要，否則對於思戀中女兒顛三倒四的行止，親長們是不會說破的；睢寧縣就有一首情歌〈相約〔註40〕〉，就唱出母親笑罵自己成為女兒約會幌子的嗔斥：

> 小院裡媽媽急得出汗，
> 陽台上女兒正忙著梳妝打扮
> 香脂抹了幾遍
> 白粉擦了幾遍
> 對鏡左瞅右看
> 唉！走嘍！走嘍！
> 媽媽一喚再喚。
>
> 小院裡媽媽兩腿等得發酸，
> 陽台上女兒心不在焉。
> 忽然一聲「布穀」鳥叫，
> 喜得女兒嬌媚笑顏。
>
> 媽從門縫裡一瞧，
> 「死丫頭！早知你相約有伴，
> 何必叫我白搭時間！」

〔註40〕見《睢寧縣歌謠集成》，頁69。

歌中起先不明究裡的媽媽，為了要等女兒而急得冒汗腿軟；最後才知道自己不過是女兒出門的幌子時，倒也沒有發怒，只是笑罵著女兒「死丫頭！早知你相約有伴，何必叫我白搭時間」，表現出為人母者對於青春正熾的女兒所抱持的理解與寬容，成為表現思戀情懷外，側寫出寬容親情的另一種筆法。

　　思戀歌男女雙方中如此叨叨切切的情意，無非只為求得一個圓滿的結局；但是如果遇到了行動延滯的情人或婆家，不免讓人大嘆「飽漢哪不知啊餓漢飢，騎驢不知步輦的〔註41〕」，甚至遲遲不來說媒迎娶，那麼姑娘家可是要著急的；一氣之下，也許會這麼決定：

　　　　再過兩年哪再不帶呀，

　　　　我懷抱銀娃到你家，

　　　　丟你個活煞煞呀啊哎啦哎咳喲，

　　　　丟你活煞煞呀啊！〔註42〕

要不就是

　　　　再過三月不來娶，

　　　　打起包袱走上他家。看他說個什麼話。

　　　　見著公公叫大大，見著婆婆叫媽媽，

　　　　見著小郎就叫他〔註43〕

因為

　　　　絲瓜子一老啊一肚種，

　　　　豆角一老兩面皮，

　　　　小奴家正當時喲，

　　　　哎啦哎咳喲小奴家正當時喲！

　　如此在情在理的理由，聽來也不算過份；畢竟「男大當婚、女大當嫁」；對於膽小或拖拖拉拉的情人，蘇北女子可是會施以嘲諷與脅迫的。只是誰又知道情人的拖延，究竟是單純的慢半拍、還是變了心呢？碰到了這種時候，積極樂天的蘇北姑娘不會坐在家中枯等消息，索性上門理論、問個水落石出：

　　　　姐兒房中打蒲包，

　　　　相個情郎又走了。

〔註41〕見《新沂縣歌謠集成》〈姐兒摘瓜〉，頁103。

〔註42〕同上註。

〔註43〕見《連雲港民間情歌》〈姐在南園望婆家〉，頁16。

為奴去找找。

大街走，小巷溜，

嘴含煙袋不抬頭，

為奴跟你多大仇？

……

拍拍心坎攘攘拳，

奴哪點待你不周全？

郎心沒有俺。

罷罷罷，休休休，

露水夫妻不到頭，從此拉筆勾〔註44〕！

似這般非要找到情人問個明白的性格，讓人為姑娘的癡心感到心疼；然而感情來去總是捉摸不定，要是姑娘家發現情人真的移情別戀，難免恨恨咒道：

……

從今再打姐門走，

起頭爛到腳後跟；

再看姐，瞎你眼；

再想姐，爛你心；

你有銀錢你另找，

我有銀錢我另尋，

不要你再獻殷勤〔註45〕！

如此因愛生恨、敢愛敢恨的思戀歌，強烈表達出蘇北姑娘正面務實的作風與乾脆的性格：溫柔點兒的可能只會當面嗔怨〈郎的心腸改變了〔註46〕〉；性烈點兒的可就要情人摸著良心、大聲質問〈奴待你哪點不周全〔註47〕〉了。不過無論如何，個性明快的蘇北姑娘，可不興那一套哭哭啼啼、力挽狂瀾的作派，大不了一拍兩散，大聲宣告：

從呀從今後，

你走你的東，我走我的西，

〔註44〕見《邳縣歌謠集成》〈打蒲包〉，頁85。

〔註45〕見《邳縣歌謠集成》〈紅娘子〉，頁86。

〔註46〕見《邳縣歌謠集成》，頁88。

〔註47〕見《銅山縣歌謠集成》，頁83。

> 你打你的狗，我撑我的雞，
>
> 俺呀與你永分離〔註48〕！

這種鮮明可愛的個性，倒眞是俐落清爽、快人快意；卻也同時反應出女子們對於愛情眞誠與專意的重視：即使遇到了失敗的婚戀，蘇北女性並不選擇軟弱隱忍或是乞求哀憐，而是自覺地保有自我的人格尊嚴，乾脆地離開。

也正是基於這種個性，所以即便已嫁爲人婦，如果與婆家或丈夫兩下不合，女子也會大唱「打死小醜鬼，奴與你配成雙〔註49〕」、「明天我要起個早，大街走一遭。找那俊俏標致的白臉小少豪。橫下一條心，情願跟他跑。……天涯海角逍遙〔註50〕」之類有另適之意的思戀歌。

要是婚事不諧的原因出於自己家裡，那麼在蘇北的思戀歌中，還有一類正是小大姐們，描寫擔心終身無著而焦心的急嫁歌，表現出對自己婚姻大事的主張及對家人消極拖延的不滿；如果因此而被人嘲笑，她們也會大方的抗議，甚至不惜採取激烈的手段、甚至驚動官府也在所不惜〔註51〕。且看其中一首〈雖說沒到十七八〔註52〕〉，急嫁的姑娘是怎麼要脅父母快幫自己辦婚事的：

> 姐兒房中淚兩行，埋怨一聲爹和娘，
>
> 不給孩商量。
>
> 「妮〔註53〕，你還小來！」
>
> 雖說沒到十七八，四頁小底能會納〔註54〕，
>
> 捎帶扣絨花。
>
> 「妮，人那頭〔註55〕還沒蓋起房來」，

〔註48〕見《邳縣歌謠集成》〈郎的心腸改變了〉，頁88。

〔註49〕以新沂縣這首〈十探新人頭〉爲例，歌分十段，男女輪唱；歌中敘述有情男女雙方，因爲女方被嫁爲童養媳而無法廝守終身；但面對著三寸高的小新郎，新娘寧可請情人想辦法除去小丈夫，也不想再留在婆家，過著悲慘的生活。

〔註50〕見《連雲港民間情歌》〈姐在房中把花描〉，頁15。

〔註51〕見《連雲港民間情歌》〈姐在房中織綾羅〉，歌中描寫女方家中爲貪求財禮，一再與男方討價還價，直到蹉跎了女兒的終身大事。其歌中關鍵的句子如下：「……我媽呀十七呀將我養啊，嫂嫂十八配哥哥啊，我今年二十多。一恨呀媒婆不來說，二恨我媽媽要禮多啊，活活難壞了我。……」頁15。

〔註52〕見《邳縣歌謠集成》，頁131。

〔註53〕蘇北方言中稱自家女兒的膩稱。「小妮兒」意同「小寶貝女兒」。

〔註54〕指納上一定厚度的鞋底。

〔註55〕蘇北方言，指「人家那一邊」，也就是泛指對方或對方家庭。

一把草，兩把泥，把奴娶在豬圈裡，

小也奴願意。

「妮，你見過人那頭嗎？」

他去東庄上學堂，我上東庄走姨娘，

二人遇路旁。

「你跟他說過話了？」

膀靠膀，肩靠肩，一肚子好話沒啦完。

來到學堂前。

「妮，人那頭也還小。」

屄巴在大無四兩，秤鉈雖小壓千斤，

不要娘掛心！

「等秋涼了吧！」

飽漢不知餓漢飢，騎驢不知步攢的。

早晚等秋裡，

爹爹不上娘房去，哥哥不進嫂的房，

咱一塊等秋涼。

「妮子疙瘩〔註56〕，那什麼話！」

再等三月不來娶，打個包袱跑他娘。

找找有情郎。

跑個三年並五載，床前生下小兒郎。

也是奴家好一場。

人是姥娘瞧外孫，俺是外孫瞧姥娘，

你看強不強〔註57〕！

歌中句句對頂著父母延遲的藉口，逼得人無處可躲；聽者彷彿看見父母被女兒裹脅的無奈窘態。句句犀利傳神，令人在搖頭笑罵「女大不中留」之際，卻也不禁對蘇北女兒主動積極、勇於追求自我幸福的大器撫掌叫好！

　　至於還沒有婆家的姑娘，睡裡夢裡，也希望早得好姻緣，所以會有〈小二姐作夢〔註58〕〉、〈家住西北湖〔註59〕〉這類夢見未知的婆家來迎娶、思婚

〔註56〕蘇北方言，罵女孩人小鬼大，心眼頗多。

〔註57〕強，同「犟」，倔強。此句意為「比比誰犟得過誰」。

〔註58〕見《銅山縣歌謠集成》，頁85。

心切之歌。

如果真的拖延得遲了，邳睢銅一帶則另有流傳一首名為〈十二恨〉的歌謠，描寫晚婚女子的怨懟心情。歌中女子不是沒有對象，只是因為種種原因導致姻緣不諧。〈十二恨〉是以女子口吻，唱出對身邊所有人的埋怨，眼見人人幸福美滿，只有自己獨守閨閣、無人關心，忍不住對爹娘、公婆、媒人、兄嫂、甚至是比自己早婚的手足、朋友以及自己的命運……等，一一唱恨，再不就是埋怨自己為女兒身、致使凡事不由己的悲哀。最後的收尾或者悲觀地想要尋求一死了之（如邳縣〈十二恨〉）。

〈十二恨〉歌調中處處傳達出「恨恨哪可論」的孤獨與悲憤，反映出蘇北女子對於婚姻與愛情的渴求，也可以看出女子接受了傳統的婚配習俗中對女子婚前守貞的要求、並未自主追求愛情後，卻落得無人婚可嫁的悲憤，可以說是蘇北思戀歌中最為激烈的一類〔註60〕。此類苦情歌，在湖北的土家族也有傳唱。當地所唱名為〈十想〉，不若蘇北以強烈的「恨」名之〔註61〕。

總歸說來，蘇北情歌中的思戀歌，真切地反映出蘇北女性個性自主、積極，卻又敢愛敢恨的作風，其鮮活明快、頗具野性的形象，在思慕歌中表露無遺。

三、結交歌

歷經了一見鐘情、勇敢表白的贊慕歌；以及各自熬過漫漫長夜、揣探彼此心意的思慕歌之後，男女雙方終於來到了相互坦承、表白，進而發展戀情的階段。此時情歌概以「結交歌」名之。這類情歌多發生在雙方在戀情伊始時，熱戀雙方藉由歌聲立下山盟海誓、或是明白陳述各自的人生理想，期待得到對方的認同，而更進一步邁向共度一生的美好結局。

由是之故，結交歌的內容極具層次，有初相戀時欲語還羞的眉目示愛；

〔註59〕《邳縣歌謠集成》，頁146。

〔註60〕筆者至蘇北採錄時，或有耆老表示，〈十二恨〉是輕薄少年用以狎戲女子的邪狹小調，會唱此歌的女子反而不多；倒是舊時血氣少年人人多會哼上兩段，用以調戲未婚女子，視其受窘為樂。

〔註61〕見謝亞平、雷衛東撰〈土家「苦情歌」之異同及其文化闡釋〉中所收錄之採錄內容，原歌中的每段開頭以「一想……；二想……」為始，蘇北則是以「一恨……二恨……」起歌。此二者應為同宗歌謠，只是土家族情歌中，並未見到對朋友、抬轎者的怨恨。見《重慶三峽學院學報》，（重慶：重慶三峽學院，2006年），第5期第22卷，頁29～32。

也有雙方因緣際會地共諧連理；還有相互承認後的終生承諾、以及互訴衷腸的綿綿情思；更有苦勸情人戒除惡習、共創美好人生的勸郎歌調……等，茲介紹於下。

　　戀人間經歷了彼此揣摩心意、思戀對方卻又不得其門而入的時期之後，如果有幸能一通聲息，瞭解彼此心意，那麼心理上那份七上八下的不安感大可以就此放下，進入甜蜜的互動期。在此時期，只要彼此心意相通，哪怕只是一個相互交換的眼神、或是擦身而過的機會，都會令人迴味再三、心動不已。且看情歌裡是怎麼描摹這種情境的：

　　　　有情不在嘴邊掛，要防人多嘴又雜。

　　　　別看見面沒搭腔，情人眼裡會傳話〔註62〕。

這種暗渡陳倉式的感情傳遞，是基於人言可畏才不得不然的苦衷。這種情況下，兩人的距離既近又遠、看似朦朧卻又真切，成為結交歌裡樂於描寫的情景：

　　　　姐兒南園拔麥苗，遇上情郎把麥掐，

　　　　一天挨拉拉。

　　　　有心替郎掐一把，人又多來口又雜，

　　　　怕人胡嘎嘰牙〔註63〕。

又或是

　　　　妹妹挑水去南井，

　　　　哥在井台把妹等。

　　　　有心幫妹扯井繩，

　　　　又怕人見難為情〔註64〕。

戀人間故作陌生、連話都不敢說上一句的窘態，真是讓情郎等得心焦，因為「知心話兒說不了，總覺心中有火團〔註65〕」。不過雖然「有心上前叫聲妹」，卻「又怕人多不理我」。如此不得機會一訴相思也不是辦法，於是只好「話難說，提起嗓子唱山歌〔註66〕」；又或是索性拿石頭打向情人放牧中的牤牛，「牤

〔註62〕見《邳縣歌謠集成》〈情人眼裡會傳話〉，頁125。
〔註63〕見《邳縣歌謠集成》〈拔麥苗〉，頁128。
〔註64〕見《銅山縣歌謠集成》〈井台〉，頁112。
〔註65〕見《徐州市歌謠集成》〈情歌四首〉，頁217。
〔註66〕見《徐州市歌謠集成》〈情歌五首〉，頁125。

牛一驚妹抬頭〔註67〕」。這麼一來，總能有機會與佳人四目相接了吧！情人所求不多，只要能讓對方知道自己就在身邊，那麼無論工作再辛苦，彼此也會甘之如飴。畢竟「哥在跟前勁頭添〔註68〕」嘛！

　　這類的結交歌表現出農家女子，因爲必須外出參與經濟活動，家人對其行爲上的約束力不如一般小康家庭來得強，也因此而增加了與異性接觸的機會、進而有傳情遞意甚至私訂終身的空間與時機。此類情歌中所反映出的生活模式，讓人體會到情人之間只要是能兩相依偎，無論做什麼都會格外開心有活力；也難怪情妹會大嘆「情哥身邊是天堂〔註69〕」，甚至因此而「空著肚子不覺餓，只因哥哥在身旁〔註70〕」；連求學也是如此：

　　　　月兒照在柳梢頭，

　　　　情哥約我黃昏後。

　　　　妹正燈下學文化，

　　　　感哥與我同攜手〔註71〕。

　　如此把「月上柳梢頭、人約黃昏後」的浪漫私會，轉化成爲求學時共同上進的動力，反映出的是在擇偶時期待對方能與自己共創美好未來的心意。這種心意的宣示在結交歌裡不乏其例，畢竟人生長路，如果找不到一個志同道合的伴侶，要怎麼能一起扶持、共同面對那些死生契闊的關卡呢？於是不論情人出身高低（相個情郎是窮家〔註72〕），也不在乎情人是否貧病纏身（情哥拿槍去抗戰，不幸負傷終生殘。哥哥不想連累我，我伴哥哥過一生〔註73〕），「只要郎合妹心意」，那麼「有哥何需搖錢樹，有妹何需聚寶盆〔註74〕」？

　　女兒家務實的心態表現在結交歌中，於是可以看見一系列藉由歌聲表達自己心意、訴求的歌謠，讓人深切體會到純眞情意的美好與感動，足可看出蘇北女子重情尚義、無視財勢的擇偶原則，也表現出蘇北女子的強烈道德觀。當女子高唱著「我愛情哥勤快郎〔註75〕」時，同時也正宣告著「千元

〔註67〕同上註，頁124。
〔註68〕見《邳縣歌謠集成》〈哥在跟前勁頭添〉，原歌如下：「情哥挑土妹上鍬，筐頭培得像小山。莫怪情妹不疼哥，哥在跟前勁頭添。」頁123。
〔註69〕見《邳縣歌謠集成》，〈情哥身邊是天堂〉，頁122。
〔註70〕見《徐州市歌謠集成》，頁217。
〔註71〕見《徐州市歌謠集成》〈情歌四首〉，頁219。
〔註72〕見《邳縣歌謠集成》，頁88。
〔註73〕見《徐州市歌謠集成》，頁217。
〔註74〕見《邳縣歌謠集成》，頁123。
〔註75〕見《徐州市歌謠集成》〈情歌四首〉，頁218。

彩禮我不要，望阿哥送我本致富經，還要交妹一顆扶貧助鄰的心〔註76〕」，如此重人品甚於財勢的要求，讓彼此都相信：「有心嫁郎不怕窮光蛋，兩手就是搖錢樹，勝過財主金銀山〔註77〕」，終有一天，兩人必定會「致富榜上見大名〔註78〕」。

　　經過此番情投意合的宣告，在情人的眼裡，更顯得對方彌足珍貴、也使得情感更堅固地不斷累積，於是當這一頭高唱著「愛妹就要愛得深，好比石子沉河心；要沉就要沉到底，不要半路轉撤身〔註79〕」；那一頭也宣示著「風吹雲動天不動，水動船移岸不移。刀斷藕斷絲不斷，隔山隔水情不變〔註80〕」。類似以各種相關語、類比詞來比擬兩情相悅、相依相繫般難捨情感的歌謠，於是成為結交歌中的大宗，這些都可以使人感受到其中意象與文字之妙，美麗且動人。例如用風箏與線為喻者：

　　　　哥放風箏妹捻線，

　　　　風箏無線難上天。

　　　　哥是風箏妹是線，

　　　　飛到天邊意相連〔註81〕。

又如以石灰與水相和，以比擬男子為情不惜一切的氣魄：

　　　　哥似石灰妹是水，

　　　　石灰見水筋骨碎。

　　　　只要和妹在一起，

　　　　粉身碎骨不後悔〔註82〕。

更有以橋和水的關係為喻，宣示兩人齊一心意的情歌：

　　　　妹妹開河哥修橋，

　　　　橋戀河水水戀橋。

　　　　河水有橋連兩岸，

　　　　哥妹有情心一條。

　　　　妹似流水情不斷，

〔註76〕見《連雲港市歌謠集成》〈千元彩禮我不要〉，頁1035。
〔註77〕見《徐州市歌謠集成》〈勝過財主金銀山〉，頁232。
〔註78〕見《連雲港市歌謠集成》〈流水歡歌一句定〉，頁1036。
〔註79〕見《邳縣歌謠集成》〈愛妹就要愛得深〉，頁126。
〔註80〕見《連雲港民間情歌》〈隔山隔水情不變〉，頁31。
〔註81〕見《銅山縣歌謠集成》，頁107。
〔註82〕同上註。

　　　　　哥是橋樁不動搖〔註83〕。

歌中不但用了類比、還使用了頂真的修詞，讓整首情歌顯得優美而詩意。至於前述的〈井台〉一曲，則唱出情意如水，流進心崁裡的甜蜜：「裝作路過討水喝，低頭看見妹妹影。井水清清比蜜甜，妹妹流進哥心底。」

　　也有將雙方比為飛蟲與蜘蛛的結交歌：

　　　　　哥似蜘蛛把網結，

　　　　　妹似飛蟲往裡落。

　　　　　橫是絲來豎是絲，

　　　　　根根連著妹和哥〔註84〕。

這首歌之妙在於把女子的跌入情網再難脫身，用飛蟲與蜘蛛絲的關係來相比擬，一句「橫是絲（思）來豎是絲（思）」，道盡了糾結在綿綿情意中難以自拔的意境。其意象之鮮明、描摹之貼切，令人低迴難忘。這種在「絲（思）」中的糾纏，也可見於連雲港地區的漁事情歌中，同時傳達出具有強烈地域性差異的情歌特色：

　　　　　哥哥駕船出海去，

　　　　　妹妹崖上結網忙。

　　　　　千梭萬線心連心，

　　　　　望哥滿艙早返航

　　　　　……

　　　　　哥哥撒網一片片，

　　　　　全是妹妹手上線，

　　　　　情絲如網緊緊扣，

　　　　　艙滿兩人就相見。

一句「情絲（思）如網緊緊扣」，正與前歌中「橫是絲（思）來豎是絲（思）」有著異曲同工之妙，成為聯繫有情人心意的絕佳寫照。

　　除了絲與思的雙關，藕與偶也是情歌裡常見的雙關語。邳縣的歌謠裡就有這麼一首〈荷花愛藕藕愛蓮〔註85〕〉：

　　　　　荷花愛藕藕愛蓮，俺愛情哥哥愛俺。

　　　　　荷花愛藕心眼好，藕愛荷花出水鮮。

〔註83〕　見銅山縣漢王鄉歌謠〈妹妹開河哥修橋〉，頁111。

〔註84〕　出處同上，〈根根連著妹和哥〉。

〔註85〕　見《邳縣歌謠集成》，頁122。

歌中將男子的好心眼與女子的靈動鮮麗，以蓮藕及荷花相擬，這是多麼精妙的譬喻！類似的比擬也可見於海州區的結交歌中：

> 乾妹妹愛郎一顆蓮子心啊，
> 才郎哥愛妹一根燈草心啊。
> 郎心靠妹心哪心連心，
> 不怕胸山高啊不怕薔薇河深〔註86〕。

有荷就有藕，有藕難離籽。蓮子的內蘊，同時也正是低調談情的精妙啓示：

> 走下田來把頭低，
> 妹問情哥可有妻？
> 郎的妻子就是妹，
> 你在人前不要提。
> 不要提，蓮蓬結籽在心裡〔註87〕！

在這樣熱切的情意之中，情人們對於外來的挑戰也格外有勇氣去面對。爲了等待與情人相會，就算「等妹等到霜滿身〔註88〕」、「小雨刷刷濕地皮，沒覺身上滴一滴〔註89〕」，更不覺得苦；又如淮北鹽場上，就流傳著這麼一首勸情人耐心等待戀情開花結果的結交歌：

> 妹勸哥哥莫多心，莫管父母死惱筋。
> 醉漢自有清醒時，芽草逢春會發青。
> 小滿鹽鹵急急熬，冷水泡茶慢慢濃。
> 吐口唾沫長春笋，竹子插地也生根〔註90〕。

值得注意的是，儘管結交歌中滿是甜蜜認眞的山盟海誓，但是在蘇北結交歌中也有一類「勸郎調」，歌中或是勸告情人早日戒賭戒嫖〔註91〕、或是勸告情人遠離國民政府軍〔註92〕或是漢奸〔註93〕，以免被帶到台灣或是轉入牢獄之災，致使彼此徒增分離。更特別的是，還有一類的勸郎調，是在勸告情人別爲貪求一時的歡娛、破壞了日後可能結成的好姻緣，應該早早循正途託

〔註86〕見《連雲港民間情歌》〈不怕山高水又深〉，頁31。
〔註87〕見《徐州市歌謠集成》，頁195。
〔註88〕見《邳縣歌謠集成》，頁122。
〔註89〕同上，頁123。
〔註90〕見《連雲港民間情歌》〈竹子插地也生根〉，頁43。
〔註91〕如邳縣的〈十勸郎〉、睢寧的〈五勸郎〉、新沂〈十勸郎〉等。
〔註92〕見《新沂縣歌謠集成》〈勸郎要回家〉。
〔註93〕見《新沂縣歌謠集成》〈五勸別去當漢奸〉。

媒來說親、才是廝守終身的不二法門〔註94〕。這些歌謠中，都可見到女子苦口婆心勸戒情人改邪歸正的企圖，並且指出唯有努力上進、循規蹈矩，才是兩人未來的希望。

整體而言，在蘇北的結交歌中，反映出以下特質：（一）從不同的喻情意象反映出不同社經背景的地區的情歌特色：如在以農業生產爲主的地區，藉由務農放牛的機會傳達愛意；在以漁業爲主的地區則以網與絲的意象傳達情意。（二）、結交歌中，一再宣示出蘇北男女間擇偶的道德價值觀，與重情尚義的性格特質；（三）結交歌中對於喻情意象的應用豐富傳神，形象生動直接，令人難忘。

四、熱戀歌

如果說結交歌充滿了貼切的雙關語及含蓄內斂的情意，那麼熱戀歌就是大膽熱情的私會側寫。蘇北的熱戀歌，內容不外乎情人夜間私會的情狀。這些歌謠由於文字大膽、語句活潑，所以多被視爲是私情小曲。

有趣的是，儘管熱戀歌主要描寫私會時的熱切情懷，但是箇中還是有些值得一提的趣味：例如東海縣的〈五柱香〔註95〕〉，雖然同樣寫出男女私會時的大膽熱情，但是兩人因爲過於忘我而發出的種種聲響引來了女方母親的質疑，頻頻在門外探問究竟，因而引發了一連串逗趣的對話：

> 一更裡呀一柱香，
> 小才郎來到奴門上，
> 娘親問道是什麼響？
> 閨女說風吹了吊響叮噹。

> 二更裡呀二柱香，
> 小才郎來到奴繡房，
> 娘親問道是什麼響？
> 閨女說花鞋掉在踏板上。

> 三更裡呀三柱香，

〔註94〕見邳縣〈一輪明月照銀河〉、及新沂縣〈小五更2〉
〔註95〕見《連雲港民間情歌》〈五柱香〉，頁56。

小才郎來到奴床上。
娘親問道是什麼響？
閨女說狸貓捉鼠碰床框。

四更裡呀四柱香，
小才郎來到奴枕上。
娘親問道是什麼響？
閨女說嘴裡發苦吃冰糖。

五更裡呀五柱香，
小才郎來到奴心上。
娘親問道是什麼響？
閨女說老王擔水打壞缸。

一連串的隱喻及暗示，讓人看得不禁對於歌者豐富的想像力搖頭叫絕，如此一來不但增加了歌謠中的風趣與美感，卻也同時有著直白幽默的感染力。

類似這種對聲響的遮掩之詞，在另一首〈相思鬧五更〔註96〕〉裡也有一番精彩的類比。茲節錄其中一更爲例：

女：一更裡呀相思麼，
母：正好要去睡喲。
女：正好要去睡喲，
母：娘問道女兒呀，
　　什麼東西來吵鬧呀？
女：蚊子來吵鬧呀。
母：蚊子怎麼樣子吵鬧的？
女：嗯噠嗯噠叫哩。
母：嗯噠噠噠叫哩。
女：你在那邊叫。
母：我在這邊聽。
女：叫得我好傷心。
母：聽得我好開心。

[註96] 見《連雲港民間情歌》〈相思鬧五更〉，頁 74。

女：好傷心。

母：好開心。

女：鴛鴦枕上好呀嘛好難分，

　　鼓打二更哎嗨喲！

……

其後分別是蛙子、狸貓、小狗及公雞來吵鬧，歌者也分別模仿出類似動物的聲響，以為全歌的重點。這首歌與先前思戀歌中所提及新沂縣的〈鬧五更〉有異曲同工之妙；所不同的是這次是描寫女子藉著各種動物的叫聲，瞞騙母親自己與情人私會所發出的聲響，讀來令人發噱；另一方面，從歌中母親的回答也可以看出，身為過來人的母親對子女情欲的追求，抱持著姑隱其情的包容性態度，展現出了歌謠中人性化的一面。

　　至於東海縣的〈一朵鮮花為你開〉，則是現代版的〈將仲子〉。此歌從歌名一見可之歌中大膽的性暗示，不過歌中女子細細叮囑情人要如何避過家裡的重重關卡，以成功進入閨房私會的情節，展現出兩情相悅下自然欲求的單純與濃烈。茲節錄這首大膽調情的熱戀歌如下：

……

正在南園提蒜苔，

那半邊郎哥走過來。

要吃蒜苔籃裡有，

要採鮮花你晚上來。

……

老狗在外面好厲害，

俺家牆頭你跳不進來。

牆頭外面梧桐樹，

你爬上梧桐就跳進來。

你在外面學貓喊，

我在裡邊就喚貓來。

……

不只是未婚男女私會，已婚女子也會大膽招來情人到家中小聚。邳縣的

〈紡棉花〔註97〕〉就是婦人趁著家中無人、大膽招來情夫小聚的過程。這首歌最精彩的部份是，將活色生香的私會以食物的聲響及隱喻帶出，讓人聽來忍不住莞爾：

> 姐兒房中紡棉花，忽聽門外人說話，多像乾親家。
> 丈夫東莊趕廟會，婆婆西莊把牌抹，咱兩人啦啦呱〔註98〕。
> 大炒肉，小炒雞，鍋裡鯉魚撲撲噄，苔乾調蝦米。
> 你一盞，我一盞，喝個劉海戲金錢，越喝越坦然。
> 你一盅，我一盅，喝個張生戲鶯鶯，越喝越有情。

這場私會，直是「飲食男女，人之大欲」的最佳註腳；不過也不是每場私會都能夠稱心快意、讓男子恣意地偷香竊玉；畢竟夜路走多了，總會出岔子。以下述這首爲例〈姐在南園拔小蔥〔註99〕〉，一開始女方就千叮萬囑，家中父兄管得嚴緊，就連紅綾被上都拴掛著響鈴，層層關卡都是爲了防止情人私會；從這一點也可以看出，多數的蘇北家庭中，在父權主義的社會觀點下，對女子婚前守貞仍是普遍的要求。不過再嚴密的防守終究敵不過愛情的魔力，兩人於是這麼相約著：

> ……
> 要得兩人來相會，
> 還得家後挖窟窿。
> 你在外面學貓喊，
> 我在裡邊喚貓聲，
> 兩人才相逢。
>
> 張生鶯鶯喜相逢，
> 哥問被響什麼聲？
> 貍貓鑽進被窩中，
> 踢跳亂蹦碰響鈴。
> 響鈴叮鈴鈴。

〔註97〕見《邳縣歌謠集成》，頁91。
〔註98〕蘇北方言中的「啦啦呱」，意指閒聊、閒嗑牙。詳見本文第柒章第四節〈方言表現〉。
〔註99〕見《連雲港民間情歌》，頁63。

　　哥喝一聲我不信，

　　春風明月不關情。

　　一聽這話了不成，

　　二人嚇得鑽窟窿，二人撒了蹦。

　　另一方面，就算成功地私會、如願的一親芳澤，卻也可能帶來珠胎暗結的後遺症。熱戀歌中，不乏奉子成婚的例子，如描寫與家中長工共譜戀曲的〈四本〔註100〕〉、東海縣因偷情成孕最後結為夫妻的〈十二月調情〔註101〕〉、以及父母為求豐盛彩禮、硬是將女兒許給富貴老人為妻、最後逼得有孕女子與情人私奔的〈十二月探妹〔註102〕〉……等，都是在熱戀歌中最後修成正果的例子。只是未成正果之前，面對旁人的指指點點，總讓人覺得難堪，於是熱戀歌中會出現這樣的要求：

　　哥妹私會楊柳溪，妹說千萬要保密。

　　若被嫂子知道了，說奴月夜找女婿。

　　哥說鎖在俺心裡，這把鑰匙交給你〔註103〕。

也有女子在私會時，趁著兩下情恰更進一步要求情郎早日迎娶自己回家：

　　四更鼓兒息，月亮又平西。

　　小奴有句知心的話兒，

　　悄悄問問你：

　　我沒婚你沒娶得兒喂，

　　青春等幾時？

　　紅花配綠葉，真正有意思。

　　願與郎結一對兒，

　　百年好夫妻。

　　叫一聲有情郎得兒喂，

　　願意不願意〔註104〕？

　　更有女兒儘管已知情人並非良人，卻還是癡癡守在情郎身邊盡心服侍而

〔註100〕見《連雲港民間情歌》，頁76。
〔註101〕見《連雲港民間情歌》，頁65。
〔註102〕見《連雲港民間情歌》，頁68。
〔註103〕見《連雲港市歌謠集成》集成〈哥妹約會楊柳溪〉，頁1034。
〔註104〕見《連雲港民間情歌》〈月亮將束升〉，頁64～65。

無怨無悔；只希望情人對外宣稱自己是已過門的妻子，別引來讓旁人的私下嘲笑。如此一片熱戀癡情，直教天可憐見。且看這首〈小姑娘倒貼〔註105〕〉：

> ……
> 想起當初你我二人，
> 你對我有情我對你有意。
> 如今動不動對奴發脾氣。
>
> 賭起錢來嫌小不怕大；
> 二四麻將八圈弄到底。
> 洋錢輸了一百一十幾。
>
> 輸了銀錢就把奴來氣，
> 睡在牙床假裝有病的。
> 小奴喊你十聲九不理。
> ……
> 到了冬天給郎來換衣，
> 皮襖套衫配上整齊。
> 光洋花了一百一十幾。
>
> 到了外邊有人問道你，
> 你就說奴是你的妻。
> 千萬別說是你相好的，
> 千萬別說小奴是倒貼的。

這種無視於心上人的種種薄情寡義、仍然忍羞耐氣的心情，分明就是熱戀中人被愛沖昏了頭的表現；不過她無怨無悔的付出，也讓人見識到了愛情的無邊魔力。

　　嚴格說來，熱戀歌中表現出情人間不顧一切、勇於追求情愛關係的歷程，不過這一類的歌謠在蘇北情歌中所佔的比例，仍不敵情思綿密、意象豐富的結交歌；畢竟要拿捏在情與欲間的分寸，並非易事。一不小心，難免流於肉慾橫陳的穢耳小曲。

〔註105〕見《連雲港民間情歌》，頁71。

　　另一方面，熱戀歌中對於男女情欲的正視與唱念，雖然有著難登大雅之堂的尷尬，但是仔細品味這類熱戀歌，卻可以發現其中對於性欲甚至是親密行為的描寫，呈現出幽默風趣又酣暢淋漓的痛快；至於熱戀中男女拋卻禮教束縛、勇敢將精神的愛戀與原始生理情欲的追求合而為一的自然反應，熱戀歌無疑是最誠實真率的表達。這也是熱戀歌謠儘管唱來令人臉紅心跳、但是卻始終在鄉野間的民歌中傳唱的主要原因：因為其中沒有扭捏作態、沒有暴力色情，有的只是激於人性需求而表現出最真實自然的情欲、與對人之大欲的理解及對接納。

五、情物歌

　　相戀中的雙方借物傳情，似乎已成為愛情中不可缺少的一環。無論是貼身小物、或是隻紙片語，都足以成為見證愛情發展的信物，用以證明彼此身心皆有所屬，也因此具有心理或外表上的行為約束力。另一方面，對於這些情物的歌詠，無非正是愛烏及烏、借物抒情的具體表現。是以在蘇北的情歌中，無論衣、鞋、荷包、手巾……等等物件，都是情人間傳情遞意的表徵。

　　最常借以為傳達情意的物品莫過於衣物。蘇北歌謠中，有幾首以為情郎趕縫冬衣或軍衣為題的情歌，在「臨行密密縫」、卻又「只恐外人望〔註106〕」的嬌羞急切中，同時也縫進了無盡的情意：

> 秋風乍起天氣涼，縫件衣服送情郎。
>
> 疼郎又怕人知道，掛起羅裙遮燈光〔註107〕。

又或是

> 一更鼓一更，一麼鼓一更。
>
> 我這裡呀拿洋火點上一盞小銀燈。
>
> 拿過針線筐子，忙把棉衣縫。
>
> 送到前線送給子弟兵，
>
> 為的個情郎哥穿起擋寒冷〔註108〕。

收到棉衣的男子，究竟知不知道情妹的心意呢？

> 正月裡來正月正，

〔註106〕《邳縣歌謠集成》。頁138。
〔註107〕見《邳縣歌謠集成》〈疼郎又怕人知道〉，頁122
〔註108〕見《新沂縣歌謠集成》〈送棉衣〉，頁69。

千斤的棉襖不隔風。

阿妹送我一件襖，

好似火爐揣懷中〔註109〕。

由此看來，棉衣的冷暖無關於質料，而是「千里送鵝毛，禮輕情意重」啊！

　　除了衣服，自古以來與「諧」同音的「鞋」，也是情妹們展現心意與手藝的好機會。瞅著情哥赤腳工作，叫情妹們怎麼不心疼？於是：

給哥做鞋搓麻莖，清風當扇月當燈。

雞叫三遍不覺睏，哥打赤腳妹心疼〔註110〕。

或是為了要給即將上戰場的心上人一雙合腳的好鞋，

姐在窗前做軍鞋，偷眼瞧門等郎來。

軍鞋是為我郎做，明日送郎上前線。

或是納個鞋墊，也有無限的情意在其中（如銅山縣的〈納鞋墊〔註111〕〉）。只是偏有情哥看見了情妹的努力，還要明知故問，惹來一句好笑的搶白：

遠望大姐坐門裡，

手拿大針納鞋底。

我問大姐為誰納？

大姐身子一轉面朝裡。

面朝裡，不是你的是誰的〔註112〕！

蘇北女兒性格直率，要她們當著人前說出溫言軟語，實在礙難從命；面對情人的耍嘴皮，女兒家只得把滿心的情意，都化在這理所當然的一句「不是你的是誰的」中，讓情人甜到心底。

　　貼身小物裡，既實用又可以表現針線工夫的信物，當推荷包莫屬；因為荷包上的花樣，件件有來由，既可傳情又兼喻意，是個體己表心的好代表。蘇北各地都有女子邊繡荷包邊傳情意的情物歌，如東海縣的〈繡荷包〔註113〕〉就是如此：

姐兒房中好愛俏，

我給郎君繡荷包，

〔註109〕見《徐州市歌謠集成》〈送棉衣〉，頁220。

〔註110〕見《邳縣歌謠集成》，〈哥打赤腳妹心疼〉，頁122。

〔註111〕見《銅山縣歌謠集成》，頁154。

〔註112〕見《徐州市歌謠集成》〈情歌五首〉，頁195。

〔註113〕見《連雲港民間情歌》〈為郎繡荷包〉，頁82。

問你要不要？
哎嗨喲問你要不要？

四目一對兩人笑，
我說姐姐手藝高，
你綉俺就要。
……

又如：

姐兒房中綉荷包，手拿鋼針輕輕描，
顯顯手段高。
上綉日月共星斗，下綉糧船水上漂，
黃鶯站樹梢〔註114〕。
……

不過重要的是，「俺把荷包綉好了，送給郎瞧瞧。只可戴、不可丟，不可送朋友〔註115〕」。為什麼要如此費神叮嚀呢？因為就是有人會粗心大意，不知把女兒家的一片情思棄於哪裡；另一方面，遺失了荷包，似乎也就意味著脫離著這段原本接受的愛情束縛，男子大有可能因此變心，所以難怪女子要大發嬌嗔：

馱靈子，靈子嬌，我蹲窗底綉荷包。
一綉牛郎共織女，二綉王母趕蟠桃。
……，十綉荷包完成了。
我給小郎掛上腰，擺三擺，搖三搖，
把俺荷包搖掉了。小奴一聽心發惱，
花線綉有兩大捆，花針使有一大包，
小奴痛死了〔註116〕。

此歌表面上是痛惜綉荷包所耗費的花線花針；然而實際上是在擔心男子對自己心意的輕忽怠慢、甚至是對自己情意的浪擲不在意，這種心理上的轉折，細膩且有趣，也可看出情物的存在價值與意義。

除了荷包，肚兜也是貼身的小物。由於兜兜是「勒〔註 117〕」在身上，

〔註114〕見《邳縣歌謠集成》〈綉荷包〉，頁127。
〔註115〕同上註。
〔註116〕見《新沂縣歌謠集成》〈綉荷包〉，頁205。

因此「拴」、「綁」的意象比荷包更為鮮明，也因此成為親蜜情人間重要的傳情物；除此之外，由於兜兜貼身緊勒，一件綉工精美的兜兜，在社交場合或私情歡狎的當下，宣示男子身心所有權的意義更甚於實用意義、則是兜兜作為突顯情感歸屬的主要功用。也因此〈綉兜兜〔註 118〕〉成為情人間相互撒嬌的話題：

> 姐兒房中織粘綢，忽聽小郎要兜兜，
>
> 多織八寸綢，郎要兜兜奴給綉，
>
> 跟著為奴上綉樓，兜上綉九州。
>
> ……
>
> 花針使了兩大裏，
>
> 花線使了兩大包，
>
> 兜兜綉好了。
>
> 郎勒兜兜出門去，
>
> 留奴飾你嬌。
>
> 奴的東西郎要捎！

多甜蜜的對話啊！無論綉品是荷包或是兜兜，綉好之後，面對情郎為表寸心捎來的禮物，姑娘家如是唱出心裡話：

> 只要二人處得好，不買東西一樣戴荷包，
>
> 荷包搭心橋。
>
> 大街走來小巷搖，京中大街都知道，
>
> 真是好荷包！

至於在以漁業為主的連雲港市，更有女子把祈求情郎平安無事的祝願細細綉在手巾裡的歌謠：

> 雲台落雨滿天風，航船進港祈太平。
>
> 乾哥海上流汗多，我給乾哥綉手巾。
>
> 春天手巾綉鴛鴦，一對鴛鴦漂水上。
>
> ……
>
> 夏天手巾綉蝴蝶，兩只蝴蝶花上歇。

〔註117〕蘇北方言，有「繫」的意思。

〔註118〕見《邳縣歌謠集成》，頁 137。

……

秋天手巾綉條船，乘風破浪直向前。

……

冬天手巾綉燈籠，只只燈籠紅彤彤。

吉祥如意日月好，打漁織網不受窮〔註119〕。

難道情物只有女子送給男子嗎？當然不是。也有出外的男子費盡心思差人打造，爲情人捎來精緻的鐲子當作情物〔註120〕：

一兩金子二兩銀，打把鐲子送情人。

一上北京請師傅，二上南京請匠人。

一打獅子滾綉球，二打築巢燕一群。

三打寒羊上麒麟，四打童女拜觀音。

……

任何故事都打到，新人有事心頭悶，

拿個鐲子解悶心。

多數的情物歌都是一歌詠一物，不過在海州也有一首情物歌，用八段錦唱出八種情物，物物件件都是情，也都有女子的期待與心意〔註121〕：

小小啊竹子啊細呀細條條，

送給乾哥哥做呀做根簫。……

先吹滿江紅後吹疊斷橋，……

跟著小奴家會吹相思調。

小小梧桐黃又黃精精，

送給乾哥哥做把好月琴。……

先彈四季調後彈八段錦，……

奴唱個小曲子開開我郎心。

小小斑竹細呀細綳綳，

送給乾哥哥育把二胡弓。……

你拉我唱聲音如銅鐘。……

〔註119〕見《連雲港民間情歌》〈綉手巾〉，頁88。

〔註120〕見《徐州市歌謠集成》〈打鐲子〉，頁243。

〔註121〕見《連雲港民間情歌》〈小小竹子細條條〉，頁81。

先唱蝶戀花後唱二進宮。

小小銅鏡兩呀兩面光，
一面照自己一面照才郎。……
乾哥哥拿起照呀照風光。……
想起妹子照照鏡子望。

小小兜兜四又四方方，
送給乾哥哥掛在那胸膛。……
乾哥哥看見兩眼淚汪汪。……
朝朝夜夜想奴心裡香。

小小手帕四又四角方，
送給乾哥哥經常帶身旁，……
想起那乾妹妹看看手巾方，……
乾妹情意都在手巾方。

小小書箱四又四角方，
送給乾哥哥上呀上學堂。……
讀好文章就大學去留洋。……
留洋回來小奴我也有光。

小小鋼筆四呀四指長，
我買一支送給你乾哥作文章。……
文章傳世千古都留香。……
乾哥哥出名我小奴也沾光。

總歸說來，情物歌裡的每一件物品，都代表了不同時代日常生活中的習慣與流行；更帶著綿綿的情意遞交到情人的手裡；更代表了情人間的相互約束與承認。無論昔日情物是否依舊盛行於現代生活中，但是歌中物裡所蘊含的婉轉情意與具有誓約性質的意象，卻是跨越時空、互古不變的。

六、送別歌

送別歌顧名思義，表達的是情人間臨別依依不捨的心意。蘇北送別歌的
多以小調為曲，表達出欲走還留的情意；只有一類「李玉蓮勸夫」，是女子鼓
勵丈夫不要遲疑、勇敢上前線為國效命的歌謠，頗有豪不吝情去留的果決與
氣魄。就數量及內容看來，送別歌在邳睢銅三地較為盛行，數量也較多。

蘇北的送別情歌主要分成幾類，其一是以方向與標的物為每一次歌詠的
重點，如送到「大門外」、「城門西」……等，每一個話別的景點有都帶出不
同的情意；另一種是用句式整齊的七言歌，以百花盛開的春天為背景，唱出
送別人的感傷。第三類的主要特色為情人分別時，女方細細叮嚀出外者要如
何小心謹慎、預防意外發生，以求健康平安歸來。又，每一類送別歌基於歌
者巧思，或與五更調作變化、或兩類夾合為一歌，因此呈現出多元的送別風
情。

先看以方向及景物為主題的送別歌。如銅山縣的〈送郎〔註122〕〉：

送郎送到窗戶邊，打開窗戶望望天。

青天沒有邊。

送郎送到屋門口，伸把拉住郎的手，

「我郎別慌走〔註123〕」。

送郎送到大門外，伸把拉住郎的武裝帶，

「我郎早晚來？〔註124〕」

「三天不來五天來，五天不來捎信來。」

送郎送到火車站，送到火車的窗戶口。

看見火車冒了煙，含淚和郎擺擺手。

這類送別歌最大的特色就在於其中的層遞感。隨著歌者（送行人）的目
光，閱聽人也跟著送別的腳步慢慢跨出房門、步出家門、走到大街、轉入車
站，那種依依不捨的分離之情，就在場景不斷的轉換中越積越濃。銅山縣還
有一首類似的送別歌，將整個送別的情境處理得更細膩：

送情郎送到了，送到了大門東，

老天爺不住他，刮起了西北風。

〔註122〕見《銅山縣歌謠集成》，頁112。
〔註123〕蘇北方言語法，「別慌走」即同「別急著走」。
〔註124〕蘇北方言語法，「早晚來」意即「什麼時候回來」。

　　刮風不如下點小雨，下點雨留我的郎。

　　多過一分鐘。

　　送情郎送到了，送到了大門西。

　　見到了一個老頭賣梨的，有心買幾個送給我的郎吃，

　　我郎身子虛，不能吃這些涼東西。

　　送情郎送到了，送到了橋南頭，

　　站在河邊望水東流。有心上前拉郎一把，

　　又恐嬸子大娘，朝著這邊瞅。

　　送情郎送到了，送到了橋當央。

　　小奴我一伸手，拉住了郎衣裳。

　　家中的爹娘由我來扶養，

　　你到前方打敗鬼子快快回家鄉〔註125〕

　　這首送別歌最美的地方是，那種欲走還留、欲語還羞，最後終於不顧「嬸子大娘」的眼光，在橋上拉住了丈夫說兩句體己話的情思。另一方面，「刮風不如下點小雨，下點雨留我的郎」，哪怕是「多過一分鐘」也好的心情，寫來格外傳神；大凡經歷過長久分離的情人，必能體會箇中的心情。

　　邳縣這類型的送別歌相對就顯得大膽熱情多了，同樣是送別，邳縣歌裡的情人們，有著稠得化不開的蜜意濃情：

　　……

　　送郎送到大門旁，抬頭望見影壁牆。

　　影壁牆上寫大字，上寫榮華富貴下綴金玉滿堂。

　　送郎送到大門東，剎時間天空起了大風。

　　刮大風不如下個小雨好，下小雨留才郎陪奴過五更。

　　……

　　送郎送到大門北，手攬著脖子親親嘴。

　　才郎哥哥嘴甜如上蜜，

　　小妹妹嘴甜如上冰糖水〔註126〕。

　　……

〔註125〕見《銅山縣歌謠集成》〈送郎哥〉，頁118。

〔註126〕見《邳縣歌謠集成》〈送情郎〉，頁140。

　　或有這類送別歌的開頭，會加上一長段勸剛起床的情人，不要急急忙忙穿衣出門的歌詞，表現出女子為情郎慢慢著衣的情意與不捨，其內容與下述多為大同小異：

　　　　一不要忙來二不要憂，

　　　　三不要穿錯了為奴的兜兜。

　　　　為奴的兜兜一對花蝴蝶，

　　　　郎哥的兜兜一溜黃金扣。

　　　　四不要忙來五不要慌，

　　　　六不要穿錯了為奴的衣裳。

　　　　為奴的衣裳一溜鑲金邊，

　　　　郎哥的衣裳一溜金鑲線〔註127〕。

　　　　……

其後再接上前述的幾段送行歌詞。

　　在歌尾的部份也有變化：往往送情郎送到了花園，看見滿園的桃花，讓女子忍不住興起「桃之夭夭，有蕡其實」的情意，往往因此會拉住情郎，這麼唱著：

　　　　送情郎送到桃花園，

　　　　桃花樹下把話談。

　　　　有個男孩就叫金貴，

　　　　有個女孩就叫希花甜〔註128〕。

這類送行歌讓人看見對未來的期待與希望，也增添了行者對家鄉的思盼，讓人印象深刻。這樣的送別歌，在東海縣的〈送情郎〉後半段，則以不同的花果帶來不同的「子」望，呈現別番的風貌，頗有趣味〔註129〕：

　　　　……

　　　　送情郎一梨園，

　　　　手扳著梨樹要笑玩。

　　　　等到來年生貴子，

〔註127〕見《銅山縣歌謠集成》〈送情郎〉，頁116。

〔註128〕出處同上註。

〔註129〕見《連雲港民間情歌》〈送情郎〉，頁94。

起名就叫謝花甜。

送情郎一花園，
手扳花支耍笑玩。
等到來年生貴子，
起名就叫滿園鮮。

送情郎一桃園，
手摸骨朵耍笑玩。
等到來年生貴子，
起名就叫一頭尖。

送情郎山楂園，
山楂樹底下耍笑玩。
等到來年生貴子，
起名就叫紅滿天。

　　第二類的送別歌主要以百花盛開的場景鋪襯，以七言歌帶出送行人的不捨與感傷。茲以銅山縣的歌謠為例：

送君送到百花亭，妹妹無言難捨情。
鳥語花香情難捨，萬分難捨有情人。

送君送到百花路，心比黃蓮還要苦。
只因淚撒相思地，花草歲歲帶露珠。

送君送到百花江，花好哪有百日香。
天邊一只失群雁，獨自徘徊受淒涼。

送君送到百花洲，妹妹拉住郎的手。
今日妹把情郎送，不知何時再回頭〔註130〕。

全歌以每一段皆以百花盛開的場景為始，以百花盛開的欣榮反襯出離別雙方

〔註130〕見《銅山縣歌謠集成》〈送情郎〉，頁117。

的淒涼與心酸，頗有李白〈送孟浩然之廣陵〉中，「煙花三月下揚州」的氛圍。類似的送別歌在蘇北各地都可見到，相當普遍〔註131〕。

　　蘇北另有一首小調，唱的是抗戰時期的送別歌。筆者在蘇北採錄時，聽聞耆老〔註132〕唱出此調，茲錄簡譜並邳縣〈送夫〉歌詞於下：

‖:6565 | 6i·35 | 3·56i532 | 13261 | 3·2123253 | 13261:‖

奴在房中 悶	沉沉，忽	聽門外來調軍，	不知調哪軍.	咿	呀呀得喂得喂	，不知調哪軍。
南軍北軍 都	調動，又	來調我八路軍，	前去打日本.	咿	呀呀得喂得喂	，前去打日本。
大的不過 十	七八，小	的也有二八春，	都是年輕人.	咿	呀呀得喂得喂	，都是年輕人。
左手拿著 盒	子槍，右	手又拿快慢機，	一打二十粒.	咿	呀呀得喂得喂	，一打二十粒。
送郎送到 窗	戶邊，打	開窗子望望天，	天也沒有變.	咿	呀呀得喂得喂	，天也沒有變。
送郎送到 箱	子邊，打	開箱子拿洋錢，	給郎做盤纏.	咿	呀呀得喂得喂	，給郎做盤纏。
送郎送到 大	門口，一	把拉住郎的手，	我郎真難受.	咿	呀呀得喂得喂	，我郎真難受。
送郎送到 大	門外，一	把拉住武裝帶，	盼郎早回來.	咿	呀呀得喂得喂	，盼郎早回來。

此歌在蘇北地區或名〈姐在房中悶沉沉〉，是常見的小調，舉凡句式為「七、七、五」字的歌謠，都適用於此調，由於曲調簡單，所以許多歌謠都用此調唱出（如「思戀歌」中的〈綉絨花〉系列也可用此調；也可用於抗婚歌中）。

　　還有一類送別歌是以妻子的殷殷叮囑為主要型式，歌中細心的女子將出門在外所有可能發生危險的情況都設想一遍，臨別前再一一叮嚀情人要如何防範於未然。謹以銅山縣歌謠為例〔註133〕：

　　　送郎送到大門口，伸把手拉著丈夫的手。

　　　有兩句知心話，你要記在心頭。

　　　走路你要走大道，不要走小路。

　　　大道行人多，走錯了好問路。

　　　坐船坐船腰，不要坐船頭。

　　　船上有壞人，甭叫擁到水裡頭。

　　　下店下大店，不要下小店。

　　　大店茶水多，洗臉多寬綽。

〔註131〕如邳縣也有同名歌〈送情郎〉；贛榆縣則名為〈送郎送到百花洲〉。
〔註132〕請見〈2010 徐州歌謠採錄〉影音資料，由蔣均亮老師所唱。
〔註133〕見《銅山縣歌謠集成》〈送郎歌〉，頁115。

......

邳縣〈繡絨墩〔註134〕〉雖然用語獷辣了些，但是卻也有另一番不同的情味：

......

坐船甬擱〔註135〕船頭坐，甬回船家起歹心。
誰是你的捎信人！

住店甬住單頭店，甬回〔註136〕店板起歹心。
誰是你的伸冤報仇人！

過河甬擱頭裡走，等等東西往來人。
趟趟〔註137〕水淺深。

走起路來甬想奴，想起大病在郎身。
誰是你的煎湯熬藥人。

太陽不落早下店，日出三竿再動身，
那才趁奴心。

上述這些送別歌，字字句句依情依理，在看似平凡的叮嚀之中，寄掛了濃厚的情意。蘇北務實與率真的民風，再次展現於此。這類歌謠傳達出夫妻臨別之前，並不只是如同小兒女般依依不捨、軟語慰藉；更是堅強地面對即將來臨的挑戰，強調出「平安即是福」的理念。這種心思及顧慮，大約也只有在柴米油鹽中打過滾的尋常夫妻，才能感受到其中最平實的情意吧。

七、思別歌

送別之後，隨之而來的自然是漫長的別離與等待。無論是情人間的暫別、或是因出外經商所帶來的長時間分離，都讓人難以忍受；各種思別歌就應運此出現了。整體而言，蘇北的思別歌大致以下列幾種小調為傳唱的型式，分

〔註134〕見《邳縣歌謠集成》，頁145。
〔註135〕蘇北方言，同「往、在」之意。
〔註136〕蘇北方言，意同「讓」。
〔註137〕蘇北方言，同「試試」。

別爲四季相思、五更調、十二月思盼；此外較爲特別的是融合了二十四節氣、並以「半」爲題的〈半邊詞〉、從一寫到十唱出思別情懷的十寫調。這些思別歌的歌名，多有「思夫」、「思盼」、「望郎」、「盼郎」等字眼，讓人一見可知其中深切的思盼之情。

由於四季相思、五更調、十二月歌、及二十四節氣歌都是蘇北歌謠中常見的型式，本文將在第柒章中將另行介紹，於此暫不贅述。在此僅針對這幾類歌謠於情歌中的表現手法略作說明。

無論是經商、出征、甚至是傳自於清代的應考〔註138〕，自古至今，總有情人因各種原因造成長時間別離。這些情況套用在「十二月唱春調」中，就形成了十二月思夫。整體而言，十二月思夫是以每個月的節慶爲興，唱出「每逢佳節倍思親」的情懷、遙念在外的情人。於是正月十五、二月二（龍抬頭）、三月三（清明）、四月八（浴佛節）、五月五（端陽）、六月六、七月七（七夕）、八月十五、九月九（重陽）、十月一（蘇北民俗中的鬼節）、十一月、臘月八……，都是常見的起頭。茲以邳縣的〈正月裡來是燈節〔註139〕〉爲例，介紹唱春調於思別歌中應用的情況：

> 正月裡來是燈節，我郎抗戰把家撇，
> 一陣雨來一陣雪，不知我郎冷與熱。
>
> 二月裡來龍抬頭，我郎抗戰在外頭。
> 我想與郎說句話，路遠腳小犯了愁。
>
> 三月裡來三月三，桃花杏花開滿山。
> 蜜蜂採花揚長去，撇下個花芯孤單單。
>
> 四月裡來四月八，南園櫻桃和黃瓜。
> 有心摘給小郎吃，小郎抗戰沒在家。

〔註138〕見《邳縣歌謠集成》〈十二月盼夫〉，其開頭就表明了男主人是因爲應考而拋下新婚三日的嬌妻離家：「唱的是太陽西沉燒晚霞，可知那綉樓有女盼天涯。皆因爲結婚三天郎趕考，俏佳人愁個滿面淚水灑。郎只想求取功名狀元中，全不想綉房拋下一枝花。……」其後再接著逐月唱思夫。頁103。

〔註139〕見《邳縣歌謠集成》，頁102。

五月裡來五端陽，大麥上場二麥黃。
無人打來無人揚，端起簸箕哭一場。

六月裡來熱難當，奴在屋裡熱得慌。
有心找個樹涼陰，媂子大娘說短長。

七月裡來七月七，天上牛郎共織女。
一頭東呀一頭西，撒在天河兩岸裡。

八月裡來月正圓，西瓜月餅敬老天。
郎在家呀郎圓月，郎不在家月不圓。

九月裡來九重陽，菊花釀酒滿缸香。
人家有郎郎吃酒，奴家無郎酒不嘗。

十月裡來十月一，南邊來個當兵的。
北海票子連三道，要送小男作件衣。

十一月裡下大雪，紅綾小被捂小腳。
伸腿涼來蜷腿空，紅綾小被不壓風。

十二月來一整年，當兵之人回家鑾。
郎吃煙來奴點火，再不容小郎離開俺。

四季歌則是以四季相思的形式，唱出在四季變化中女子的無盡感傷。這類歌調往往藉著四季景物的變化為興，開始唱出離思，歌中色彩變化豐富，是為最大的特色。簡單的四季相思或是以七言為句而唱；較複雜的四季相思則針對不同季節所出現的不同花訊，唱出對情人的思念。茲以連雲港地區的〈四季望郎〔註140〕〉為例列舉於下：

春季到來柳絲長，
柳絲長長纏心上。

〔註140〕見《連雲港民間情歌》，頁114。

去年栽柳郎出海，
今年柳絲拴不住郎。

夏季到來麥子黃，
麥子黃黃憂心上。
去年收麥郎出海，
黃黃麥子上不了場。

秋季到來雁南歸，
衡陽一到即飛回。
去年雁來郎無信，
「哥哥」雁叫傷心的淚。

冬季到來雪花飛，
雪花飄飄肝腸碎。
去年雪降郎無信，
飄飄雪花不見船桅。

　　贛榆縣有一首〈怕到春來春又來〔註141〕〉，也是以四季的交替唱出的思別歌。不過整首歌文句優美溫柔，將外在景物與情思結合，別有一番動人情懷：

怕到春來春又來，桃花杏花一齊開。
曾記得並蒂花兒兩分開啊，
才郎一去未回來啊，
哎喲哎嗨哎，
小郎一去未回來。

斷橋梨花跟著開，
遍地百草花竟開。
好春光楊柳染綠一排排，
海棠開罷郎未來。

〔註141〕見《連雲港民間情歌》，頁105。

春天將過夏日來，
玉美人打扮上梳妝台。
可憐俺一人獨坐在牙床上
玫瑰花放郎不來。

斷橋石榴花兒開，
荷花飄香出水來。
我小奴身倚涼亭手托腮，
思想小郎實難捱。

春去夏過秋又來，
鳳仙花兒笑著開，
郎行時動別六角長亭外，
你道菊花開時轉回來。

斷橋梧桐葉飄飄，
丹桂添香滿樹搖。
到如今小奴懶把菱花照，
誰看我花黃憔悴貌。

夏過秋去冬又來，
雪花漫天落瑤台。
嘆只嘆紅樓暖閣無心愛，
小郎哥你到底幾時能回來？

斷橋寒梅花又開，
相思越想越厲害。
小郎哥你路遠迢迢雲天外，
人不來也該寫封情書來。

　　五更調又是另一類常見於思別歌的形式。蘇北地方的以五更調所唱出的思別歌，其題明多冠以「哭」或「罵」，亦即被名之為〈哭五更〉或〈罵五更〉

的所在多有。由於五更調原本就是由吳曲「五更思征夫」演變而來，所以歌中主題大多是丈夫被徵召入伍造成分離；這股無耐與憤怒抒之於歌，自然會名之以〈哭五更〉或〈罵五更〉了。僅列舉邳縣極具野性的〈抓壯丁〉〔註142〕為例於下：

　　　一呀麼一更裡，月亮照花樓。
　　　思想起小奴心中事，好不焦愁。
　　　俺小奴過門未過一月後，
　　　縣政府下命令才把壯丁抽。
　　　知心奴的郎，才那壯丁抽。
　　　可恨他狗日的鄉保長，一點情不留。
　　　半夜三更裡，抓去我的郎，出門就要走。
　　　他把我的郎，送到區公所裡頭。

　　　二呀麼二更裡，越亮照花台。
　　　接上人亂言語，壯丁要開差。
　　　小為奴，那我的郎送到荒郊外。
　　　他對我言講的話兒，句句記在心懷。
　　　他言講壯丁到火線，一定打信來。
　　　他又交待我，閒來無事少要門前站。
　　　他又交待我，少要去看戲少要去打牌。

　　　三呀麼三更裡，月亮照紗窗。
　　　翻過身睡不著個覺，所為哪一樁？
　　　想當初有我郎，在家多好過？
　　　到如今，俺小奴孤寡手空房。
　　　拿起我郎的相片，倒插奴心上。
　　　也不知哪一輩子，得罪了鄉保長。

　　　四呀麼四更裡，月亮大平西。
　　　這一般的年輕人，搗蛋又調皮。

〔註142〕見《邳縣歌謠集成》，頁17。

　　拉胡琴、唱小調，常在門前繞。
　　只繞得小爲奴，心中無主意。
　　要不是二老爹娘家規管得緊，
　　偷上一個小白臉，藏在奴房裡。

　　五呀麼五更裡，月亮朝下落。
　　也不知我的郎在外可想我。
　　也不知我的郎在外可還好。
　　也不知我的郎可向壞人學。
　　知心奴的郎，別向壞人學。
　　你不想二老爹媽，可想奴家我。
　　只望你投降後解放回家，
　　也免得小爲奴想你這麼難過。

　　十寫調是以女子手拿信箋，一書再一書地寫下對情人的思念。頗類於數字歌，用於思別歌，更顯得思念層層疊疊、漫漫無盡。茲節錄東海縣〈尤家二姑娘〉爲例於下：

　　尤家二姑娘啊，獨坐繡樓房。
　　茶不思飯不想面皮黃，思想有情郎啊。
　　……
　　鑰匙響叮噹，打開那小皮箱。
　　伸手拿出薛濤箋一張，寫信求情郎。

　　大字寫中央，小字寫兩旁，
　　拜上拜上多多拜上，拜上有情郎。

　　一寫喜盈盈，初會郎殷勤，……
　　二寫笑嘻嘻，我郎眞賴皮，……
　　三寫樂滋滋，牙床鴛鴦戲。……
　　四寫愛正濃，我郎要出門，……
　　五寫苦哀哀，牽手放不開，……
　　六寫意惶惶，我郎鐵心腸，……

七寫情癡癡，小奴害相思，……

八寫哭啼啼，思郎好癡迷，……

九寫恨悠悠，相思何時休。……

十寫嘆口氣，一氣寫到底。

書信寫成誰為小奴送？

小郎在哪裡？

　　蘇北思別歌中最別緻的一類，當推結合了二十四節氣歌、同時以「半」為題的〈半邊詞〔註143〕〉。蘇北另有名為〈二十四節氣歌〉的思別歌，完全是以二十四節氣為由唱出女子對丈夫的思念；但是〈半邊詞〉另闢幽徑，以半為名，歌中文字華麗優美，篇幅極長，描寫佳人獨守空閨，思念情人。極目所見，皆有半無雙；對照自身孤單、更顯感傷。礙於篇幅，僅節錄部份內容於下：

鼓打三更半夜天，佳人獨坐半傷感。

珍珠半掛帘半捲，柴門半掩又半關。

半閃秋波往外看，半天星斗半雲翻。

半個月亮半明亮，半怨奴家難怨天。

半怨郎君心太狠，半夜三更受孤單。

半杯香茶無心飲，半杯美酒懶去貪。

半依羅幃半靠枕，小金蓮一半伸來一半蜷。

紅綾被半截熱來半截涼，鴛鴦枕半截濕來半截乾。

半半拉拉說句話，提筆寫出詩半篇。

……

之後下接以二十四節氣為骨幹的思別歌：

立春雨水恨來遲，手托香腮淚珠滴。……

驚蟄春分杏花天，脫去了棉衣換了單。……

清明穀雨百草生，丈夫立志求功名。……

立夏小滿麥綉旗，獨對花窗綉花枝。……

芒種夏至南風來，斜依欄杆托鬢腮。……

小暑大暑正相和，荷花香風送涼閣。……

立秋處暑風漸涼，怨君深閨盼斷腸……

〔註143〕見《銅山縣歌謠集成》，頁100。

白露秋分北風揚，綠柳水鴨寒池塘。……

寒露霜降百草衰，鶴立松梢聽猿哀。……

立冬小雪冬伏冬，寒天不住刮朔風。……

大雪冬至瑞雪飄，萬里山河粉畫描……

大寒小寒春漸還，梅花香風透珠簾。……

眼看臘盡春初又一年。

總歸來看，思別歌與結交歌，都是情歌中最細膩優美的類別；其情思含蓄委婉，充滿了纏綿悱惻的相思之情；其中更有少數傳唱自古歌調的內容（如連雲港地區的〈思征夫〉就是用了「銀鈕絲」的曲牌、集古詩句吟唱所得的思別歌〔註144〕），其優雅動人，格外引人低迴。

整體而言，思別歌全是以女性的角度，唱出對離在家外的男性的思念。這些思別歌反映出早期社會中，兩性不平等的社會狀況。無論男女主角已婚與否，思別歌中單一的女性痛苦口吻，傳達出傳統社會中，對女性的道德期待大不同於男性：男性可以自在的來去於各地、而女性卻必須深守閨門「大門不出、二門不邁」的生活，導致女性必得承受著被動感情生活的痛苦。

另一方面，對已婚者而言，傳統社會中，男主外、女主內的性別分工原則，使女性失去自我謀生能力，除非「絲羅附喬木」不能生存，導致女子單方面形成對男子在經濟及情感上的雙重依賴。無論男子外出的原因是應考、經商、為官、從軍、謀生……等，女子都必須滯守在家中，擔負起生人、養人、侍候人的重責大任；即便有些男子數年不歸（甚至如隨國府播遷來台的多數軍人，在政治的因素下終生杳無音訊），在家守候的女子也會依然故我地堅守崗位，並以此被視之為貞婦賢妻。故而當「等待」成為思別歌中女性的普遍情感表達主題時，其實也正顯示出大量以「等郎」、「盼郎」、「哭／罵五更」、「四季相思」、「十二月唱春」為題的歌調中，女性真實的痛苦與悲哀。

也就在年復一年的等待裡，「忍耐孤獨」被普遍內化為蘇北家庭獨對女性要求的特質。如果將此特質與婚儀歌中，部份婆婆對還未進門的媳婦施以「捺性」等延遲下轎的儀式及觀點相結合，不難看出早期在家庭規範中，對女性「忍耐」度的要求之殷切，有著多麼深刻且不人道的時代與社會背景因素。

〔註144〕見朱守和撰〈連雲港民間情歌‧序〉，收錄於《連雲港民間情歌》，頁7。

八、抗婚歌

　　情歌中的最後一類是爲「抗婚歌」。在這一類歌中，可以看到熱戀中男女對於「父母之命、媒妁之言」的傳統婚姻所抱持的態度：有極力抗拒、索性私奔他方，勇於追求理想中的幸福；也有就此棒打鴛鴦兩分離，拋卻前情，迎向新人生的例子。在抗婚歌中也可以看到臨到命終的妻子，對丈夫的殷殷叮囑；更可以看到女子終日躲躲藏藏、拼著要見病危的情郎一面；不幸情郎一命歸陰、情妹想爲之服孝、又恐外人知情的痛苦與掙扎。總之，抗婚歌可以說是情歌中最眞實、卻也最具力道的一類，謹於下文一一陳述之。

　　抗婚歌中最有趣的一類，當推〈姐在房中悶沉沉〉系列。此類歌謠的內容主要敘述原有私情的男女雙方還未來得及託媒提親，女方家卻已經受聘要把女兒嫁予第三人。男女雙方再次私會時論及此事，商量著要如何因應。先是女子勸情人另尋新歡，可是情人卻這麼回答：

　　　　……
　　　　（白）大姐走俺沒法活了！
　　　　（唱）東庄倒有個花大姐，
　　　　她的容面比奴強。
　　　　那邊你走一趟哪哎嗨喲。

偏偏這位花大姐難以打動男子；於是兩人又商量著對策，思考著是否可以將男子藏在衣櫃箱籠中，隨著嫁妝一同偷渡到男家；

　　　　（白）大姐，你不能把俺鎖在箱子裡嗎？
　　　　（唱）鎖在那個箱裡怪稱心，
　　　　又恐怕婆婆開箱門，
　　　　丟俺娘家人哪哎嗨喲。
　　　　（白）你不能把俺鎖在櫃子裡嗎？
　　　　（唱）鎖在那個箱裡怪可人，
　　　　又恐怕丈夫開櫃門，
　　　　給奴家爭下恨哪哎嗨喲。

又或者是由男子應徵到夫家當長工，兩人還是可以趁著沒人注意時再續前緣……種種點子一一出籠，讓整首面臨分離的歌謠顯得狹促有趣。

　　由於蘇北各地都有流傳，所以最後的結局也正巧反映出各地民風的差異。如果要爲這類歌謠定下小標題，那麼輕鬆地以「棒打鴛鴦後……？」差

可傳神地比擬此歌趣味所在：在民風較爲嚴謹、思慮較多的地區，如銅山、睢寧，最後的結局都是棒打鴛鴦兩分散，就此別過昔日的男歡女愛，從此男婚女嫁、各不相干。這兩地的歌謠，表現出在感情上蘇北兒女「提得起、放得下」的瀟灑胸襟，令人忍不住爲之拍手喝采：

（白）這可怎麼好呀？

（唱）辭過靈山還有廟，

碼過泰山還有香燒。

咱兩人兩開交哪哎嗨喲。

（唱）你走你的陽關道，

俺走那個俺的獨木橋；

咱二人兩開交哪哎嗨喲。

至於民風大膽具有野性的邳縣與新沂，情人間就不樂意這麼一拍兩散了，像是邳縣的情人是這麼唱著的：

「妹妹，咱不是不能相逢了嗎？」

要想相逢也能相逢，

你上俺婆家去當長工。

那時再相逢。

「妹妹，當中沒有介紹人怎麼去？」

對門倒有高老六，

給奴丈夫有交情，

一說保險成。

「妹妹，咱這不是不親了嗎？」

過上三年並五載，

床前生下個小玩童，

咱二人拜個乾親親〔註145〕。

情歌唱到了頭，讓人爲邳縣待嫁女兒婚後的生活狂捏一把冷汗，誰知道這樣做行不行得通呢！倒是新沂縣的情人來得乾脆：

〔註145〕見《邳縣歌謠集成》〈扣花針〉，頁92。

　　（白）妹子啊，到底怎麼辦好？

　　不有那個山伯和英台，

　　還有牛郎織女會天河呀。

　　董永七女能相見，哎嗨哎嗨喲依呀哎嗨喲，

　　誰能隔開你和我？

　　十字大接插上一支香，

　　求神天賜恩我們兩個呀。

　　從此漂泊天涯路。哎嗨哎嗨喲依呀哎嗨喲，

　　夫妻恩愛天長地久〔註146〕。

至於灌南縣的情人，則頗有梁祝情史的風格，兩下做此約定：

　　男白：

　　哎呀，小妹子，

　　你要出門我怎麼辦哪？

　　女唱：

　　哥哥騎馬頭裡走，

　　妹妹在後裝腳疼，

　　十字路上會情人，哎呀咿呀哎哎喲，

　　十字路上會情人〔註147〕。

　　不過一旦真的依父母之言，嫁給了原本可能本不相識的丈夫，也難保從此就一定會幸福快樂。一般情況下，婆家對於女子婚前的情事會抱持著不聞不問的態度，彼此心照不宣；不過如果女子在婚後還有風吹草動、灌入了婆家耳裡，那麼新婦在婆家就要站不住腳了（……你在呀朋友面前吹那個大氣，亂說那個小奴是相好地。乾哥嗄，人皆有面樹有皮，咿呀哎嗨喲，下回說話可要注意〔註148〕）；或是情人在女子婚後仍然糾纏不休（你要真心對我好，我摘石榴你莫打岔，快點走不要再撞見我大大〔註149〕）；又或者真如前文邳縣歌謠中所唱，女子在婚後仍然持續與情人暗渡陳倉（……前兩

〔註146〕見《新沂縣歌謠集成》〈姐在房中扣花針〉，頁78。

〔註147〕見《連雲港民間情歌》，〈十字路上會情人〉，頁120。

〔註148〕見《連雲港民間情歌》，〈姐在河邊洗筒蒿〉，頁126。

〔註149〕見《連雲港民間情歌》，〈姐在南園摘石榴〉，頁128。

天爲你挨了女婿打，這幾天爲你受了婆婆罵，挨打受罵都爲你這小冤家。……〔註150〕），這些情況演變到了最後，都會讓新婦在婆家毫無地位（公公逼得俺要上吊，婆婆責罰俺跳河。……狠心丈夫又把鋼刀磨。……〔註151〕），導致最後不得不請求情人帶著自己遠走高飛，離開這段不愉快的婚姻（你要能帶俺小奴走，打打包袱上揚州，才郎大哥嗨號嗨，小奴我一氣不回頭〔註152〕）；再不就是

> 一百銅錢買兩蒲包，三根木棍搭個丁頭，
> 二人住裡頭。
> 要是有人來盤問，你是丈夫我是妻，
> 怕他怎麼地！
> 有福我們兩人享，有罪也是我倆受，
> 受苦也風流〔註153〕。

如此勇於拒絕不幸婚姻的精神與決心，表現出了強烈的自主性與對愛情的眞誠，成爲情歌中動人的另一種類型。

只是天下沒有不散的筵席，再恩愛的夫妻，總會有大難來時各自飛的一天，正如東海縣〈玉美佳人〉歌中所唱：「人生在世不能過千年，少年夫妻老來是伴，早晚先後都要離開人間〔註154〕」，抗婚歌中最令人心碎的一類，就是相愛人無法一路到白頭的悲歌。這類悲歌與前文所述的〈姐在房中悶沉沉〉系列在形式及內容上大同小異，只是將生離換成死別。面對情人即將病故的事實，男子就如情人將要另嫁一般，同樣驚慌失措地問著要如何面對日後的人生，以邳縣的〈玉美情人〉爲例：

> ……
> 「妹妹，你死了我怎麼辦？」
> 給你紋銀二十兩，大街裡頭另尋人，
> 她與我郎過百春。
> 「妹妹，我隨看誰不如你好呢？」
> 對門倒有王三姐，她比爲奴俊十分，

〔註150〕見《連雲港民間情歌》，〈姐在南園摘黃瓜〉，頁128。
〔註151〕見《連雲港民間情歌》，〈姐在房中淚簌簌〉，頁127。
〔註152〕同上註。
〔註153〕見《連雲港民間情歌》，〈姐在南園摘石榴〉，頁128。
〔註154〕見《連雲港民間情歌》，頁136。

最能對郎心。

「妹妹，誰給作介紹呢？」

東院倒有張二嫂，她去拉馬扯皮條，

她能給介紹。

臨了，這位抱病操心的女子還不忘這麼叮嚀著郎哥道：

單等三年並五載，床前生下一條根，

他與我郎傳萬春。

年年倒有清明到，你套輛馬車頂到奴的墳，

可憐可憐俺這個另鄉的人〔註155〕。

一如〈姐在房中悶沉沉〉系列在蘇北廣為流傳般，這首女子將亡所唱的〈玉美佳人〉系列告別情歌，也在蘇北各地多可聞見〔註156〕，且內容大同小異。

至於若是男子病危將歿，那麼也有〈探病房〔註157〕〉、〈只恐他人望〔註158〕〉系列傳達出女子的焦慮與傷心，茲轉錄〈只恐他人望〉如下：

奴在房中扣鴛鴦，忽聽我郎病在床。

小奴心發慌。

爹爹東庄去趕會，媽媽西庄瞧姥娘，

奴去探病房。

先包兩包五香果，又包兩包糯米糖，

所有果子都包上。

大路有人不敢走，小心匆匆溜小巷，

只恐外人望。

大跑小跑跑得快，一路來到郎病房，

觀看我郎沒人樣。

八仙桌子來放好，五香果子都擺上，

小為奴跪當央。

保佑保佑多保佑，保佑我郎病起床，

三台大戲奴請唱。

〔註155〕見《邳縣歌謠集成》〈玉美情人〉，頁124。

〔註156〕如東海縣的〈玉美佳人〉、〈相聚等來生〉；新沂縣〈姐在房中淚漣漣〉等都是此類歌謠。

〔註157〕《新沂縣歌謠集成》，頁65。

〔註158〕《邳縣歌謠集成》，頁138。

可憐奴的人眼閉上，（兩眼一眨見閻王〔註159〕）

小為奴痛聲哭一場。

作雙白鞋不敢穿，箱子躲來箱子裡藏，

只恐外人望。

我郎照片不敢掛，掛在為奴奶頭上，

早晚想看郎早晚望。

白天想郎不敢哭，眼淚掉在枕頭上，

夜裡想郎哭一場。

這首抗婚歌由於套用的是前文所錄〈送夫〉的歌調，所以使原本悲傷的故事變得輕快。只是唱時須另外摻入過門的襯字才能合曲：

‖:6565 | 6 i·35 | 3·561532 | 13261 | 3·2123253 | 13261:‖

奴在房中 扣　鴛鴦，忽聽小郎病在床，奴去探病房。咿呀呀得喂得喂，　奴去探病房

……（略）

類似的歌謠還可見於東海縣〈九日瞧郎〉、邳縣〈姐在房中面絲雲〉、〈雪梅弔孝〉……等。由於小調曲風曖昧輕快，所以在蘇北地方，此歌往往被當成是淫逸小曲兒看待，時人（尤其是女性）多不隨便哼唱。

抗婚歌與思別歌最大的差異在於，抗婚歌中的女性，對於舊時奉父母之命、媒妁之言所成就的婚姻，多半抱持著消極的態度，一旦走入婚姻之後發現果如預期中的不幸，那麼她們情願以反抗的態度，再尋愛情。

如果說情歌是「情動於中形於言」的心情寫照，那麼蘇北情歌中所傳達及反映出的意義，就不僅僅是「歌為媒」這樣簡單的功能而已。從贊慕歌到抗婚歌，在數量驚人的各式情歌中，今人大致可以從以下觀點及特質來認識蘇北情歌：

（一）情歌中展現出蘇北女性的婚戀觀：從蘇北情歌多數是以女性口吻抒唱的角度中，可以發現女性具有以下婚戀觀：1. 愛情的最佳結局是婚姻，露水夫妻終究要面對棒打鴛鴦的下場與難堪；2. 唯有情與欲都能一致的婚姻才是理想的好姻緣；3. 女子不惜主動追求愛欲，同時也積極面對並處理

─────────────

〔註159〕邳縣此句疑漏列，此處為對照新沂縣〈探病房〉歌詞後補入。

外在環境造成的阻撓及拖延，在能力所及的情況下極力爭取自己想要的愛情生活；4. 一旦兩情相悅，女子對愛情的忠貞及專一要求極高；如果發現男子變心，不會搖尾乞憐，反而採取瀟灑的態度離去；5. 擇偶時重情尚義，不重財勢，情願與心上人共同奮鬥努力，也不圖坐享其成、與財主為妻；6. 對於失衡不幸的婚姻抱持著反抗的勇氣及態度，大膽追求自己要的幸福。

　　（二）蘇北情歌不限以未婚男女為視角，已婚男女同樣也可藉由情歌來抒發內心的苦悶，且所追求的對象也不限於未婚身份；如此開放的情感世界，同時表現在情歌不僅發抒熾熱情欲，更以不同的手法及隱語描述難以直陳的性欲上。然而無論歌謠內容再怎麼熱情，歌中的意境都不及於亂，反而表現出真率坦蕩且透明野樸的情感本質。

　　（三）蘇北民歌具有強烈的民俗性：在情物歌中反映出蘇北民間工藝中邳縣一帶刺繡工藝的重要及普遍性；思戀歌中則依農、漁業的差異，藉由不同的意象以及外在景色傳達情意，具有鮮明的地方民風；此外，十二月歌中，逐月點唱出的節慶，反映出蘇北民間生活中所重視的節慶生活；歌謠中的方言則反映出獨到的地域性特色。

　　（四）蘇北地方長期經歷嚴冬、風沙、水旱災難、兵災、匪患等侵襲，使得民眾常須在面對突發狀況的當下作出立即反應，也因此形成了勇猛、直爽、俠義、豪放的性格，這種特質反映在情歌中，就成為直接了當、一吐無餘的風格，是以多數蘇北情歌表現出坦率純真、酣暢淋漓的特色，也帶有幾分令人莞爾的趣味與幽默，即使是情歌，也多用直抒胸臆的筆法表達情意，不興作委婉纖麗的表達風格。

　　（五）蘇北情歌表現出高度的包容性：既有北方百姓豪放獷悍的性格、也有吳歌西曲中幽婉清麗的柔媚；既有齊魯文化中對女性傳統美德的認同與固守，也有西南民族大膽開放的熱情。這些具有高度時空環境特質的因素交融在蘇北情歌中，明顯表現出蘇北地區在做為華北並華東交通樞紐的態勢下，四方文化在此交會的痕跡；這一點同時亦可從不同歌調在蘇北各地都有傳唱的事實可以看出。

　　簡而言之，一首首看似簡單的情歌，實則最足以反映出地域性的特色與風土民情；其背後所反映出的豐富意涵，絕非三言兩語所可道盡。

第二節　生活歌

　　《中國民間歌謠集成・江蘇卷》將〈生活歌〉類的內容定義成以「直接反映社會生活、家庭生活〔註160〕」為主要內容的歌謠。在這個前題之下，生活歌可再分為四類，分別是「苦歌」、「社會世態歌」、「家庭生活歌」，以及「勸世歌」等。其中「苦歌」是各種行業的從業人員對自身不幸遭遇的悲歎；「社會世態歌」則主述世態變化、民間風氣、政商動態等內容；「家庭生活歌」著墨於舊時家庭成員間的相互關係；「勸世歌」則包括了知識教育歌及勸世醒世歌等類別。茲於後文一一介紹。

一、苦　歌

　　苦歌是傳統社會中，庶民們對於其悲慘人生及境遇所發出的哀歌。在蘇北生活歌中，抒唱苦歌者的背景大致可以有長工、農民、灶民、漁民、船民、妓女…等等被視為廣泛的窮民之流。因為他們所從事的，正是社會上最辛苦且勞力密集度最高的工作；因此從這些社會最底層的成員口中所唱出的悲歌，足以反映出傳統社會冷酷現實的一面，也傳達出命運蹇困者在舊時不平等的社會階層中，掙扎求生的辛酸。以下將逐一介紹。

（一）長工苦歌

　　蘇北俗諺說：「蟲中最毒蠍子嘴，人間最狠財主心」。長工之苦，多在於主東的苛刻與無時無刻的待命工作。在早期毫無勞工權益可言的農業社會中，長工如同主東家所豢養的牛馬，隨時在家中待命。對於這種管吃管住、卻隨時在家待命的工作，長工們大多認命接受；但是幹活兒必須有體力；而體力主要的來源則取決於食物的質與量。也因此，蘇北所見的長工苦歌，大多以抱怨食物粗劣或不足為主要內容，要不是以抱怨長工們吃飯動作太慢為由要求長工快快離開飯桌，「恨不得叫我少吃一頓飯〔註161〕」；就是如這首流傳最廣的長工歌中的東家，提供惡劣伙食，使得長工們不得不提出了以下的控訴與諷刺：不是「七天四眼湯、八天剩窩窩〔註162〕」；就是「煎餅多粗、糊粥稀薄；鹹菜儘吃，辣子不擱〔註163〕」〔註164〕，別以為這已是最苛刻的主東，

〔註160〕見《中國歌謠集成・江蘇卷》，頁297。
〔註161〕見《連雲港市歌謠集成》〈少吃一頓飯〉，頁933～934。
〔註162〕見《銅山縣歌謠集成》〈長工苦〉，頁15。
〔註163〕蘇北方言，放的意思。

更有甚者竟然連「鹹菜、豆子見不著〔註165〕」的情況都會發生。

　　所謂的「四眼湯」，指的是湯裡無米、能照見人影兒的稀飯或湯麵；煎餅的粗是由於其用以攤餅的原料為廉價的苞米粉〔註166〕；本應「筷子插了不倒〔註167〕」的粥不但不稠反而呈現「稀薄」狀；至於蘇北幾乎每家餐桌上都有一碟伴食的小菜：辣子（辣椒），則藐然無蹤；更別說是豆子（花生米兒）了。這些廉價的佐餐小物，在沒有主菜的情況下升格為「菜」已經是令人夷然；何況這些小菜根本花不上多少錢；但是連這些東西都不擺的主東，就實在太過慳吝，難怪長工們也忍不住叨唸。更令人哭笑不得的是，這類長工歌中對於主東家難得提供的葷食，更提出了這樣的譏諷，且看銅山縣的版本，如何形容那連蒼蠅都叼得動的肉片：

　　　　八月十五吃頓腥，肉片切得比紙薄。

　　　　夾了半天沒夾著，蠅子銜著飛上坡。

　　　　撒開丫子去追趕，追了三天三夜多。

　　　　蠅子不知去哪裡，腳丫腫成發麵饃。

同樣人蠅大戰的情節，到了連雲港更唱得簡鍊傳神：

　　　　要吃豬肉，八月十五再說。

　　　　割了一兩三錢，切得比鈔紙還薄。

　　　　伸筷去刀〔註168〕，蒼蠅來奪。

對於長工追肉去，邳州的東家王五可有話說了：

　　　　長工在前攆，王五在後頭說：

　　　　「日你娘，光攆可不能擔誤了幹活兒！」

　　雖是誇張形容、搏君一粲，可是如此苛薄的主東，叫人怎麼可能心悅誠服地待在此等人家賣命賣力？也難怪歌謠的一開頭，長工們要不是說「累死累活，不給王五扛活兒」；就是嘆道「家裡有碗水喝，不給馬家幹活」。這首〈長工歌〉的開頭，可隨歌者視雇工對東家的稱謂而自行調整。只是這幾位長工之歌似乎還不夠慘，更令人嘆息的還有這「大領」（長工），為了求得一

〔註164〕見《邳縣歌謠集成》〈王五〉，頁 157。

〔註165〕見《連雲港市歌謠集成》〈千挪萬挪〉，頁 933。

〔註166〕玉米粉。

〔註167〕北方窮人以苞米粉調的粥不興喝稀湯見水，最好是能達到筷子插著不倒的狀態，以表示極為濃稠，才算是能讓人吃得飽的稠粥。

〔註168〕蘇北方言，「夾」的意思。

點點休息，如是乞求老天道：

> 陰了就甭晴，黑了就甭明。
>
> 好歹給點病，甭叫送了命〔註169〕！

　　尋常人巴不得每日都能身體健康，才可以如期工作；而這位大領竟然除非生病否則不得休息；甚至希望天地能永夜不晝、永無晴日，才能夠保命存活，這樣的長工，簡直比機器人還可悲。在笑看大領的奢望癡想之餘，不難體會大領的內心是何等沉重而無奈。長工之苦，可見一斑。

（二）農人苦歌

　　雖然我國一向標榜「以農立國」、重視農業，有清一朝帝王甚至要以「親耕」之舉以示重農，然而在一般民間，還是有大量的苦農及佃農存在。尤其是佃農，在不公平的租地契約之下，每每將過半收穫上繳地主；如遇水旱蟲災亦無可豁免，因而造成佃農終身碌碌卻不得溫飽的困境。

　　至於稍有兩分薄地的小農，雖然有地能供自家活口，但是風雨不調的地區收穫難期；再加上嗷嗷待哺的浩繁食指，一旦遇到荒年，也只能「賣兒賣女度日月」，四處逃荒，生活完全沒有保障。仔細觀察蘇北的苦歌可以發現，農夫苦歌的數量雖不多，但其實多數都隱身於窮民苦歌之中；換言之，農夫與窮民之間，早已劃上無可分割的等號；這些歌中的內容，句句點出身為小農與佃農的悲哀。就算沒遇到荒年，窮民們耗盡心力勤奮謀生，但是微薄的工資還是不足以養活全家人：

> 大爺抬轎放高升，
>
> 大娘捻線賣花生；
>
> 小爺挑水拿板凳，
>
> 小姑弄飯又拿針。
>
> 老媽燒火又抱孫，
>
> 老爹餵豬又打更。
>
> 一家兩手不脫空，
>
> 一年餓得直發昏〔註170〕；

如此勞心勞力尚且不得溫飽；更何況遇到天災時，農民的處境更是悲慘。清代大儒紀曉嵐就在其《閱微草堂筆記》中多次提及關於荒年時期黎民百姓易

〔註169〕見《銅山縣歌謠集成》〈大領歌〉，頁 7。
〔註170〕見《中國歌謠集成・江蘇卷》，頁 301。

子而食、甚至是典賣妻女以爲「菜人」之類的慘狀；這種情況非但古代獨有，近代的慘狀也相去不遠。在蘇北民歌中，就有農民因爲遇到荒年，不得已只好鬻妻求存之舉，且看〈夫妻哭五更〔註171〕〉是如何哀哀唱出「貧賤夫妻百事哀」的無奈：

夫：一更裡坐洞房，
　　淚珠點點溼胸膛；
　　再説不把賢妻賣，
　　實在難顧二爹娘……

妻：二更裡天氣寒，
　　夫君不必淚漣漣
　　少年傷妻往往有，
　　權當爲妻染黃泉。
　　過罷荒年重婚配，
　　好好奉養二老人。

夫：三更裡淚雙傾，
　　賢妻眞稱女好榮。
　　捨身救了我的雙父母，
　　轉生也難忘你這份情。
　　可恨我六尺男兒失教養
　　枉在世間走一程。

妻：四更裡淚悲傷，
　　口中不住喊上蒼。
　　莫非我前生多不孝，
　　就是我燒了斷頭香。

夫：五更裡來東發亮，
　　賢妻提起二爹娘。
　　今生不能重婚配，
　　轉生再來侍高堂

一句「權當爲妻染黃泉，過罷荒年重婚配」，已然切切唱出荒年對於務農貧家的斫傷之鉅，讓人無法不爲之掬淚；更何況還有「冬季裡，遍地荒，飢寒交

〔註171〕見《銅山縣歌謠集成》，頁127。

迫實難當。鍋台上無米把鍋下，孩兒們餓得叫爹娘〔註172〕」的慘狀呢！。

　　小農如此，佃農亦然。別的不說，就算是秋收豐厚，也進不得自家口袋；眼看著一斗又一斗的收成嘩啦啦地倒進地主的糧袋，對佃農而言簡直如同倒血割肉般痛苦：

> 一斗來個一，留著廢荒機。
>
> 二斗哪個兩，孩子喝碗湯？
>
> 三斗是個三，庄戶人家好艱難，
>
> 四斗說個四，繳給地東無意思。
>
> 五斗一口袋，倒進裡頭回不來；
>
> 六斗那個六，割咱身上的肉。
>
> 七斗那個七，老婆孩子淚淒淒；
>
> 八斗阿呵嗨，血汗進了財主家。
>
> 九斗快量了，心中插把刀。
>
> 十斗是一石，去了他的俺的光〔註173〕！

在這種情況之下，窮人再怎麼鼓勵自己、再怎麼「今年巴著來年好」，到頭來也不過是「種米糧，吃米糠〔註174〕」；「來年褲子改成襖〔註175〕」、「一家七八口，渾身精光光。眼淚滴胸膛，仍然餓斷腸〔註176〕」！眼看「麥黃餓得臉兒黃……，（餓得）前心貼著後脊梁〔註177〕」卻一點辦法也沒有，因為「租又重來稅又多，壓得窮人難直腰〔註178〕」啊！好不容易有了丁點兒盼頭，難得「秋豆長得好，山芋也不孬」，正期待著「秋收能吃飽」時，偏偏老天來作對，「忽然間一場秋水全部來淹掉〔註179〕」，「起五更來睡半夜，到頭落個瞎白忙」，因為「（大地主）半夜推磨叫俺烙，天又熱，火又毒」，而這一切不過都是「為了種人二畝地〔註180〕」所致：不但當佃農，還要兼傭工！佃農怎麼能不苦！

〔註172〕見《徐州市歌謠集成》〈四季苦〉，頁 51。

〔註173〕見《銅山縣歌謠集成》〈扒斗歌〉，頁 264。

〔註174〕見《中國歌謠集成・江蘇卷》，頁 313。

〔註175〕見《銅山縣歌謠集成》〈今年巴著來年好〉，頁 15。

〔註176〕見《連雲港市歌謠集成》〈窮人嘆〉，頁 1038。

〔註177〕見《銅山縣歌謠集成》〈麥黃餓得臉兒黃〉，頁 14。

〔註178〕見《銅山縣歌謠集成》〈今年巴著來年好〉，頁 15。

〔註179〕見《連雲港市歌謠集成》〈窮人嘆〉，頁 1039。

〔註180〕見《新沂縣歌謠集成》〈大地主，真可惡〉，頁 12。

（三）妓女苦歌

妓，《廣韻》作「女樂」解；早期「伎」者，實爲提供舞樂以娛賓客者，直到後來才以「妓」爲賣淫婦女的專稱。這個古老的行業，在人類社會中始終不曾消失過；儘管提供給男性人情大欲所必需的服務，但是在我國文化中，妓者向來被社會視爲下九流的行業、少有人能予以身而爲「人」所應有的尊嚴。然而妓女的存在仍是一個不爭的事實，即使在蘇北地區業不例外。

以徐州地區早期的娼妓業爲例，據林卓霞女士於其所撰〈徐州舊社會的金谷里〔註181〕〉一文指出，在早期農業社會時期，徐州的娼妓業大多集中在名爲「金谷里」的地區〔註182〕，由於晉代石崇以「金谷園」館綠珠，所以徐州娼妓業所在的小吳庄以此故別名爲金谷里。

金谷里中的娼妓主要爲領有營業許可證、正式掛牌營業、並由徐州市警察局保安科統一管理的合法妓女。這類妓女所在的妓院不但要繳稅，而且從業人員還要定期接受健康檢查，極盛時期約當西元 1940 年前後，在日本統治之下，各地商旅往來經商路過徐州，帶來驚人的消費，也使得原本因淪入日軍之手而經濟蕭條的徐州，再現繁華市面。當時光是妓女就有二、三百人之多；再加上管家、老鴇、車夫、僕役等，人數上千亦不爲奇。

除此之外，舊時徐州還有俗稱「暗門子」、「大炕」的娼妓，遍布各地，這類娼妓自己拉客，不註冊、不繳稅，形同所謂的「個體戶」；另外還有一種地方土娼，雖然也不註冊不繳稅，但是由於私下已與治安機關打過招呼、不時打點，所以能以半明半暗的態勢放膽作生意。

無論是哪一種娼妓，舊時人家若不是走投無路，絕不可能將女兒賣至青樓，畢竟「親生的女兒什麼怨仇」，竟使得父母「光顧銀錢不顧女兒羞」，要把女兒「丟在火坑永遠不回頭〔註183〕」呢？

「神女生涯本是夢」，身爲一切不由己的妓女，能夠「白天陪郎去吃酒，夜晚陪郎又去風流〔註184〕」，至少代表還能苟延殘喘地度日；一旦淪落到「掙不來銀錢皮鞭沾水抽」時，誰管「跟那老鴇無仇無恨」，「直打得爲奴皮開肉綻〔註185〕」。運氣不好的，「三天沒吃陽家一碗飯，四天到了望鄉台」

〔註181〕收錄於孟慶華主編《徐州文史資料集粹》之《徐州禮俗》中，（江蘇・江蘇文史資料編輯部，2000 年 12 月），頁 725。

〔註182〕今日徐州市南關，建國路南、新發街東，舊稱「小吳庄」；今爲解放里一帶。

〔註183〕見《連雲港市歌謠集成》〈妓女悲秋〉，頁 1210。

〔註184〕同上註。

〔註185〕見《邳縣歌謠集成》〈妓女告狀〉，頁 168。

地「一命歸了陰」，可憐一個青春女兒家屍骨未寒，老鴇子已然把她「渾身上衣服全扒下來，金鐲子金戒子全抹下來〔註186〕」，就這麼「三張蘆席顛倒綑，包包裹裹抬到荒郊邊〔註187〕」，「霹靂叭啦摔將下來」，任由「前面露出青絲髮，後邊露出紅綉鞋〔註188〕」。本以為來了位相好過的富家公子好心「將奴的骨頭拾將起來」，「哪知道拿家去磨了一副麻將牌」；如果不幸還剩下點骨渣子，「又磨了付色子〔註189〕支著玩」，一旦輸錢時，就這麼「唏哩叭啦砸將起來〔註190〕」。連死後的遺骸都如此被人糟蹋，還說什麼「生死殊途」呢！

至於運氣好沒被老鴇打死的妓女，「磕下幾個頭，跪在那裡苦苦哀求」，興許還能向老鴇討饒；只求日後「不管是填房還是老頭」，只求能「從良走」、「情意相投〔註191〕」，就是已經要謝天謝地了；否則等到「日月如梭白了頭，青春一去永遠不回頭〔註192〕」，自悲自嘆之餘，「梁上一落解了千愁〔註193〕」，同樣令人不忍與無奈。

如此的身世、這般的下場，也難怪來到了閻羅王面前的妓女，要苦苦哀求「你能叫俺托生牛和馬犬，別教俺托生二八女裙釵〔註194〕」，更語重心長地「勸世上的人誰家有民女，別送煙花巷裡來〔註195〕」。如此苦歌除了點出舊時社會中人口買賣所帶來的不幸以外；更唱青樓女子對自身多舛運途的淒涼唱嘆與心酸。

（四）灶民苦歌

灶民為蘇北地區因應本地海鹽產業所出現的獨特工種，其產生原因及相關勞動方式，請參考本文第四章第一節「勞動歌」類第一單元〈鹽工歌〉條。淮鹽生產既在蘇北東部海濱，也因此在連雲港市歌謠集成的生活歌中，舉目所見，無處不是灶民苦歌。

〔註186〕同上註。
〔註187〕見《新沂縣歌謠集成》〈妓女苦〉，頁121。
〔註188〕同上註。
〔註189〕即骰子。
〔註190〕見《邳縣歌謠集成》〈妓女告狀〉，頁169。
〔註191〕見《新沂縣歌謠集成》〈妓女悲愁〉，頁123。
〔註192〕見《連雲港市歌謠集成》〈妓女悲秋〉，頁1211。
〔註193〕見《邳縣歌謠集成》〈妓女悲秋〉，頁172。
〔註194〕見《邳縣歌謠集成》〈妓女告狀〉，頁168。
〔註195〕同上註，頁170。

　　灶民之苦既從其產業本質及高獲利性而來，兼之以資方壓榨、未能用公平待遇付予薪資，因此造成大批灶民成爲社會底層無法翻身的一群。灶民工作累、生活苦：對他們而言，就算大聲抗議著「全是世上人，爲何分兩開（han）」，但是對既有的命運卻毫無翻轉的能力，能掌握的只是「東風來回轉，六根竹竿來回翻〔註196〕」而已。這樣的人生，除了不斷的忍耐之外（一家七八口，三天兩頭忍），也就只能「仰天長嘆息，恨地不容人〔註197〕」了。

　　對灶民而言，生活裡的食衣住行樣樣艱難：「春吃海菜芽，夏靠爛魚蝦；秋採鹽蒿種，冬咽蓴荻渣〔註198〕」，「一年苦到頭，換來稀飯湯〔註199〕」；運氣好一點的，「灶糧沒指望，領點霉豆餅〔註200〕」。眼見「垣商狗吃肉」，灶民卻是「菜飯艱〔註201〕」，因爲「交冬數九受凍餓，鍋裡沒有雞啄糧〔註202〕」啊。儘管「吃不飽肚餓難受」，偏偏「煮野菜難下咽喉〔註203〕」；更慘的是，「若遇三天連陰雨，肚皮貼在背脊上〔註204〕」。

　　灶民們鎮日裡「吃的是草根，蓋的是蘆花被〔註205〕」；到了冬天，面對呼嘯而來的海風，能穿的也就只是「春夏秋冬一身衣」。如此貧寒，又怎不「寒九凍得直篩糠〔註206〕」呢！到了夜裡「住著丁頭開天窗」，「彎彎月光當燈照，雪花紛飛飄進房〔註207〕」。這樣的丁頭屋，「沒多大，一家幾代怎擠下？地鋪連鍋灶，抬腳頭上叉〔註208〕」，也難怪連一般家庭中的生死大事，灶民們已然無從悲喜，能做的也只有「人死了一張蘆席，添孩子大人淚流〔註209〕」，這正印證了蘇北俗話所說的「添人不添地，越過越不濟」啊。然而這樣的生活，還已經是「拿老命摜〔註210〕」來的了，一旦遇到了荒年「灶民逃荒求

〔註196〕見《連雲港市歌謠集成》〈不信蒼天不睜眼〉，頁1045。
〔註197〕見《連雲港市歌謠集成》〈仰天長嘆息〉，頁1046。
〔註198〕見《連雲港市歌謠集成》〈四季吃食〉，頁1042。
〔註199〕見《連雲港市歌謠集成》〈不信蒼天不睜眼〉，頁1045。
〔註200〕見《連雲港市歌謠集成》〈仰天長嘆息〉，頁1046。
〔註201〕見《連雲港市歌謠集成》〈不信蒼天不睜眼〉，頁1045。
〔註202〕見《連雲港市歌謠集成》〈鹽民歌〉，頁1048。
〔註203〕見《連雲港市歌謠集成》〈灶民十嘆〉，頁1050。
〔註204〕見《連雲港市歌謠集成》〈灶民歌〉，頁1049。
〔註205〕見《連雲港市歌謠集成》〈灶民眞受罪〉，頁1042。
〔註206〕見《連雲港市歌謠集成》〈鹽民歌〉，頁1048。
〔註207〕同上註。
〔註208〕見《連雲港市歌謠集成》〈丁頭屋〉，頁1043。
〔註209〕見《連雲港市歌謠集成》〈灶民十嘆〉，頁1051。
〔註210〕見《連雲港市歌謠集成》〈要吃鹽場飯〉，頁1041。

活路〔註211〕」時，丁頭屋區可就是「幾間破屋無人住」了，不過仔細去看看裡頭，或許還有「灶民白骨伴草枯〔註212〕」呢。這種情境，如何不苦？如何不令人為之鼻酸？

（五）漁民船民苦歌

連雲港地區東濱黃海，具有廣大漁場，漁民們的工作內容與相關細節，請參看本文第四章第一節勞動歌及儀式歌等介紹，於此不再贅述；本單元僅就其生活歌謠部份加以說明。

表面上漁民們每次出海的豐收都會令人欣羨最後可能帶來的利潤；但實際上「漁民都是窮光蛋，吃了早飯沒晚飯」！因為「魚把頭，坐地狗，算盤一響賽虎吼」，經過他們的層層剝削，漁民再怎麼在海上出生入死，到頭來不但沾不到魚蝦味兒，反而「天天喝稃湯」，家中人等「女的喝得爬不動，男的喝得黃央央」。

至於拉纜的船民境遇也一樣淒慘，每每「風雨拉纜走」時，「身上衣單活抖抖」；「家中三天未見糧，鹽蒿萊菜充飢餓」。這種吃食，如何能有足夠的體力工作？無奈何「忍飢受餓沒力氣，吃飯不如富家狗」。這種「日日月月沒吃燒」的日子，讓鹽民忍不住大喊「人不餓死莫背纜，鹽河邊上纜夫苦」啊！

從蘇北各地的窮民苦歌中不難發現，今人很難將這些窮民之苦逐一切割開來：為了逃荒而鬻妻販子的農民、灶民，其妻女或流落花街為娼、或嫁至他宅為人童養；從彼處逃荒而來的窮民，到了人生地不熟的此地，又再為了掙一口飯吃而背纜、下海為漁民；又或者是為人佃農、長工，甚至是進入鹽場成為灶民，再度補足了原先逃荒而去的上一批人力……。如此周而復始的循環著，除非藉由政府公權力的介入，否則這些居於社會底層者的悲慘歲月，真要如同歌謠中所唱，是永遠「沒了頭」的。這些苦歌不但反映百姓對天地不仁的無奈、更傳達出人謀不臧的悲哀，怎不足以引之為當政者殷鑑呢！

二、家庭生活歌

以家庭成員間相互關係為題材的「家庭生活歌」，反映蘇北地區家庭中不同的相對關係下，成員間的互動狀況。家庭間成員的關係原本就是環環相扣、無可分割的，因此在介紹上擬先以較為獨立的光棍、寡婦之歌為始；再進入

〔註211〕見《連雲港市歌謠集成》〈破房無人住〉，頁1048。
〔註212〕見《連雲港市歌謠集成》〈灶民白骨伴草枯〉，頁1043。

仍具有互動關係的婆媳、夫妻、母女、姑嫂、繼母繼子……等相關歌謠中。

（一）寡婦上墳歌

中國社會對於孀婦的態度相當曖昧，一方面期待孀婦能夠爲亡夫守貞到老；另一方面又同意禁錮人性的守寡行爲極不人道，從而難以相信孀婦能從一而終。無論是小說或是戲劇，以孀婦爲事端引發的題材從來就是引發輿論與關注的焦點。遠的不說，單從明代短篇白話擬話本「三言二拍一型」等故事中就有極多涉及到與孀婦失貞之類的故事，就可看出關於這類話題的爭議性有多高〔註213〕。

在歌謠中也反映出民間這種對於孀婦既同情、又懷疑的態度。一方面，蘇北各地所傳唱的〈寡婦上墳〉歌中，雖然都是以女性口吻唱出寡婦的悲傷與痛苦，但是真正傳唱者其實以男性居多。這也是爲什麼在蘇北地區一提起〈小寡婦上墳〉之類的歌謠，男性們多半抱持著曖昧的態度，認爲這類歌曲就是光棍們用來調戲孀婦時所唱的。由此可見，社會上雖然對於孀居婦女既要獨支家計、又要撫養親人的處境感到同情：

> ……
> 丈夫死得早，留下兩條根，
> 哪天才能巴成人……〔註214〕

而現實的生計也令寡母們愁得抬不起頭來：

> ……
> 當家才能知道柴米貴呀……
> 小寡婦無爹孩子沒有衣裳，……
> 有錢人家都把棉衣做喲，
> 小寡婦無錢對誰講呀！〔註215〕

另一方面，眾人們懷疑與輕視的眼光，也使得寡婦們有動輒得咎的恐懼：

> ……
> 閒來無事我也不敢門前站嘮，
> ……怕的是哪個光棍來調戲我哪……〔註216〕

〔註213〕參見馮翠珍著《「三言二拍一型」之戒淫故事研究》，（台北：花木蘭出版社，2011年9月）。
〔註214〕見《連雲港市歌謠集成》〈小寡婦上墳〉，頁1066。
〔註215〕見《新沂縣歌謠集成》〈小寡婦上墳〉，頁127～132。
〔註216〕同上註。

　　儘管這類歌謠的內容大多以寡婦們無盡的悲慟作結（……有丈夫過的是天堂路喲……沒丈夫寡婦只有百般愁喲……），但是還是有部份「寡婦上墳」歌中，孀居的女性會在上墳時對丈夫直接表示將要他適的決定：「今天燒紙請你原諒我，回到家裡不守了。」實在是因為在傳統社會中，女性沒有獨立謀生的能力，在肩不能挑、手不能提的體質之下，連基本的生活都有問題：

> 自從我郎下世後，吃擔涼水無人挑。
>
> 有心守你到白頭，哪年哪月才能了。〔註217〕

此外，

> 寡婦無郎淚伴年哪，丈夫喲，
>
> 淚伴年呀麼年更難哪，
>
> 兒子要鞭炮，閨女要衣衫。
>
> 兒女哪知娘心事哪，丈夫喲，
>
> 難關後面有難關哪，丈夫喲！〔註218〕

　　另一方面，在「食色性也」的人性需求之下，部份〈寡婦上墳〉歌裡會一句句地質疑著婦女的床第生活與需求，最明顯莫過於連雲港地區的這首〈小寡婦上墳〔註219〕〉中每句的句末：「年輕輕的寡婦無有個奔頭」；「年輕輕的寡婦往後可怎麼受」；「年輕輕的寡婦怎麼往前熬」……，這些看似由婦女自己唱出的苦歌，其實明顯可見到男性挑釁質疑的痕跡；最後甚至是直接以向婆母稟告決定改嫁為結尾，還用了這樣的暗示之語傳達出女子的心思：

> 壺裡無酒留不下客，汪裡無水不能養鵝。
>
> 叫婆母娘你聽我說，你不能留戀我，
>
> 汪裡無水養不住鵝。
>
> 我重梳頭另裹腳，
>
> 小寡婦守下一年多，哎哎喲

　　從這樣不友善的歌謠中，不難想見真正的寡婦內心之苦；然而並非所有的〈寡婦上墳〉歌都如此歌輕浮，多數的〈寡婦上墳〉歌謠中，採取十二月唱春調的形式，逐月唱出寡婦的痛苦，無論是逢年過節、或是春耕秋收，寡婦往往無力獨自完成這些工作、甚至是有著每逢佳節倍思親的惆悵，因而更添悲愁。

〔註217〕見《銅山縣歌謠集成》〈寡婦上墳〉，頁131。

〔註218〕見《連雲港市歌謠集成》〈小寡婦上墳〉，頁1071。

〔註219〕見《連雲港市歌謠集成》，頁1076～1078。

　　蘇北地區的〈寡婦上墳〉歌，有其常見的曲調，茲配合新沂縣〈小寡婦上墳〉整理於下：

$\frac{2}{4}$

```
5  53 | 5 · 1 | 6 5 4 5 3 | 5 - | i i 3 | 2· · i | 6 5 5 3 | 5 - |
正月   裡 來   是  新  春    寡婦   房 中   淚  紛   紛
二月   裡 天   氣  和，    江北頭   飄 來   一  對   鵝
```

```
i i 6 | 2 2 2 1 | i · 2 | 2 i i 6 | 5 6 5 4 | 2 · 2 | 2 5 |
寡婦   年長三十 二    呀孩子   他  的   爹      呀
公鵝   前頭打個 浪    呀我的   情  人          呀
```

```
6 5 4 2 | 1 6 1 2 | 5 3 2 | 2 1 7 2 | 1 - ‖
一十七歲  離了娘家 門    我的 情人   啊！
母鵝後面  緊呀緊跟 著呀   我的 情人   啊！
```

（二）光棍哭妻歌

　　比較起寡婦，蘇北的〈光棍哭妻〉就顯得悲切凄苦、真心實意的多。畢竟在傳統的父權社會中，獨居的男子在面對性欲需求上比寡婦來得自由，因此較不會成為落人口實的焦點；也因此在除去了這種曖昧的因素之後，留下來的苦歌，就更能突顯出光棍獨自生活的悲哀。

　　無論是〈光棍哭妻〉或是〈寡婦上墳〉，兩種歌謠都以類「十二月唱春調」為主要的歌唱形式，逐月唱出對已逝配偶的思念；在蘇北這類歌謠有其固定的小調。檢視蘇北各地傳唱的〈光棍哭妻〉歌可以發現，光棍哭妻歌大多對於失去妻子協助處理家務：「衣服破了無人補，衣服髒了無人漿〔註220〕」；「今年沒有賢妻在，淨吃白水泛賴歪」；「人家有妻做棉衣，凍死我也無人提」……等瑣事感受深刻；此外，對於以農業為主的家庭而言，失去主內中饋也意味著少了一個人手協助農忙：「往天有我閒妻在，你趕碾子我圓場；今年沒有前妻在，自打麥子自趕場〔註221〕」；「去年有妻妻餵蠶，今年無妻蠶遭殃」；

〔註220〕見《睢寧縣歌謠集成》〈十二月光棍哭妻〉，頁81。
〔註221〕見《銅山縣歌謠集成》〈光棍哭妻〉，頁136。

「五月裡麥穗黃，手端簸箕累得慌。有心覓個短工子，誰給俺烙饃去攔湯？〔註222〕」

其次才對於自己的形單影隻感到悲哀：「十月裡來天氣寒，夫妻二人把家還。老婆孩子一大群，光棍只是一個人〔註223〕」；「十月裡冷似冰，一張涼床半張空，紅綾被子不擋風，一場哭到大天明〔註224〕」。然而這些都還不足以傳達出光棍生活之難。真正的痛苦，在於「無娘孩兒」得不到母親細心的照顧，往往令父兼母職的鰥夫痛楚不已。在蘇北可見的光棍哭妻歌中，唯有睢寧縣的〈男寡夫上墳〔註225〕〉不同於其他哭妻歌，而是以無娘孩兒為主要訴求，逐月唱出無母幼兒的無依與可憐，令人聞之難忍心酸，茲節錄如下：

> ……
> 三月裡，是清明。
> 懷抱嬌兒去上墳，
> 家裡動身心就酸。賢妻啊！
> 來到墳前放悲聲。孩的娘啦！
> 我在哭，孩也嚎，哭死在墳前你不知道，
> ……
> 窮人無錢不好過呀！賢妻啊！
> 小光棍無妻更難熬啊！孩的娘啦！
> ……
> 到晚上，點上燈，
> 我給孩子脫衣裳。
> 白天孩子還好帶來，賢妻呀！
> 夜裡要娘沒辦法。孩的娘啦！
> 到半夜，哭要娘，
> 左思右想難為慌。
> 天黑哭到三更鼓。賢妻呀！
> 半夜哭到出太陽。孩的娘啦！
> ……

〔註222〕同上註。
〔註223〕見《銅山縣歌謠集成》〈十二月光棍歌〉，頁134。
〔註224〕見《銅山縣歌謠集成》〈光棍哭妻〉，頁136。
〔註225〕見《睢寧縣歌謠集成》，頁83。

有心再把二房娶呀，賢妻呀！
不忍孩子有晚娘。孩的娘啦！
……
團圓節，人不圓。
抱起孩子淚不乾。
又想在家帶孩子，賢妻呀！
又想出門去掙錢。孩的娘啦！
想孩子，又想錢，
日子漸漸有困難。
……
孩子無娘災連災，賢妻呀！
往往夜裡出事來！孩的娘啦！
有一天，我在外，
晚上從街轉回來，
聽見孩子把娘叫，賢妻呀！
我急急忙忙把門打開，孩的娘啦！
……
只說孩子床上睡，賢妻呀！
誰知從床上掉下來，孩的娘啦！
十月裡，小陽春，
孩子無娘真傷心。
睡到半夜來磨人，賢妻呀！
懷抱嬌兒把奶尋，孩的娘啦！
把奶找，把奶尋，
懷抱嬌兒走出門。
門東門西走一遍，賢妻呀！
半夜無法去找人，孩的娘啦！
好容易，到天明，
一街兩巷開開門。
哪位行好把孩子喂，賢妻呀！
一層情抱十層恩。孩的娘啦！
……

整首歌中，但凡提及幼兒的部份，寫來句句入情合理，完全表現出傳統社會中主外的男子對於撫育幼兒的種種細節手足無措的模樣；此外，舊時農業社會生活條件不佳，哺餵幼兒的方式仍是以母乳爲主；貧困的家庭如果失去母親，在找不到替代者的情況下，幼兒挨餓受凍是很常見的事；也因此這首光棍哭妻歌的內容句句哀切，令聞者在一掬同情之淚外，更爲歌中孩童的健康與安危感到憂心，格外激發聞者「幼無幼以及人之幼」的情懷。

茲據銅山縣歌謠集成，轉錄蘇北〈光棍哭妻〉歌調與新沂縣〈光棍哭妻〉歌於下：

$\frac{4}{4}$) 1 2 · 2 | 5 5 4 | 4 4 3 | 2 3 2 3 | 1 2 | 5 5 4 | 2 2 | 7 2 1 1 | 1 — |

| 正月 | 光棍 | 把頭 | 低 | 二十 一歲 | 傷了 | 妻 |
| 二月 | 光棍 | 把頭 | 抬， | 我爲 前妻 | 作個 | 祭 |

1 2 2 | 5 5 4 | 5 5 4 | 2 4 2 3 2 | 1 2 | 3 3 2 | 1 5 | 1 6 5 | 5 — |

| 人家 | 有妻 | 過到 | 老 | 光棍 | 無妻 | 兩分 | 離 |
| 親戚 | 朋友 | 來弔 | 孝 | 一把 | 領著 | 無娘 | 孩 |

1 2 | 3 3 | 2 2 | 3 2 1 | 1 — | 1 2 | 3 2 | 1 6 5 | 6 — | 5 — ‖

| 想起 | 金枝 | 孩的 | 娘 | 來， | 金枝 | 來我 | 的個 | 人 | 來 |
| 想起 | 金枝 | 孩的 | 娘 | 來， | 金枝 | 來我 | 的個 | 人 | 來 |

（三）童養媳歌

童養媳是傳統社會的婚姻關係中，最令人詬病的一類。相關史書對於童養媳的記載極多；一般而言，「童養」之俗自魏晉南北朝以降開始出現於中國的北方，被「童養」者當時並不拘於媳或婿。主要出現「童養」的原因是由於北方各地政權更迭頻仍、長年爭戰致使大量壯丁喪亡，造成寡婦謀生不易或家中的勞動人口不足，因此出現老婦嫁少夫、或是爲幼子娶壯女的情況，所謂的「小丈夫」之俗，即由此而來〔註226〕。南北朝時樂府民歌中就已出現對童養媳的描寫：

……燒火燒野，野鴨飛上天。童男取寡婦，壯女笑殺人〔註227〕。

其後雖然戰鼓稍歇，但是「童養」之俗已成，遂相沿成習，直到民國肇建後，才逐漸減少。

〔註226〕見王忠林等著《中國文學史初稿》，（臺北：福記，民84年元月四版），頁389。
〔註227〕見樂府〈紫騮馬歌〉。

　　清・徐珂的《清稗類鈔》中，對於直隸（今河北）地區的童養媳一俗的產生原因及情況有以下記載：「……燕、趙之間，居民家道之小康者，生子三五齡輒爲娶及笄之女。家貧子多者輒利其聘貲，從俗遣嫁焉。……一切井臼、烹調、縫紉之事悉肩任之。夜則撫婿而眠，晝則爲之著衣，爲之飼食，如保姆然。子長成，乃合巹。……此蓋與江、浙等省之童養媳相類也。〔註228〕」。根據今人研究可以發現，早期家庭會將女兒嫁爲童養媳的原因，不外乎以下幾項：1. 家貧急需彩禮爲繼；2. 女兒生母早死，鰥父撫育女兒不易；3. 夫家欠缺人手；4. 夫家亦貧，無力娶親。

　　童養媳的境遇大多令人同情，除了在婚姻關係中大多被視爲保姆之外，真正成婚之後也不見得幸福，除了「等到郎大姐已老，花開以後葉枯黃〔註229〕」的生理因素之外，有的婆母會因爲童養媳容貌已老，而阻礙子媳之間的夫妻生活：「……熬到成了親，不叫一床眠，晚上歇覺婆婆坐門前，不許二人見」，甚至視童養媳爲眼中釘，「公雞不下蛋，也來找俺，什麼孬事都怨俺，叫俺一走不回還〔註230〕」；等到「日子過好了，一心不要俺，鋼刀軟繩丟在俺面前，叫俺尋短見〔註231〕」。

　　類似這種待遇，完全不把童養媳視爲兒媳的作法，讓童養媳們自己也忍不住唱道：「……籬笆門，不是門兒，童養的媳婦不是人〔註232〕」。不是人是什麼呢？「做牛做馬吃不飽飯，挨打挨罵過春冬〔註233〕」。挨罵事小，更甚者連挨打甚至是凌虐都會發生在可憐的小媳婦身上，不但吃不飽（吃的窩頭發了霉兒〔註234〕），穿不暖（半夜無被呀我凍得打牙鼓〔註235〕），而且如果稍不順婆母之意，那麼「不會煎餅安，就按鏊子〔註236〕煎，兩手煎得稀糊爛，一

〔註228〕見清・徐珂《清稗類鈔》，http://www.open-lit.com/listbook.php?cid=41&gbid=322&bid=14856&start=0
〔註229〕見《新沂縣歌謠集成》〈七歲郎〉，頁 125。
〔註230〕見《新沂縣歌謠集成》〈楊大嫂訴冤〉，頁 127。
〔註231〕見《邳縣歌謠集成》〈梁大嫂翻身歌〉，頁 202。
〔註232〕見《銅山縣歌謠集成》〈童養媳〉，頁 130。
〔註233〕見《連雲港市歌謠集成》〈童養媳〉，頁 1059。
〔註234〕見《銅山縣歌謠集成》〈童養媳〉，頁 130。
〔註235〕見《連雲港市歌謠集成》〈童養媳婦〉，頁 1061。
〔註236〕鏊子，北方常見的一種圓形大鐵板，直徑約一公尺左右，形式類似今日常見的可麗餅煎板，但鏊子周邊有數個把手，可以隨時旋轉；下生炭火，一般將麵糊倒在鏊子上以竹片攤煎餅，可爲主食。至今在蘇北地方的傳統市場中，仍可見有店家以鏊子現煎現賣各式雜糧餅食。這句的意思是，童養媳不會攤煎餅，婆婆索性把她的手貼在火熱的鏊子上煎，使童養媳的雙手受傷。

哭三兩天。〔註237〕」；不但公婆及丈夫欺凌，「丈夫打我渾身疼〔註238〕」，就連小姑也不善待她：「……小姑爲人也厲害，公婆面前搬是非，說我做賊將我來害。〔註239〕」

　　童養媳最終的下場大多是不幸的。雖然大多數的童養媳得養天年，但是在長期受辱之下，她們的人生已然扭曲畸形，要不就是老妻少夫：「十八歲大姐七歲郎，夜夜睡覺抱上床，說你是丈夫歲數卻小，說你是兒子卻不叫娘〔註240〕」；要不就是兩個娃娃結成親，可是小女孩卻必須擔當起一個成年女性的工作量、同時卻如同奴隸般被驅使著，使她們不得不發出哀鳴的求救聲〔註241〕：

> 一更裡，苦難捱，　　婆婆叫俺挖苦菜，
> 剜菜不許拿鏟子，　　一個破筐摔過來，
> 地裡苦菜嫌不好，　　葛針棵裡去挑來。
> 葛針扎得俺滿是血，　　抓把土兒手上蓋。
> 誰給俺娘家捎個信，　　給俺打把鏟子來。
> 哎喲喲，給俺打把鏟子來。
>
> 二更裡，風淒淒，　　大雪飄飄無寒衣。
> 破褲破掛露著肉，　　床上半條破蘆席。
> 婆婆腳踢手又扭，　　逼俺砸凍〔註242〕去洗衣。
> 凍渣子〔註243〕割得俺兩手傷，　　道道疼得鑽心裡。
> 誰給俺娘家捎個信，　　給俺送身擋寒衣，
> 哎喲喲，給俺送身擋寒衣。
>
> 三更裡，正半夜，　　婆婆逼俺推面磨，
> 兩扇磨盤比山重，　　累得俺腰斷骨頭裂。
> 婆婆吃麵豬吃麩，　　俺吃野菜摻草棵。

〔註237〕見《連雲港市歌謠集成》〈楊大嫂〉，頁1063。
〔註238〕《連雲港市歌謠集成》〈童養媳〉，頁1059。
〔註239〕見《連雲港市歌謠集成》〈楊大嫂〉，頁1064。
〔註240〕見《新沂縣歌謠集成》〈七歲郎〉，頁125。
〔註241〕見《邳縣歌謠集成》〈哭五更〉，頁200。
〔註242〕砸開凍結在水面的冰塊。
〔註243〕碎裂的冰塊。

又困又冷餓極了，　抓把生麵往嘴擱
誰給娘家送個信，　送來幾個熱窩窩〔註244〕，
哎喲喲，送來幾個熱窩窩。

四更裡，天沒亮，　得病倒在破床上。
心如火盆頭如鬥，　爬到上房喊奴郎。
夫郎五歲俺十四，　郎偎娘懷不答腔。
誰養的孩子誰不疼，　怨了一聲俺的娘。
不該賣兒葬老父，　病重的孩子盼親娘。
哎喲喲，病重的孩子盼親娘。

五更裡，天露紅，　童養媳婦盼光明。
盼著能吃溫飽飯，　盼著能穿遮體衣。
盼著能睡天明覺，　盼著不再受人欺。
盼著婚姻能自主，　盼著身上山搬去〔註245〕。
盼的太陽出來吧，　童養媳婦盼著你！
哎喲喲，童養媳婦盼著你！

　　可憐的是，多數童養媳由於家境艱困，就算在婆家受到痛苦與折磨，往往也沒有家人會來搭救（我父母逃荒去不知在何方〔註246〕），使得多數童養媳不得不逆來順受地接受命運的安排〔註247〕，放下原有的情人成為童養媳、任由夫家打罵奴役；但是對於無法忍受的弱小童養媳而言，死竟成了她們最好的解脫：「哪天才能受完罪兒？除非陰間去當鬼兒〔註248〕」；「公公打婆婆罵受盡人生苦，狠狠心去上吊再也不受辱〔註249〕」。少數有自覺的女子，面對這種難堪的婚姻會心生反感，：「……八探入洞房，醜鬼小才郎看見奴家喜洋洋。拉上一條大板凳，推上奴家伴床桄。雙手推過門，誰跟你配成雙」！甚至會決定鼓起勇氣逃離這種非人的境遇；或是期待婚前的情郎來解救自己：「……

〔註244〕窩窩頭，北方常見麵食，一般以雜糧麵糰揉製，可為主食。
〔註245〕指身上的重擔能減輕。
〔註246〕見《連雲港市歌謠集成》〈童養媳婦〉，頁1061。
〔註247〕參見《銅山縣歌謠集成》〈情歌九首〉，頁105～107。
〔註248〕見《新沂縣歌謠集成》〈童養媳〉，頁126。
〔註249〕《連雲港市歌謠集成》〈童養媳婦〉，頁1061。

奴情哥身挎盒子炮，你多帶盒子炮，少在奴身旁。打死小醜鬼，奴同你配成雙！〔註250〕」也因此發生許多社會問題，單單清代中期就有許多因童養媳問題而衍生出的社會刑案，其中或是因童養媳紅杏出牆招致殺夫兇案、或是家中其他男性性侵未圓房的童養媳……等，常是造成社會及家庭的不安與不幸的起因；同時童養媳種種不堪的境遇也令人聞之不勝唏噓〔註251〕並以爲街頭巷議的話題：這些都是童養媳這種婚姻陋習，在進入民主時代後，遭到世人唾棄的原因。

（四）繼子歌

在傳統家庭中，除了童養媳這種具有買賣婚性質的親屬關係令人注意以外，其他各種姻親間的往來互動，一直也列爲我國社會中對家庭功能健全與否的評價關鍵。這些姻親關係，包括有繼子／女與繼母之間的關係、婆媳關係、姑嫂關係等。本單元將先就蘇北地區繼子女與繼母之間互動狀況的家庭生活歌加以介紹。

在北方大地普遍流傳的〈小白菜〉，在蘇北地方也很常見；不過在蘇北所見的版本中，開頭起興的原因卻大不相同：有以小白菜起興者（見睢寧縣版本〔註252〕）、也有以小麥黃起興者（銅山縣〈親娘與晚娘〔註253〕〉）；更有以放牧牛羊起興者（銅山縣〈親娘晚娘不一樣〔註254〕〉）。以下據銅山縣的蔣均亮所唱，將該地流傳的歌調，輔以襯字及當地以小白菜起興之版本歌詞轉錄如下：

〔註250〕見《新沂縣歌謠集成》〈十探新人頭〉，頁107。
〔註251〕參見王躍生撰〈清代中期童養婚分析〉，《清史研究》，（北京：中國人民大學清史研究所，1999年第三期），頁14～22；及陳妙閨撰〈從汪輝祖「童養媳非媳」案看清代司法文書的考據之風〉，《文史資料——應用文體學研究》，（南京：南京師範大學，2010年6月），頁228～229。
〔註252〕見《睢寧縣歌謠集成》，頁22。
〔註253〕見《銅山縣歌謠集成》，頁250。
〔註254〕見《銅山縣歌謠集成》，頁137。

在這一類「親娘與晚娘」歌中，生活裡的點點滴滴，都是繼子用以感嘆哀思的品項。無論繼母有沒有生下子女，在這類歌裡，她對待繼子的態度都是一樣令人痛苦：「親娘待俺熱乎乎，晚娘待俺冰一樣」，也表現在犯錯時的處罰，「親娘秫秸沒打斷，晚娘打斷擀麵杖」、或是大雪天裡「親娘叫我烤烤火，晚娘叫我拾柴禾（讀爲[‧huo]，輕聲）；或是同樣生病時「弟弟有病娘來看，俺要有病睡到晚」……等。也因此當家庭中的「母親」生病時，「親娘害病哪裡睡？堂屋來，鋪花褥，蓋花被，小腳蹬著油漆櫃」；「晚娘害病哪裡睡？鍋屋來，鋪鍋灰，蓋鍋拍，小腳蹬著黑窟門」；「親娘生病我熬藥，晚娘生病我不理」；或同樣由繼子燒湯，不過親娘的湯裡「多添油鹽多擱薑」；晚娘的湯裡「多添麩子多添糠」。

這樣相互折磨的繼親關係直到晚娘病歿才會完結。對於繼子來說，親娘與晚娘去世之後，對後事辦理的差異更顯出繼子心中的怨恨與不平：「親娘死了哪裡埋？高山頂上搭戲台」；「晚娘死了哪裡埋？狗窩死了就窩埋」。當長期的不滿得到了終結，繼子看著前後任母親的墳時，「親娘墳上長棵穀，過來過去緊想哭」；「晚娘墳上長棵稻，過來過去緊想笑」。其中所反映的，哪裡是基於血緣關係所造成的親疏之別？根本是對於人性中最基本「幼吾幼以及人之幼」態度的反饋罷了。

（五）婆媳關係歌

婆媳關係一直是我國家庭生活中，最引人注意的一環，如南北朝時樂府詩〈孔雀東南飛〉，就可以說是此類以婆媳關係不合爲主題的故事長歌鼻祖。長久以來，始終處於相對立的婆媳兩方，僅靠著「子／婿」居中維繫；偏偏以「孝」爲家庭中心思想的價值觀，促使多數丈夫在其中不斷掙扎，也因而衍生出諸多的歌謠供探世態人情。這樣的情況在蘇北歌謠中亦不例外：除了本單元中將要介紹的、直接涉及婆媳相處關係的歌謠外，其後將介紹的家庭教育歌、以及在勸世歌類中的戒喻人子歌，都有與婆媳關係有著密切相關的內容，反映出民間對於婆媳問題的重視。

蘇北直陳婆媳關係的歌謠，包括「靠公婆」歌、「嫌媳歌」、以及「媳受虐」歌。數量雖不多，卻也反映出家庭生活中某一特定角度下的面向。多數初來乍到的媳婦總難免會受到婆婆的刁難與虐待：

　　娶到婆家三天整，婆婆做飯我燒火。

　　柴禾少了嫌火小，火燒旺了嫌煙多。

不大不小都正好，婆婆又嫌不開鍋。

我說「娘來不怨我」，照我腰裡踢三腳〔註255〕。

這種傳統的婆媳關係，普遍存在於我國傳統社會中。不過也不是每個媳婦都只能悶著頭受氣，以「靠公婆歌」為例，此歌內容是以新婦之口，自陳家中大小事項，一應由公婆作主；並視此為理所當然應遵守的規範〔註256〕，茲以銅山縣為例轉錄於下：

> 紅秫秸，根子粗，　您穿紅襖俺穿綠。
> 您穿紅襖還好過，　俺穿單褂怎麼著〔註257〕？
> 一清起，冷呵呵，　摸個刷子刷大鍋，
> 大鍋刷得明明亮，　小鍋刷得賽堂鑼。
> 添上水，您燒著，　我到床前問公婆。
> 公婆說：
> 「今年有我你我問，　明年無我自當著！」
> 媳婦說：
> 「鼓靠鼓，鑼靠鑼，　新娶的媳婦靠公婆，
> 三歲小孩靠娘長，　六龍戲水靠天河。

表面上看來，這個新婦頗知進退：一大早就起身操持家務；對於要家中種種細項，也謹慎地探詢翁姑之意。不過從細微處可以看出，新婦並非心甘情願如此逢事必問；相反的，她以紅秫秸與自己相比，暗示著婆婆在物質生活上有著優渥的享受（您穿紅襖還好過），而自己卻只能忍氣吞聲地暗中叫苦（俺穿單褂怎麼著）。

於是我們不難從她後面的回答裡可以發現這種每事必問的處事方式，於新婦而言實在是一種推卸責任的當然理由：彷彿公婆就應如父母撫育幼子般、理所當然要讓新媳婦依靠。換言之，如果媳婦自己沒有凡事問，那麼錯在媳婦；如果新婦已經每事皆問卻被公婆推擋，那麼錯就不在自己了。隱約中所透露出來的，是帶有宣示意味的要求，這樣綿裡針的應答，實在讓公婆多了許多無從推卸的責任。

並不是每個公婆都能接受如〈紅秫秸〉中新婦的態度；也有為人姑公然

〔註255〕見《徐州民俗》〈歌謠篇·民謠淚〉，頁202。
〔註256〕此歌在銅山縣及邳縣都有收錄，《銅山縣歌謠集成》〈紅秫秸〉，頁162。另《邳縣歌謠集成》〈新娶的媳婦靠公婆〉，頁191。
〔註257〕蘇北方言，意為「怎麼辦？」

傳唱起〈嫌媳歌〔註258〕〉來表達自己對於新婦的不滿：

　　　　叫你去辦飯，你叫鍋裡冒了煙；

　　　　叫你去補衣，拿著剪子亂嘎嘰。

　　　　叫你去刷碗，你到碗裡洗洗臉；

　　　　叫你去刷鍋，你在鍋裡洗洗腳。

　　　　叫你提鏊子，你提公公破帽子；

　　　　叫你去倒油，倒出油來你梳頭。

　　　　叫你摘椒子，你去攆兔羔子；

　　　　叫你去摘紫茄，你去撲蝴蝶；

　　　　叫你去摘瓜，你到瓜地裡把屎拉；

　　　　叫你去稱鹽，蹲在鹽罈裡過兩年；

　　　　叫你摘方瓜，你騎著方瓜走娘家；

　　　　就該打、就該罵，你敢反響我打響嘴巴。

　　如同前文中的踢了媳婦三腳的婆婆，這又是一首強勢婆婆用來打罵媳婦時的歌謠，邊打邊數落著媳婦的種種不是；如果媳婦敢於反抗，還會得到更嚴厲的處份。字字句句，都透露出婆母對這個心不在焉、自私貪玩甚至是手腳粗拙的媳婦有多麼不滿；但是婆母的抱怨也未必句句是實：其中就有誇張的成份存在（蹲在鹽罈裡過兩年）。如此對立的相互關係，普遍存在於我國家庭關係中，也反映在學者們對家庭關係的調查報告之內〔註259〕。

　　如上述歌中因不滿而出現的打罵行為，固然是基於新舊家庭成員間對生活模式及認知尚未達成共識、處於磨合期之中；但是某種程度上「多年媳婦熬成婆」的心態，仍是左右婆媳關係最重要的因素。如果婆婆執意認定新婦不適任，那麼媳婦只有兩條路可走：一是忍氣吞聲；一如銅山縣的這首童謠〈苦命歌〔註260〕〉，只是哀哀地埋怨著自己嫁錯人家的不幸命運：

　　　　親娘呀，好狠心，把我送到南山〔註261〕根

〔註258〕見《邳縣歌謠集成》〈嫌媳歌〉，頁183。

〔註259〕如張一帆、羅錦芬等人都有對於不同地區婚姻及家庭生活中的婆媳關係做出調查，可參見張一帆撰〈民國時期鄉村社會婚配模式及其影響因素研究〉，收錄於《當代經濟》，（湖北：武漢，2007年第4期）頁84～85；羅錦芬〈左村客家民俗與婦女家庭生活〉，收錄於《韶關學院學報》，第23卷第1期，（韶關：韶關學院，2002年1月），頁66～75。

〔註260〕見《銅山縣歌謠集成》，頁251。

〔註261〕當地乾燥，取水不易，往往要從深井打水才能滿足生活所需。

> 抓鈎子桿磨手心，水筲大，井又深，
>
> 太陽毒，曬光身，爛石渣子扎腳心。
>
> 攤個婆婆心狠毒，找個丈夫不稱心。
>
> 親娘呀，看您狠心不狠心！

　　另一條路是接受休書或讓丈夫娶妾。時至今日，新媳婦們在民主人權的觀念灌輸下，又多了一條可以選擇的方向：主動要求離婚，以保有自身的尊嚴。在蘇北就有歌謠〈扛起小耙鋤〔註262〕〉，唱出媳婦受不了夫家打罵，決意出走並離婚的歌謠：

> 扛起小耙鋤呀，前去把苗廚呀。思想起來淚撲簌。
>
> 小奴往前走呀，心中好難受，見了嫂子話沒有。
>
> 來到地頭上呀，有話對嫂講，人人都比咱倆強。
>
> 丈夫回家轉呀，信了婆母言，挑撥是非將奴搧。
>
> 打得頭發昏呀，渾身沒有勁，叫聲丈夫好狠心。
>
> 叫聲婆母娘呀，無故說兒媳，問你是何主意？
>
> 叫聲俺老公爹呀，俺無故受折磨，逼得小奴無法活。
>
> 小奴狠狠心呀，與他去離婚，從此離開他家門。
>
> 小奴往前走呀，遇到楊主任，討論婦女大翻身。
>
> 背起小包袱呀，來到縣政府，見了縣長把苦訴。
>
> 縣長說分明呀，來到咱村中，辦離婚手續多光榮。
>
> 受訓一二年呀，回家作宣傳，婦女翻身不受苦！

無論離婚是否如同歌中所說「辦離婚手續多光榮」，至少在這樣的處境之下，婦女有了人身自覺，也爲自己保有了尊嚴及安全。從歌謠中所透露出來的，正是家庭關係隨著時代轉變而產生變化的一面，婆媳關係不再是單向、無解的尊卑問題。是以〈扛起小耙鋤〉同時也可視爲具有宣導新時代女性自主觀念的歌謠。

（六）夫妻生活歌

　　蘇北地方與夫妻關係相關的歌謠，其實散見於各類民歌中。本單元中所討論介紹，僅止於被列入生活歌中的夫妻關係歌謠而言。蘇北生活歌中的夫妻歌謠，如實反映了夫妻生活中的喜怒哀樂，介紹如下。

　　早期傳統農村社會，婚姻關係取決於「父母之命、媒妁之言」；許多新

〔註262〕見《新沂縣歌謠集成》，頁 149。又，《連雲港市歌謠集成》也有此歌，頁 1062。

娘往往到了婚後，才發現丈夫是什麼樣的人：如果是仁厚君子還有可說；要
是不幸眞如蘇北俗話所說的「好漢無好妻，賴漢登花枝」，一如這首〈小翠
花〔註263〕〉中的女主角，直到婚後才發現所嫁竟是個傻子，那可就冤大了：

> 大傻瓜，笑哈哈，喊生妻子小翠花，
>
> 咱倆今天拜天地，我限你，
>
> 三天之內給我生個小娃娃。
>
> 如若是，三天之內不生養，
>
> 我三拳送你回老家！

翠花回到娘家向母親抱怨這門親事的荒唐：

> 到娘家，喊聲媽，你可把我害苦啦！
>
> 多少好人不匹配，偏把我嫁給大傻瓜。

幸虧母親臨事不亂，教了翠花求證的方法：

> 不要哭，不要怕，我自有辦法對付他。
>
> 明天早晨進城去，買幾件東西準備下。
>
> 扯上幾尺紅綠布，再買一只老母鴨，
>
> 做好一身小褲掛，紅綾小被妥包扎。
>
> 咱把母鴨打扮好，明天送你回婆家。
>
> 傻瓜問你早晚養，
>
> 你就說：今夜生的小娃娃。

照著母親妙計處置的翠花回到夫家，見到了丈夫：

> 傻瓜傻瓜快來看，看我懷裡抱的啥？
>
> 傻瓜一見咧嘴笑，
>
> 嘿嘿！快快讓我抱抱他，還是我妻會生養，
>
> 這個伢子眞不差。
>
> 接過鴨子手一拍，鴨子大叫一聲「嘎」！
>
> 傻瓜說：
>
> 乖乖，我的伢子眞伶俐，三朝不到就會喊爸爸。

事情到了這個地步，證實傻瓜果眞異於常人，那麼翠花怎麼辦呢？

> 翠花一聽笑哈哈，放開大步回娘家。
>
> 不跟傻瓜活受罪，翠花要自己找婆家！

〔註263〕見《新沂縣歌謠集成》，頁135。

　　這雖然是一首笑鬧故事歌，但是歌中所透露出的卻是傳統社會中，婦女盲婚的危險與悲哀。幸而翠花有主張，回娘家自己另尋幸福，算是可喜的結局；不過就算丈夫不癡不傻，舊日婦女也不見得就能過著幸福的日子，要是丈夫性地粗惡，那麼婦女就不免面臨這樣的生活：

　　　　丈夫狠，丈夫壞，

　　　　丈夫拿我當狗待。

　　　　又踢我，又咬我，

　　　　罵我不是好老婆〔註264〕。

　　還有婦女所適非人，嫁個賭鬼爲妻：「俺哭女婿不成材，又擲骰、又摸牌，大寶麻將一齊來。輸一千，給一萬」。遇到了這種人，女性若不決心宣示「你再賭，俺就算，俺回娘家不回還〔註265〕」，難不成還要等著被鬻賣讓丈夫還賭債嗎〔註266〕？

　　不過，盲婚可能受害的不止是婦女，男性也可能因爲認識不足而娶到了現實勢利的妻子。俗話說「沒有舌頭不碰牙的〔註267〕」，有趣的是，蘇北的生活歌中還眞有歌謠傳神地描繪出夫妻吵架的內容，將妻子的貪婪與丈夫的無奈描摹周全；細細品來，這應該是哪齣現代戲曲的一段吧：

　　　　（女）

　　　　自從我嫁了你呀，我幸福全抛完。

　　　　沒有好的吃，沒有好衣穿。

　　　　沒有股票、田地房產。

　　　　沒有金條也沒有金剛鑽。

　　　　你住的也不寬、你用的也不全，

　　　　哪一樣都叫我過不慣！

　　　　你這樣的家庭簡直是殯儀館，

　　　　你這樣的家庭簡直是殯儀館，

　　　　（男）

　　　　自從娶了你呀，我每天見你煩。

　　　　你要投機呀，我不幹！

〔註264〕見《徐州民俗》〈歌謠篇・民謠淚〉，頁202。
〔註265〕見《邳縣歌謠集成》〈小槐樹〉，頁191。
〔註266〕參見本節後文〈社會百態歌〉中所介紹的歌謠〈賭博鬼〉。
〔註267〕蘇北俗諺。

你説幹屯積戶呀，我更是不願。

不做貪官哪來的金剛鑽？

良心你不管，名譽你不要，

難到你叫我做盜犯？

這樣的女人簡直就是原子彈，

這樣的女人簡直就是原子彈！

（二房東）

你們搬了來呀，鄰居都不安。

不是女的哭，就是男的喊，

人家吃飯呀，你們就搗蛋。

人家睡覺你們就總動員。

罵也不相干，死也不肯搬，

哪一天不像精神戰？

這樣的家庭簡直就是瘋人院，

這樣的家庭簡直就是瘋人院！

連鄰居都出來抗議了，可見這對夫妻夙行不良；而這樣的吵架也未免太令人反感。照理説只要是夫妻間的鬥嘴，總要言歸於好，日子才過得下去。所以銅山縣也有一首歌謠，名為〈夫妻吵架不記仇〔註268〕〉：

天上下雨地上流，

小兩口打架不記仇。

白天吃飯一個鍋，

晚上睡覺一個枕頭。

這首歌明白地把「床頭吵，床尾和」的夫妻相處之道，視為如同「天上下雨地上流」一樣的理所當然，讓人很容易心領神會。

　　除去了不快樂的部份，在多數夫妻生活中，總也有相互疼惜、相互關心的一面，像這首〈姐兒房中哭啼啼〔註269〕〉中的女子哭訴著：「尋個女婿趕老驢，是個苦生意」。眼見丈夫「呼呼一覺沒睡起，知心的伙計又喊起，喊起去趕集」，於是她心疼地對丈夫説：「為奴勸你把驢賣，願情當龜不趕驢，這是苦生意」。

〔註268〕見《銅山縣歌謠集成》，頁308～309。

〔註269〕見《新沂縣歌謠集成》，頁184。

　　生活歌中還有一類與夫妻關係有關的，就是婦女妊娠歌。這類歌謠的型式以「十二月唱春調」爲主，大多名之爲〈十月懷胎歌〉或〈小佳人閒飯〉。歌者逐月唱出懷孕婦女的生理及心理反應，例如婦女懷孕初期「飯懶吃、茶懶喝〔註270〕」；中期味覺變化（嘴乾舌又苦），及胎動（有毛娃在娘懷裡不住打骨嚕）；還有懷孕期間嗜食特定食物「八月裡想吃圓月餅，想吃碭山黃梨甜掉咬〔註271〕」、「一心想吃酸辣湯油條炸豆腐〔註272〕」……等，甚至到了最後嬰兒呱呱落地，「二爹娘抱起來心裡多歡喜」，都有描述，使這類「十月懷胎歌」不但可做爲衛教宣導之用、同時也讓大眾明白婦女孕程中的辛苦。

（七）母女歌

　　蘇北有句俗話說：「當家才知柴米貴，養兒方知報娘恩」，這種感觸對女性來說最是明顯。蘇北地方也有傳統重男輕女的觀念：

> 養個豬，換錢花；養個狗，會看家。
> 養個狸貓抓老鼠，養個丫頭算白搭〔註273〕。

但是多數時候，女兒總歸是自己生養的骨肉，在還未出嫁之前，可以說是受盡家人嬌寵的寶貝，就有歌謠中這麼唱著：

> 小紅襖，門上掛
> 俺是娘的一枝花，俺是爹的賠錢櫃，
> 俺是哥的瞪眼叉，俺是嫂的舌頭板，
> 俺是奶奶的耳朵眼〔註274〕。

其中又以「娘的一枝花」最爲傳神，可以看出蘇北家庭關係中，母女相依的情感濃厚。但是終究「兒大不由爺，女大不由娘〔註275〕」，女兒家長大了總是要給人家，所以女兒出嫁時，母女之間會出現難分難捨的場面。歌謠〈韭菜根〔註276〕〉因此是這麼唱的：

> 韭菜根，扎得深，
> 吃娘的奶，報娘的恩。

〔註270〕見《邳縣歌謠集成》〈十月懷胎歌〉，頁204。
〔註271〕見《邳縣歌謠集成》〈小佳人閒飯〉，頁210。
〔註272〕見《新沂縣歌謠集成》〈十月懷胎〉，頁102。
〔註273〕見邵世靜・胡存英編著《徐州民俗》〈歌謠篇・民謠淚〉，（徐州：中國礦業大學出版社，1993年10月），頁201。
〔註274〕見《徐州市歌謠集成》〈小紅襖〉，頁247。
〔註275〕蘇北俗諺。
〔註276〕見《銅山縣歌謠集成》，頁166。

頭邊抬著花紅轎，

後邊娘娘哭死了。

娘，娘，你甭哭，

俺到人家當媳婦，

人家坐著俺站著，

人家吃飯俺看著，

人家吃完俺刷鍋，

鍋底下燒個渣窩窩。

吃一口，跺一腳，

狠心的哥哥不來看看我。

同樣的主題的歌謠，在兒歌裡也很常見，包括有〈牆頭草〔註277〕〉、〈貓燒火〔註278〕〉、〈女兒出嫁媽莫哭〔註279〕〉……等，都是描寫女子出嫁的當下，面對母親對嬌女未來的生涯擔心掛念哭泣時，安慰母親的歌謠。不同的是，兒歌中的內容是以兒童所喜愛的小動物為主，以充滿童趣的手法讓將婚後的現實生活美化；而現實世界中，如果新嫁娘遇到的是較為傳統嚴厲的公婆，那麼為人子媳者平日生活的點滴，就會像〈韭菜根〉中所唱，直可視為是家庭中地位最卑微者。光想到這裡，身為過來人的母親，又怎能不為了擔心嬌女未來的生活而心疼得直掉淚呢！這首歌謠看似安慰母親，實則寫出新媳婦的悲哀，別說是為人母者，就連旁人聽了也會感到悲哀啊。

　　緊密的母女之情，在蘇北其他的家庭歌謠中也有描述。例如銅山縣兩首〈誰家閨女不想娘〔註280〕〉，雖然看似描寫出嫁女兒想念母親的心情；但是實際上卻同時從母、女兩方，看女兒出嫁後的母女兩方的兩樣情：

　　（一）

割完麥，打完場，

誰家的閨女不想娘

閨女想娘還好過，

娘想閨女哭一場。

〔註277〕見《銅山縣歌謠集成》，197

〔註278〕見《海州童謠》

〔註279〕見《海州童謠》

〔註280〕見《銅山縣歌謠集成》，頁303～304。

（二）

　　新娶的媳婦兩頭忙，

　　又想丈夫又想娘

　　想起娘來還好過

　　想起丈夫哭一場。

　　看似冷酷的兩首歌，其實一針見血地點出女子會因時空環境改變而造成心境上的差異。原本以母親爲生活中心的女兒，一旦出嫁之後，明白丈夫是自己所依靠而終生者，心理上的重心自然由母親轉至丈夫身上，所以「想起娘來還好過」——那是因爲自己還有丈夫可以依靠；但也因此對丈夫的倚賴日深，難免會「想起丈夫哭一場」。

　　至於爲人母者，在交通不方便、且相關禮數嚴謹的早期社會中，不管結親的兩家住得再近，心理上的距離都如同隔著重重山水；一想到自己原本生活中的解語花成爲他人婦，從此難通聲息，爲娘者怎能不心酸？也難怪當母親生病、通知女兒回家探視時，面對「瞞著公婆娘」回來的女兒，母親會忍不住感嘆道：「人人都說養兒好，俺的閨女倒比兒還強，月月來瞧娘〔註281〕」了。

　　話說回來，哪家的媳婦不是別人家的女兒呢？心疼自己女兒的母親，會不會推己及人地疼愛別人的女兒——自己的媳婦，似乎又是完全不相干的另一檔子事兒了。另一方面，中國人舊觀念中「嫁出去的女兒潑出去的水」的說法，對家庭的主從意識影響也很大：已經嫁出門的小姑如果時常回到娘家，可是要受到極大非議。從媳婦的角度來看，卑微如她在夫家唯一可以昂頭挺身、以高姿態相待的對象，就是已經出嫁的小姑。因爲在舊時代的微妙家庭關係中，嫁出去的女兒已成「外家人」；娶進門的媳婦卻「死是自家鬼」：「傳媳不傳女」正是這種內外之別心態的印證。由是之故，以內對外，媳婦自然可以對小姑這個「外家人」不假辭色。

　　表面上看，嫂嫂不喜歡小姑回娘家的原因，是由於增加了媳婦的家務負擔；實際上，出了嫁的小姑都曾是婆婆心頭的「一枝花」，對於家庭中原有的生活習慣與觀念想法比媳婦還要清楚，簡直如同從婆婆身上延伸而出的影武者……，如此似遠實近的親疏關係，正是造成中國社會中姑嫂較勁始終存在的原因；何況有些小姑一回娘家，難免對嫂嫂張牙舞爪、頤指氣使；「霸娘家

　　　　　　　　　　　　　　　　　　　　　　　　　　　
〔註281〕見《連雲港市歌謠集成》，頁1057～1058。

〔註282〕」的態度更使得娘家人看不下去。就如同新沂縣歌謠〈十二月大閨女〉
裡所唱：

> 十一月裡來下大雪，
>
> 這庄上的大閨女時興愛會說：
>
> 叫一聲，我的嫂，
>
> 他姑父來要皮襖。
>
> 哎喲哎咳喲，臨走時還要上一頂大禮帽。

因此無論生活歌或是兒歌中，有許多描寫出嫁女兒回娘家不受歡迎、甚至受
了兄嫂閒氣的歌謠，傳神地摹寫出女兒們對嫂嫂的不滿與抱怨。如徐州市的
〈大蓬車〉，寫出嫁女兒回到娘家時，眾人互動的情境：

> 爹出來，接包袱；娘出來，抱娃娃。
>
> 哥出來，拉牲口，嫂嫂出來身搭扭。
>
> 嫂嫂嫂嫂你別扭，當天來，當天走，
>
> 不吃你的飯，不喝你的酒。

　　從這首歌裡可以體會到：中國人的熱情好客的天性，似乎不會表現在出嫁
女兒的身上。因為媳婦是家庭中備位的女主人、有權利支配家庭中的資源；小
姑出嫁時已然耗費大量資財辦置嫁妝，對於嫂嫂們而言，正如同剜去她們的心
頭肉；所以識相的小姑們在婚後回娘家時，就算只是回娘家探親，也往往會在
一進門時就先聲明：「不吃你的飯，不喝你的酒」，以表明自己的立場。這種心
態在蘇北有許多表達方式，包括：「有俺爹娘來一趟，無俺爹娘不沾來〔註283〕」；
「有俺爹娘來兩趟，沒俺爹娘隨多會〔註284〕不扎你門旁〔註285〕、甚至是「有
咱娘，來兩趟；無咱娘，永不來」。如此無奈的心境，直與閩南方言中的俗諺「父
死路頭遠，母死路頭斷〔註286〕」有著異曲同工的況味！

　　出嫁的小姑不受嫂嫂的歡迎，未嫁的小姑也不例外。徐州有一首描寫待

〔註282〕回到娘家搬東拿西，蘇北稱為「霸娘家」，如同閩南語中所說的「查某囝仔賊」。

〔註283〕見《睢寧縣歌謠集成》，頁131。

〔註284〕蘇北方言，意謂「無論何時」。

〔註285〕見新沂歌謠〈娘家行〉，頁123～124。

〔註286〕指對出嫁女兒來說，失去父親還有母親可以依靠；一旦失去母親，娘家就再
　　　　無可依戀之處了。此語一方面強調出嫁女兒的無奈，一方面也說明了母親對
　　　　於同樣身為人媳的女兒，其重要意義除了有原本母女之愛以外，也是世間唯
　　　　一能體會女兒為人妻之後種種苦處者。一旦失去了母親，娘家就難再有提供
　　　　心理上庇蔭的人了；也因此勢同與娘家斷了路、再也沒有回去的理由了。

嫁姑娘要求娘家辦置嫁妝，卻被嫂嫂冷淡打發的歌謠〈出嫁歌〉〔註287〕，寫出嫂子早在小姑未嫁之前，已視小姑爲外家人的心態：

> 小豆茬，發豆芽，妹妹梳頭嫂子罵。
>
> 嫂子嫂子你別罵，再過兩天就出嫁。
>
> 娘，娘，啥陪嫁？大紅襖、細布褂
>
> ……
>
> 嫂，嫂，啥陪嫁？門後有個爛棒叉，
>
> 拿就拿，不拿就罷！

對於嫂嫂而言，巴不得小姑淨身離家、什麼也不帶走；不過這總是人情義理所不能接受的情況；也因此姑嫂之間的關係，始終處於對立無解的狀態啊！

（八）孃孃教女歌

前一單元中的〈韭菜根〉裡唱道：「俺到人家當媳婦，人家坐著俺站著，人家吃飯俺看著，人家吃完俺刷鍋，鍋底下燒個渣窩窩，吃一口、跺一腳……」，其中所描述的情況，並非特別的個案，而是多數蘇北新婦的通例；也因爲這是通例，所以已然成爲許多母親在女兒出嫁前進行婚前教育的重要課題之一；本單元將針對此類歌謠的內容加以探討。

蘇北社會有一系列的歌謠「勸紅妝」，其中主要內容在於指導女子成爲新婦後在婆家應對進退的心法、以及出嫁後應如何侍奉婆家的每一個人。這樣的歌謠或名之爲〈勸紅妝〉、或名之爲〈孃孃教女〉、〈勸嫁歌〉等，足可視之爲女子出嫁前重要的心理調適及教育教材〔註288〕。這類歌謠內容較長，但其重點不外乎對中國婦女「四德」的中「婦德」、「婦功」要求，包括女子婚前應力習婦功、出嫁後應學習如何有效率地處理家務瑣事；也包括如何順從丈夫、與家人相處；最重要的是如何忍耐自持，以期「無忝所生」。

歌謠第一部份爲婚前概要，其內容如下大同小異，有的著重於品德部份的教導；有的版本則對於持家能力多所要求。且先著重於心態調整的版本爲銅山縣的〈勸紅妝〉：

> 我（孃孃）勸你，
>
> 一學紡織去織布，二學裁剪做衣裳；

〔註287〕見《徐州市歌謠集成》，頁138。

〔註288〕見《銅山縣歌謠集成》〈勸紅妝〉，頁138；〈孃孃教女〉，頁141；《邳縣歌謠集成》〈勸嫁歌〉，頁74。

　　三學描龍去繡鳳，四學巧女繡鴛鴦。

　　五學寒窯王三姐，六學閭良女孟姜。

　　七學紅娘把書下，八學磨坊李三娘，

　　九學婆母面前多行孝，十學走路要穩當。

　　這一段的內容除了要求女子趁著在家時節要多對婦功有所磨練之外，還要求女子在心態上要學習傳說故事中的閭妻良母，要能「苦守」、「等待」；此外還要能學紅娘，適時「把書下」（對丈夫傳情遞意），卻又要「走路穩當」，言行舉止都要收放自如；最重要的是，對婆婆一定要「多行孝」，這些都有所領悟了，才算做好出嫁的初步心理準備。至於〈嬤嬤教女〉則略有增刪，如「一學梳頭把腳裏，二學烙餅去擀湯〔註289〕。……五學人前知禮義，……七學說話莫高語」等內容，加強了對婦容、婦德以及婦功等部份的要求。

　　其次對於結婚當天也有要注意的守則。在落轎之後就要注意：

　　到了婆家大門口，裏面吃來二位女紅妝。

　　走唱前來把轎門解，才喚我兒喝茶湯。

　　我的兒喝茶只管喝幾口，千萬留下一半給你的郎。

　　倘若是一氣喝乾淨，惹人家說你在家無教養。

拜堂時則要記得：

　　下轎得把天地拜，我的兒不要偷眼看新郎。

　　為什麼不把新郎看？外人看見會笑得慌。

　　特別在入洞房之後，除了要求女兒家「坐房千萬別對著窗口坐，防備表兄弟打水槍」，又有一說是「我的兒坐帳面朝外，千萬不要面朝牆」，以防「惹人家說你坐帳不大樣〔註290〕」。此外，當表兄弟來鬧房時，「千萬你別罵他娘。思一思，想一想，不是您妗子就是您姑娘。」這些人際關係上的小細節，足以成為日後新婦在夫家的致命傷，想想也的確不能不防。最好的方式是：「單等嬸子大娘來看你，笑嘻嘻地迎進房。搬把椅子讓她坐，慌忙倒茶煙點上。嬸子大娘出門去，喜笑顏開送出房。」如此一一打點，不但不能得罪夫家的親族，對於新家庭中先來的妯娌也不能馬虎對待，這是新婦應注意人際往來。至於最後洞房時，要記得「陪伴著公子飲酒漿」，臨睡前也要記得：「連衣而臥象牙床」，因為「怕的是有人偷偷來聽房」。

〔註289〕蘇北方言，指和麵製作麵條。

〔註290〕不大樣，意同於不大方。

「三日入廚下，洗手作羹湯」。問題是，新媳婦要如何因應，才不會在一進廚房的第一天就手忙腳亂呢？依照舊時北方生活方式，就算家有老媽子管家，爲人子媳者也要爲家人準備洗臉水，等待親長丈夫起身使用。〈勸紅妝〉對於幫家人打洗臉水一事寫得最細膩。首先，端洗臉水一事就要要注意的前題：

> 進廚房先要洗洗手，拿條圍裙腰繫上。
>
> 廚房裡溫好洗臉水，端到堂屋正中央。
>
> 大喊三聲門外站，千萬別進暗間房。

歌到此處，女兒提出問題了：「娘，為啥不能把暗房進？」原來「防著公爹穿衣裳」。類似的避嫌以及表態，在早期社會的大家庭中還不止這一點，包括對於叔伯之間的避諱也是如此：「要是你大伯來洗臉，身子一轉臉對牆」；「要是你公婆來洗臉，手巾搭在盆沿上」以表示貼心；至於如果是丈夫，就要記得「手巾遞到他手上」。這正是親疏遠近的明顯區別，尤其要懂得把握機會表現出來。

其後入廚備餐，母親一開頭就交待「要是不知做啥飯，千萬問問婆母娘」，也要記得「問她哪裡是粗細米麵缸」，明顯說明「未諳姑食性」時的應對之道；其重要性如何呢？「上房之中領下令，我的兒，敢快下廚房」，表明了作飯如同作戰的絕對服從性；另一方面同時還要懂得掌握時效與充份運用火侯：

> 大鍋添水熬稀飯，放上篦子餾乾糧。
>
> 小鍋以內熬上菜，一樣一樣都擱上。
>
> 切上一塊肥豬肉，再切幾個白菜幫。
>
> 打上幾塊白豆腐，粉皮掰上四五張。
>
> 花椒茴香仔細對，小手抓鹽零碎長〔註291〕。

不過雖然手腳俐落，還事得時時提防，以免有心人閒話：

> 想知豬肉爛不爛，筷頭插插你別嘗。

爲什麼呢？

> 你若吃了頭塊肉，人家罵你饞嘴娘。

另外針對於製作麵食也有叮嚀：

> 你挖瓢白麵倒中央，要記住和麵千萬少擱水，

〔註291〕長，蘇北方言，擬音字。「增」、「放」之意。

只喜硬來不喜爛。硬麵也能烙白餅，

麵爛了光顯夫葉光發黃。

餐食備齊了之後，盛飯也有一番技巧：

頭一碗本是公公的碗，反手擱在鍋台上。

第二碗是你婆婆的碗，笑嘻嘻地遞手上。

第三碗就是大伯的碗，扭臉擱在案板上。

第四碗本是你丈夫的碗，小倆口盛飯心裡厚，

底下多盛豬羊肉，上面蓋上白菜幫。

邳縣的歌謠說得更明白：「爲什麼我兒行此事？心厚別在個眼面上」。原來體貼寵遇丈夫是小倆口私下的事，但如果公然表現出來，會招人非議，所以要拿白菜幫蓋住，以免旁人閒話。伺候完了全家吃飯，「刷盤洗碗你應當」。全部整理完畢之後，

剩了稠的你吃稠的，剩了稀的喝點湯

要是沒有剩呢？「我的兒勒勒褲腰等午晌」。更嚴重的情況是：

一天三頓都不剩，千萬別說餓得慌。

因爲「跟人就守人家規矩，甭當擱家跟老娘」；另一說是：「我兒若說你太餓，人家說你太張狂」。還有一種可能是：「若是我兒你嫌餓，人家光罵你的娘」。

這些細碎的瑣事看來無關緊要、但卻會影響著夫家對新婦的觀感。所以要當一個好新婦，從歌謠中看來，似乎除了忍耐還是忍耐。不過，以上都只是對於夫家成員間的相處；真正的夫妻相處之道還在後面。歌謠的最後，照例都對女兒再三叮嚀：

要是你丈夫喝醉酒，笑盈盈迎進房。

鋪上被單臥上褥，鴛鴦枕頭高墊上。

要問這是爲什麼，恐怕你丈夫出酒髒衣裳。

髒了衣裳你得洗，洗衣怕你累得慌。

洗得乾淨落值過，洗不乾淨罵你娘。

如此行止，真是把妻子當奴才、還得連老娘都賠上一起挨罵；這樣的態度也未免欺人太甚。固然我國詈言詬語甚至是口頭禪裡，會以侮辱對方母親爲詬罵的方式；但是夫妻之間損及對方親長，總是失行的舉止。那麼歌謠中如何看待這樣的情況呢？最激烈的莫過於〈孃孃教女〉裡的說法：

倘若我兒對著罵，棍棍打在兒身上。

要是我兒忍不下這口氣，高掛懸梁一命亡，

叫為娘打不了官司、上不了堂。

我要是城裡告下狀，

差人衙役去下鄉，若把你女婿逮了去，

只要花錢不抵償。

那麼要怎麼看待這樣的詬罵呢？邳縣是這樣傳唱的：

為什麼容把老母罵？

女婿罵丈母本應當〔註292〕。

原來拼個魚死網破，後果也不過是花錢了事；如果不想這麼大費周章，那麼權當作「女婿罵丈母本應當」，就任由丈夫侮辱家親。這樣的歌稱之為「教女歌」，從現代的角度來看，實在令人無法苟同：因為這類歌謠中的視角，完全是以男性為出發點、毫無顧及女性的人格與尊嚴；歌謠的最後還不斷提醒女子，即便錯在丈夫，也不能爭論；最好對所有的失序都能「笑盈盈」以對；即便「有忝所生」也不能回嘴。這樣的歌謠中所傳遞出來男尊女卑的概念，雖然在歌謠的最末以女兒挖苦老母親「俺娘真是老在行〔註293〕」為結，但是其中種種不把媳婦當人、荒唐錯亂的觀點與處置態度，實在讓人同情媳婦的境遇。這樣的歌謠固然具有一定程度的教育意義，但是試問真有女兒者，有幾人真能以此教女？又或者有幾人真能接受女兒出嫁以後過著這種日子？要說此為「教女歌」，還不如或說此歌不過是男子一廂情願的白日夢還貼切些吧！

三、社會世態歌

生活歌中另有一類描寫各時期社會世態的歌謠，這類社會世態歌，表現出各時期社會中對於人情世事的觀點、看法：或針對時局提出、或針對世態哼唱；又或是對於百姓賴以為生的行業生計加以記錄，除了反映出當時社會的樣態以外，也側寫出社會上的需求與對生活的觀點。零零總總，展現出多元且充滿活力的社會百態。

（一）婚嫁歌

不同於家庭生活歌的視角，社會世態歌是以旁觀者的角度，來看不同時

〔註292〕見《邳縣歌謠集成》，頁76。
〔註293〕見《銅山縣歌謠集成》，頁143。

代中，對於男婚女嫁的看法。這類歌謠中或是描述各地擇偶的標準、或是反映傳同社會倩媒締婚的實際結果……等，可以看出各時的社會風氣。徐州話說：「閨女大了不可留，留來留去結冤仇」；馮夢龍也在其《喻世明言》中樣露骨地表示：「男大當婚、女大當嫁，不婚不嫁、弄出醜吒〔註294〕」。什麼樣醜吒呢？

> 姐兒得兒個南園割韭菜哎，
> 一陣得兒個黑風闖在奴的懷。
> 小肚子疼起來哪哎喲嗨。
> ……
> 三陣得兒個四陣小奴骨縫開。
> 落下個小嬰孩哪哎喲嘿。
> ……

只是未能適時出嫁的女子，在家待著也有難以出口的無奈：

> 牆頭一棵草，
> 風來兩邊倒。
> 在家為閨女，
> 不如出門好〔註295〕。

　　這首歌應是女子在家中，面對家人間的種種紛爭無從抉擇或批評、兩面不討好的窘況。所以不如早早出嫁。只是未必所有女子都有結婚的機會，如果早被父母捨入廟中出家為尼而非自願，到了適婚年齡，「看人家成對又成雙，穿紅著綠共鴛鴦」，內心難免羨慕，「願只願，蓄髮還俗天倫享〔註296〕」。從人性的角度來看幼年出家的比丘尼，不但沒有惡意的嘲弄，反而有理解的同情，讓為人父母者深省所做所為可能對子女造成的遺憾。不過從這首歌裡也可以看出，無論出身在什麼樣的家庭，女性對於未來的婚姻生活都會有著相當的憧憬，即使是小女孩兒也不例外，且看銅山的兩個小女孩如何討論著未來的婚後生涯：

> ……
> 大姐說：「等到咱倆出了嫁，

〔註294〕見《喻世明言》卷四〈閒雲庵阮三償舊債〉，http://open-lit.com/listbook.php?cid=
　　　　4&gbid=93&bid=3713&start=0
〔註295〕見《睢寧縣歌謠集成》〈不如出門好〉，頁 96。
〔註296〕見《徐州市歌謠集成》〈出家怨〉，頁 109。

你生男來我生女，

咱姐妹倆作親家。」

二姐說：「等到咱倆出了嫁，

二人都生女娃娃，叫她倆一個針線筐做活把呱啦。」

有趣的是，倆姐妹的白日夢被旁邊的老人聽到了，忍不住哈哈大笑：

希奇希奇真希奇，笑話笑話真笑話。

老漢今年五十八，沒聽過未過門的姊妹做親家〔註297〕！

蘇北一般家庭中的子女，如果要結婚，多會循傳統社會的締婚方式倩媒求婚。這樣的習俗直到今日仍可從婚禮中仍保有「媒人」一職可以看出。雖說今日的媒人有時只是形式上的稱謂，但是在早期社會中，就算是新潮男女自由戀愛，也仍要倩媒為中人，往來於兩家間溝通討論婚禮等大事。至於完全未曾謀面的適婚男女，媒人的三言兩語往往影響了夫妻兩人的終生幸福。就有歌謠將前文中所引用的〈韭菜花〉將文末改為：「吃一口、跺一腳，罵聲媒婆害死我〔註298〕」；也有專歌指責媒婆花嘴誤人一生的：

油菜花，遍地黃，

金箱銀櫃嫁姑娘。

姑娘命不好，嫁個羅鍋腰。

上床又要背，下床又要抱。

隔牆鄰居你莫笑，這是媒婆搗的包〔註299〕。

想像一位大姑娘在拜了堂之後，才知道自己嫁了一位駝背且身體有殘疾的丈夫，終生可能就在背背抱抱中度過，怎麼可能不怨恨媒人擔誤自己一生的幸福？不過蘇北有些地區，由於生計困難，根本沒人敢嫁到當地；就算媒人再有花嘴也不管用：因為這些地方的苦日子，早在庶民的口耳間傳揚開來了。其中最苦的當推鹽灘：

要到鹽圩來，帶個薄皮材。

要吃鹽場飯，就拿老命攢。

有女莫嫁鹽灘上，鹵腳鹵腿鹵衣裳〔註300〕。

又說：

〔註297〕見《銅山縣歌謠集成》〈大姐二姐拾棉花〉，頁153。

〔註298〕見見《銅山縣歌謠集成》，頁166。該文文末作：「狠心的哥哥不來瞧瞧我！」

〔註299〕見《徐州市歌謠集成》〈油菜花〉，頁267。

〔註300〕見《連雲港市歌謠集成》〈要吃鹽場飯〉，頁1041～1042。

> 鹽場猴，鹽場猴，地瓜乾，鹹菜頭。
>
> 身無衣，肚無油，滿身腥臭似馬牛。
>
> 終年累月實在苦，姑娘不嫁鹽場猴〔註301〕。

短短兩首歌，寫出了鹽場生計的不易與艱困，所以除非到了絕處，否則蘇北姑娘尋婆家時，必將鹽場列為拒絕往來戶。也因此在〈鹽民歌〔註302〕〉中有「有女不嫁鹽場漢，圩圩皆有光棍堂」的句子，可見鹽民們的婚娶之難。

除了鹽場之外，船民是另一項娶不著嬌妻的營生：

> 誰家有閨女，莫要嫁城南。
>
> 半升大稖子，能拐兩大盆〔註303〕。
>
> 鍋麗翻白浪，盆裡淹死人〔註304〕。

如此誇張地形容鍋裡除了白湯之多、足以淹死人的說法，可看出船民的生計有多慘淡；此外，船民們一年到頭在海上拼搏，也讓妻兒獨自在家擔心受怕：

> 有女不嫁上船郎，一年到頭守空房。
>
> 有朝一日回家轉，帶回幾件破衣裳〔註305〕。

不但擔心受怕，到頭來回家時，仍舊兩袖清風、衣袋空空，這樣的生活還不打緊；重要的是連落地的居所都沒有，也難怪百姓們要這麼唱：

> 有女不嫁弄船郎，十家九家沒住房。
>
> 水冷草枯河封凍，船艙成為光棍堂〔註306〕。

那麼什麼樣的條件足被稱之為理想配偶呢？中共建政前後，大陸上流行著一首〈王大姐賣鞋〔註307〕〉，前面敘述女子工於針線，以縫製布鞋為生，後段說出當時女子擇偶的標準：

> （大姐，你家哪裡？）
>
> 家住王家村南頭呀，說個婆家第二區，
>
> 小妹妹不願意呀！
>
> （為啥不願意？）

〔註301〕見《連雲港市歌謠集成》〈姑娘不嫁鹽場猴〉，頁1042。

〔註302〕見《連雲港市歌謠集成》〈鹽民歌〉，頁1048。

〔註303〕意謂極少的麥麩去熬出兩大盆粥，清湯如水，毫無禦飢的功效。

〔註304〕見《連雲港市歌謠集成》〈莫要嫁南城〉，頁1052。

〔註305〕見《連雲港市歌謠集成》〈不嫁上船郎〉，頁1052。

〔註306〕見《連雲港市歌謠集成》〈船民謠〉，頁1053。

〔註307〕見《銅山縣歌謠集成》，頁162；此歌或做〈王三姐賣鞋〉，見《睢寧縣歌謠集成》，頁98。

> 公婆本是老封建，丈夫勞動不積極，
>
> 小妹妹不願意！
>
> （大姐，你想說啥樣的？）
>
> 公婆勞動能帶頭，他學文化能積極，
>
> 小妹妹跟他去！

話雖如此，不過這麼公式化的答案，實在不能反映眞實的社會狀態，倒是另一首流行在六○年代農村的小大姐找對象歌裡，唱得眞實些：

> ……
>
> 找幹部怕算帳，找軍官怕打仗，
>
> 找工人怕下放，不如找個剃頭匠〔註308〕！

在那個風聲鶴唳的年代裡，能夠平安度日的，只有靠著手藝維生的匠人，想來也是大時代下小百姓的悲哀。

不管時代再怎麼混亂，結婚時的嫁妝總是少不了的。自古至今，嫁妝隨著時代的改變也不斷地出現變化：在蘇北，早期農村社會中傳唱著〈要嫁妝歌〉，多以十二月唱春調一一點出嫁妝的內容與形式；直到了五、六○年代，大陸上仍不乏相關的要嫁妝歌。儘管社會上對於女兒們的嫁妝，巴不得能這樣打發：

> 胡蘿蔔，做飯甜，拉巴閨女不值錢。
>
> 一個櫃頭兩人抬，送到婆家大門前〔註309〕。

多數的家庭，爲了女兒日後的幸福，總是會盡其所能地辦置最好的嫁妝。

蘇北的〈要嫁妝歌〉是以將嫁女兒的角度，請求父母爲之置辦嫁妝，其中的品項之多，可以說整個新房從裡到外、從上到下、甚至是新娘子從頭到腳的件件色色，都是嫁妝的範圍：小從首飾（釵環、金銀頭花、頭簪、金耳挖子、耳環、珠鍊、戒指、金銀鐲子）、衣著髮飾（皮襖、馬褂、單衫、頭繩、金鈕扣、褂子）、箱籠（箱子、衣櫃、茶几、八仙桌、椅子、腳搭子、衣架、盆架、火盆架）、床具（眠床、床毯、枕頭、被褥、帳子）、妝品（化妝桌、化妝鏡；穿衣鏡、胭脂香粉、粉盒、首飾盒、酒壺酒杯、茶壺茶杯、暖爐）、擺飾（四季花卉、扇子煙桿）……等等。

光是看這些品項，就令人對於早期嫁女兒所要置辦的嫁妝感到驚訝，難

〔註308〕見《睢寧縣歌謠集成》〈洪湖水浪打浪〉，頁73。
〔註309〕見《徐州民俗》〈歌謠篇‧民謠淚〉，頁202。

怪會有歌謠說女兒是「俺爹的賠錢櫃〔註310〕」；甚至感嘆：

> 種梨樹，開白花，養活閨女做什麼？
>
> 拿起針線瞎連拉，拿起剪子瞎嘎達，
>
> 嘎達會了給人家〔註311〕。

是以對著數量與品項龐大的嫁妝需求，怎令娘家不爲之搖頭！邳縣的〈要嫁妝歌〔註312〕〉就以下列這些不可能達成的要求，來反諷女兒家漫天要嫁妝的心態：

> ……
>
> 母女雙雙坐門樓，聽聲裙兒要衣什？
>
> 裙兒不搽好官粉，曬乾雪花要半斤；
>
> 裙兒不點好胭脂，螞蟻鮮血要兩盆。
>
> 親娘來，裙還要，癩蛤蟆眉毛整四把。
>
> 大閨女鬍子要八根。娘問要那中何用？
>
> 要留裙兒扣花針。
>
> 裙還要，
>
> 東海東的靈芝草，西海西的臭蒲根。
>
> 爲兒要那有何用？留俺婆娘壓醋心。
>
> 四棱鴨子要八個、八棱黃瓜要四根。
>
> 蜻蜓翅膀扣紅襖，蚊子膀子扣羅裙。
>
> 裙還要，起到婆門四十里，紅毡鋪地三尺深。
>
> 一步一棵搖錢樹，兩步兩只聚寶盆。
>
> 聚寶盆上插金花，金花頂上臥麒麟。

這清單上的嫁妝，恐怕是「上窮碧落下黃泉」也難置辦得齊全；逼得爲人母者聽到女兒（裙兒）的要求，最後忍不住大嘆：「裙兒啊，甭難爲娘了，把頭揪給你吧！」由此可見，無論家境貧富，爲女兒辦嫁裝都是件揪心的麻煩事，也難怪要嫁妝歌一開始，女兒就對父母直言：「……二老你是聽，奴今日要陪送，花了你的銀錢末要心疼〔註313〕」。

〔註310〕見《徐州市歌謠集成》〈小紅襖〉，頁247。
〔註311〕見《徐州民俗》〈歌謠篇・民謠淚〉，頁201。
〔註312〕見《邳縣歌謠集成》〈要嫁妝歌〉，頁181。
〔註313〕見新沂縣〈十二月姑娘要陪送〉，頁145。

到了文革時期，結婚要準備的東西可就不單是女家要頭痛的事兒了，雖說「結婚要彩禮，自己害自己﹝註314﹞」，不過當時社會上還是流傳著以「泡桐樹」起興的結婚條件歌；其中所言，樁樁件件考驗著男方成家的財力與實力。這些內容包括有衣著（要想夫妻好，得買絲棉襖；要想夫妻長，得買的確涼）；布料（花洋布，不是路；絲光蘭，不用談）；住房（三轉一晌紅瓦屋）、酒席（新疆綿羊蓋子豬），以及良好的背景（老公公、當支書）。還有一說，就是「沒有『零件』和『廢物』（指公婆）」﹝註315﹞。如此直白不客氣的要求，聽在長輩們的耳裡，眞要無地自容了。

重財禮一向是我國文化中婚姻大事裡的陋習，想要在朝夕之間讓世人改弦易轍並不容易；倒是藉由歌謠的傳唱與反諷，能爲昏昧的社會嫁娶價值觀帶來反思的契機。想來這正是歌謠教育功能的另一種展現方式吧！

（二）時局風氣歌

婚姻大事之外，對家庭及社會穩定影響最大的就是人民能否安居樂業了。無論是「安居」、或是「樂業」，蘇北生活歌中都有著墨。只是從歌中看來，蘇北地方能安居的時候少、不寧的日子多，此話怎說？所謂「人離鄉賤、物離鄉貴﹝註316﹞」，清末以來，天災人禍不斷，蘇北地區先有光緒二十四年先水後旱的大災荒，令百姓唱出〈窮民苦〉的哀歌：

> 光緒二十四年眞可憐，一無吃來二無穿。
> 老的老來小的小，可憐俺窮人餓死在荒野。
> 日討千家飯，夜晚宿廟堂。
> 不作犯法事，不怕見君王。
> 黃水滔滔，大雪紛紛。窮人多難過。
> 蒼天啊！帶孩子，扶老人，
> 孩子哭一聲，餓啊！三天沒吃一口飯。
> 老人嘆一聲：兒啊！可憐染病赴黃泉。
> 好不容易等著管家來放糧，發霉豆餅拿手中。
> 俺想想，可憐奴，這個日子怎麼過？
> 窮人的日子眞難過！

﹝註314﹞蘇北俗諺。
﹝註315﹞見《睢寧縣歌謠集成》〈泡桐樹，五把粗〉，頁72；〈戀愛條件歌〉，頁73。
﹝註316﹞蘇北俗諺。

後有土地返鹼〔註317〕、無法耕種的情況：逼得百姓顛沛流離、四處逃難（冬天白茫茫，夏天水汪汪。種一葫蘆收一瓢，家家戶戶去逃荒〔註318〕）；再加上政治上的權力更迭（不用掐、不用算，宣統只坐兩年半，家家喝稀飯〔註319〕），都使得社會動盪不安，讓窮苦百姓甚至以野菜（羊蹄子棵、插菜沫）為食、都還得邊吃邊躲群「狼」（指兵、匪、鄉、紳）的欺榨：

　　　羊蹄子棵，插菜沫，

　　　大人小孩等著喝，

　　　聽說狼來了，脫下褲子忙蓋鍋〔註320〕

　　至於舊稱為「老窯」的連雲港地區，進入民國之後的景況同樣艱困：

　　　背井離鄉來老窯，想找活路把命逃。

　　　窮災惡神凶又狼，來到老窯恨老窯〔註321〕。

哪些人是「窮災惡神」呢？一是土匪：

　　　磨刀塘，紅石嘴〔註322〕，一到晚上出土匪。

　　　勸君莫往狼窩去，天還沒黑把家歸〔註323〕。

二是鹽警：

　　　賊鹽警，喪天良，夜間把虜扒成塘。

　　　到了天亮來查訪，誣栽灶民瞎嚷嚷。

　　　顛倒黑白不講理，把人帶到鬼營房。

　　　老虎凳呀辣椒湯，屈打成招受冤枉。

　　　坐班房又賠大洋，灶民何處把理講〔註324〕！

三是漁霸：

　　　漁民都是窮光蛋，吃了早飯沒晚飯。

　　　魚把頭，坐地狗，算盤一響賽虎吼〔註325〕。

〔註317〕平原形成時由河、海水所淤積的泥沙中含有大量鹽分；遇到旱季水份經由毛細現象從地底被蒸發到空氣中，留下鹽粒積存在土壤表層，造成土地鹽化返鹼的現象。
〔註318〕見《睢寧縣歌謠集成》〈家家戶戶去逃荒〉，頁17。
〔註319〕見《睢寧縣歌謠集成》〈宣統只坐二年半〉，頁93。
〔註320〕見《銅山縣歌謠集成》〈羊蹄子棵〉，頁253。
〔註321〕見《連雲港市歌謠集成》〈港口歌謠2〉，頁1036。
〔註322〕連雲港附近的山窩
〔註323〕見《連雲港市歌謠集成》〈港口歌謠2〉，頁1036。
〔註324〕見《連雲港市歌謠集成》〈灶民何處把理講〉，頁943。

四是墨吏：

> 船兒漂，船兒搖，
>
> 傳兒沒想到，漂搖到今朝。
>
> 淌到死潮河，年把沒動篙。
>
> 那些孬中央，還要把稅收。
>
> 大小船頭被他鬧，日日月月沒吃燒〔註326〕。

這些一年四季繳不完的稅、徵不完的捐，對百姓而言簡直是無窮無盡的折磨：

> ……
>
> 捐項又到了啊，捐項又到了，
>
> 今個催明個要不給不得了；
>
> 今個催明個要不給蹲小牢。

好不容易到了年尾，終於有點好吃燒，

> 上邊去報告啊領下槍和炮啊，

於是

> 逮著了大有錢架上火來燎〔註327〕。

令人難以為繼：

> 連雲港是老虎口，窮苦百姓無路走。
>
> 吃喝不如富人狗，還怕漁霸秤桿抖。〔註328〕。

不過再怎麼艱難，日子總是要過下去，也終有逐漸改善的一天到來。蘇北地區在文革之後，隨著政局平穩，使得工商發展日興，社會終於開始出現榮景，面對社會的快速變遷，連蘇北居民們也忍不住唱著：

> 新三年，舊三年，縫縫補補又三年。
>
> 三年的活三年了，三年的孩子滿街跑。
>
> 瓦屋三年樓三年，不進廚房又三年。

這些生活上的進步，包括居住及交通品質的改善：

> 排子房，一條線，
>
> 家家戶戶用上電，
>
> 公公汽車繞村轉，

〔註325〕見《連雲港市歌謠集成》〈漁民沒得活路走〉，頁1051。
〔註326〕見《連雲港市歌謠集成》〈日日月月沒吃燒〉，頁1053。
〔註327〕見《連雲港市歌謠集成》〈四季愁〉，頁1046。
〔註328〕見《連雲港市歌謠集成》〈港口歌謠1〉，頁1036。

　　　　　閨女坐車把娘看〔註329〕。

此外在農業經營上也大有進步，農民開始種植高經濟效益的作物來提高收入：

　　　　　金雞愛住金雞窩，鳳凰愛停鳳凰坡。

　　　　　農民愛種搖錢樹，樹上結滿金銀果〔註330〕。

因為對蘇北大地上的百姓來說，歷經一波波的天災與人禍之後，沒有什麼比
「豐收年、真好過，糧歸倉，草歸垛，不受凍、不挨餓〔註331〕」更平凡卻重
要的心願了。

（三）工藝叫賣歌

　　無論社會治安是否良好、政局穩不穩定，百姓的日子總是要過下去。對
於中國人而言，沒有比「安居」與「樂業」更幸福的事。蘇北歌謠中，對於
百姓們賴以維生的行當，在生活歌裡針對商業經營者及特殊手藝者的生計也
多有描述，包括賣針歌、賣藥歌、賣香草歌、五香麵歌、甚至是換破爛的、
以針線活刺繡為生者，都有其叫賣歌或是工作時隨口吟唱的特色歌謠。本單
元將一一介紹於後。

　　邳縣向來以精美的針黹及剪紙工藝著稱於世，邳縣百姓對當地女性的高
明的工藝技巧相當自豪，認為就算不會針黹、也有其他手藝足以誇人：

　　　　　邳縣的閨女不會針和線，編蒲包、打蒲扇。

　　　　　土山的閨女不會針和線，嗑瓜子、打麻線〔註332〕。

　　至於隨著這些工藝技術而出現的，正是執行工藝時口中唱念的工藝歌。
據邳縣歌謠集的附記，邳縣的剪紙藝術已經有兩百多年的歷史，舉凡姑娘們
繡花鞋的鞋樣、兒童的花兜兜、新媳婦的繡花枕頭、姑娘們出嫁時的燈花、
盆花、箱子花等繡樣；以及逢年過節時窗上門上所貼的窗花、過門籤子等，
都是婦女們用一隻小剪刀剪出來的成果〔註333〕。婦女們剪花時邊剪邊唱，一
支歌唱完，一個花樣也隨之剪成了。也難怪邳縣的婦女無所不剪；剪紙歌的
內容也無所不包。舉凡神話傳說裡的人物、動物，乃至於精美的花草、農作
物，都在一支小剪子的游走之下躍然成形。難怪剪紙的高手們要高唱〈一把

〔註329〕見《睢寧縣歌謠集成》〈排子房，一條線〉，頁20。
〔註330〕見《睢寧縣歌謠集成》〈樹上結滿金銀果〉，頁70。
〔註331〕見《睢寧縣歌謠集成》〈賀春節〉，頁74。
〔註332〕見《邳縣歌謠集成》〈短歌十二首〉，頁190。
〔註333〕見《邳縣歌謠集成》集，頁6。

剪刀多有用〔註334〕〉了：

> 一把剪刀多有用，能鉸龍，能鉸鳳，
>
> 能鉸老鼠生兒去打洞。能鉸山，能鉸水，
>
> 能鉸鴨子扁扁嘴，能鉸雞，能鉸鵝，
>
> 能鉸鯉魚戲天河。再鉸一株萬年青，
>
> 萬年青，青萬年，遇上花草都鉸全。
>
> 鉸上豬，鉸上羊，生產勞動都鉸上。

剪紙歌裡也唱出了剪紙構圖時的裝飾方式：

> 花是有心草，怎麼鉸就怎麼好。
>
> 鉸朵花，配只鳥，
>
> 添枝加葉全靠巧〔註335〕。

更重要的是，從剪紙藝術家所吟唱的〈十二月剪紙歌〔註336〕〉裡，讓世人了解到蘇北生活中，逢年過節的應景的圖樣與所代表的意義，茲節錄於下：

> 正月裡，剪彩燈；彩燈高掛堂屋中。……
>
> 二月裡，剪條龍，放在門前小河中。……
>
> 三月裡，剪桃花，送給小姑頭上插。……
>
> 四月裡，剪條狗，放在我家大門口。……
>
> 五月裡，剪葦葉，包碗粽子孝公婆。……
>
> 六月裡，剪荷花，壓在奴的枕頭下。……
>
> 七月裡，剪喜鵲，剪的喜鵲多又多。……
>
> 八月裡，剪桂花，花插院中香萬家。……
>
> 九月裡，剪只雞，雞能生蛋蛋生雞。……
>
> 十月裡，是鬼節，剪條老牛把水喝。……
>
> 十一月，剪雪花，剪了雪花撒萬家。……
>
> 十二月，剪窗花，剪對喜鵲叫喳喳。
>
> 剪串鞭炮小叔放，剪朵梅花小姑插。……

除了剪紙以外，刺繡也是邳縣著名的工藝項目。邳縣的刺繡歌除了〈繡羅帕〉、〈繡針扎〉之外，還有〈繡絨肩〉、〈繡花燈〉、〈繡十字〉……等各類以刺繡內容為主題的歌謠。歌中主要唱述著刺繡的圖樣與主題，也反映出刺

〔註334〕見《邳縣歌謠集成》，頁6。

〔註335〕見《邳縣歌謠集成》〈花是有心草〉，頁7。

〔註336〕見《邳縣歌謠集成》，頁5。

繡者對於成品的期待與自信。這項工藝不但展現了婦女如絲般細膩的手藝與心思，好的綉品也具有相當的經濟價值，足以維持生計。所以銅山縣有歌謠唱出女兒家靠著刺繡自食其力的志氣與自信〔註337〕：

> 石榴樹開紅花，姓洪的女兒嫁李家。
> 妝奩一樣都沒有，只備繡花機一架。
> 婆婆一見心中怒，罵聲洪家俺親家。
> 爲啥不陪珍珠寶？爲啥不陪綾羅紗？
> 新娘聞聲將身起，尊聲婆母聽兒話：
> 妝奩重值千金價，都是閒著不用它。
> 那座織機編花樣，日日賺錢能發家。

　　從刺繡工藝延伸而來的是製針業。蘇北各地都有「單庄」（指專賣針線的攤子），其中又以邳縣爲最。所以相關的賣針謠雖然在蘇北各地都可見到，不過仍以在邳縣的歌謠集中最多。這些長短不一的〈賣針謠〉，除了介紹各號針的大小及外形，也順便在賣針之餘串入傳說故事，以結合不同針品的功用與特色：

> 大號針，明晃晃，好似羅成一枝槍。
> ……
> 二號針，一棒長，調兵遣將二皇娘，
> 大的名字頂天柱，二的名字架海梁。
> 頂天柱來納大底，架海梁來縫衣裳。
> 三號針，三號三，昭君娘娘過昭關。
> ……〔註338〕

另外還有四號及五號針：

> 四號針，尖又瘦，緝襪臉兒繚襪溜，
> 滾袖頭，縫大襟，不不愣愣挑三針。
> 五號針，賽麥芒，十八大姐繡鴛鴦。
> 能綉雞、能綉鵝，能綉姜老馱姜婆〔註339〕，
> ……

簡言之，蘇北地區將針分五種尺寸，其功能如下〔註340〕：

〔註337〕見《銅山縣歌謠集成》〈石榴樹開紅花〉，頁154。
〔註338〕見《邳縣歌謠集成》〈賣針謠1〉，頁158。
〔註339〕見《邳縣歌謠集成》〈賣針謠2〉，頁159。

　　　　大號針來不可缺，納鞋底兒引被窩。

　　　　二號針來正適合，繚袖口兒滾大襟，還能緝個襪陡根。

　　　　三號針來三號三，冬做棉來夏作單，二八月做夾襖穿。

　　　　四號針來尖又稍，納襪底子縫襪腰，二馬分鬃兩道。

　　　　五號針來數它小，描花描雲離不了。……

　　除了介紹各種針品的功用與特色，〈賣針謠〉裡也唱出賣針者的對自家產品的自信與經營時的用心：

　　　　廣西紙，無錫皮，使到來年不銹根。

　　　　假如使了二年半，歪鼻掉鼻咱管換！

　　　　廣西皮，一小溜，使到來年不上銹。

　　　　打開一包又一包，使到來年錯不了〔註341〕。

至於針品的外形如何？

　　　　打開一包明晃晃，打開兩包亮堂堂。

　　　　明晃晃，亮堂堂，雖說不是白銀造，

　　　　它比白銀還亮堂。

另一方面，賣針者也唱出針線在家庭中的重要性：

　　　　……

　　　　要買哈哈笑，不買夜來愁。

　　　　家有滿罐，補補連連一半。

　　　　家有婦女門前坐，少針無線難做活〔註342〕。

至於賣針者自己的心態，則無非小本經營、良心事業，只求能得小利養家活口〔註343〕：

　　　　包起來、裹起來，鳥爲食水人爲財。

　　　　鳥爲食來穿山過，人爲錢財做買賣。

　　　　若不爲得三分利，誰想晚睡早起來！

相關的歌謠長短不一、內容也老練世故，是邳縣叫賣歌中的一大特色。

　　除了賣針線之外，日常生活中的五香麵〔註344〕也是婦女們下廚辦飯時不

〔註340〕見《銅山縣歌謠集成》〈賣針謠〉，頁298。

〔註341〕見《邳縣歌謠集成》〈賣針謠3〉，頁160。

〔註342〕見《邳縣歌謠集成》〈賣針謠4〉，頁161。

〔註343〕見《邳縣歌謠集成》〈賣針謠3〉，頁160。

〔註344〕此處的「麵」，在蘇北是指細微的粉末，五香麵就是五香粉的意思。

可少的重要佐料。蘇北地方賣五香麵的小販，往往四處趕集，邊磨粉邊叫賣，
其內容包括教導婦女五香粉的功用及效益，如：

> 燒豬肉，燒羊肉，剩下能拌蘿蔔豆。

> 能燒雞，能燒魚，撲撲通通燒粉皮。

至於平日，五香麵也能做為提神醒腦的日常必需品：

> 聞一聞，能成神；聞兩聞，能駕雲。

> 一天聞上七八十幾遍，不要修行能上天〔註345〕。

原來五香麵這麼管〔註346〕！那麼所謂的五香麵裡，究竟有哪些香料呢？這些
香料又從何處來呢？

> 小胡椒，黑又黑，出在雲南鱉子國〔註347〕。

> 用船裝、用車推，漂洋過海到中國。

> 走過關口報過稅，怎叫胡椒它不貴。

還有丁香，除了是香料，也是婦女們梳頭的頭油來源：

> 丁香頭，丁香頭，丁香不打不出油。

> 懶大嫂不打溜門子，大小姐不打不梳頭。

> 一天照著三遍打，油頭梳得光溜溜。

說到檳榔，「走大腸、走小腸，檳榔消食化痰頭一椿」。對於辛夷的初步處理
與加工，則有一番妙喻：

> 辛夷香，賽毛桃，裡裡外外兩層毛。

> 拔去它的大皮襖，漏出它的小二毛。

> 大毛小毛都脫去，現出紅紅綠綠紫羅袍。

> 皮不香，把不香，殼子不香毛不香，

> 這就叫新娶的媳婦進洞房，小兩口坐在床沿上。

> 你擠我，我擠你，嘴裡不言心裡香。

還有長在峨嵋山上的涼薑：「涼薑擾，涼缸辣，涼薑勝過風火牙。心絞痛、肚
裡痛，好似神仙一把抓」。另外長在郭河兩岸，「朝南長到朱仙鎮，朝北長到
臥龍崗」的白芷，則是「白露一過它發辣，過了霜降它發香」，「暖胃散寒頭
一椿」的保健聖品〔註348〕。憑藉著賣五香麵販子的歌謠，讓眾人對各種香料

〔註345〕見《邳縣歌謠集成》〈五香麵歌1〉，頁164。
〔註346〕蘇北方言，指有大用處、能幹之意。
〔註347〕指東南亞的越南。
〔註348〕見《邳縣歌謠集成》〈五香麵歌3〉，頁165～167。

的印象及功用有了更深刻的認識，其貢獻不可謂不大。

比香料更具療效的，當推各類香草或草藥了。現今可見到的賣藥歌或賣香草歌，都是以藥名爲題，串連出一首首的故事歌。歌中所用到的藥材或草藥、香料大同小異，內容活潑有趣、令人莞爾。茲以這首〈賣香草歌﹝註349﹞〉爲例，賣藥者一開場，照例來一番自我介紹：

> 來到寶庄開寶箱，打開了寶箱聞麝香。
>
> 我家住在河南地，來到了江蘇做生意。

開完了場，精彩的正戲就來了：

> 月在東山夜正長，砂仁的木賊跳過牆，
>
> 盜走了水銀五十兩，偷走了冰片和麝香。
>
> 院內躺著枸杞子，趙得柴胡鬧嚷嚷。
>
> 金絲狗不住地汪汪叫，驚醒了上房的小紅娘。
>
> 喚之喚，喚醒了雄黃、地丁人兩個，
>
> 拿著鉤藤趕涼薑。
>
> 趕之趕，趕到了薄霧、連翹外，
>
> 麻黃坡裡動刀槍。
>
> 拿到了木賊人一個，送到了官桂大堂上。
>
> 大堂上坐著香附子，兩邊排著小茴香。
>
> 牙皂手持三塊板，板板打在人蔘上。
>
> 打得陳皮流血羯，血點滴在地黃上。
>
> 木賊下在南牢內，黃柏哭得淚汪汪。
>
> 蒼耳子曉知這件事，捨了桔紅救檳榔。

表演唱到此處，販子開始宣揚香料的功用及自己長期以來在此地的信譽：

> 三里庄、五里鋪，都是我的老主顧。
>
> ……
>
> 我的香草香得長，一氣辛到秋風涼。
>
> 冬薰棉衣夏薰單，二八月薰的長布衫。
>
> 老太太買了我的香草香，紡棉不累胳膊上。
>
> 學生買了我的香草香，文章能念七八章。
>
> 大姑娘買了我的香草香，金針繡出了俏鴛鴦。

﹝註349﹞見《徐州市歌謠集成》，頁34。

最後，販子點出了自己不常到此，鼓勵大家要買趁早：

　　　　買的買，捎的捎，一年就來這一遭。

　　至於賣膏藥的，也有獨到活潑的叫賣歌，先是自誇膏藥所用藥材的稀有與貴重：

　　　　我的膏藥好，有硃砂，有狗寶，

　　　　天棚草，地棚根，九條仙女褲腰帶，

　　　　王母娘娘洗腳水，正宮娘娘腳後跟。

　　　　蒼蠅心，蚊子肺，螞蟻鮮血兩三盆。

其次表明膏藥的功效齊全、直如無所不能，包括「割破利破，刀砍斧剁，蠍蜇狗咬，馬踢牛舔」全都能管。就算再不濟，至少也能「貼多暖和」，如此多樣化的療效與附加的功用，還真是令人啞然失笑。

　　蘇北的生活歌中還有另外一種賣藥歌；不過所賣的藥物不是給人吃、而是專為滅鼠來著。賣老鼠藥者用以叫賣的〈滅鼠歌〔註350〕〉一開頭，就強調老鼠不可養、養鼠為患的原因：

　　　　餵個豬、餵個羊，餵啥都比餵個老鼠強。

　　　　走東牆、上西牆，老鼠咬你的的確涼，

　　　　滌綸滌卡三合一，人造棉和毛線衣。

　　　　哪件不值十六七，老鼠咬了多可惜！

甚至強調鼠害遠比人們所能想像的危害要來得大：

　　　　老鼠牙賽鋼針，咬壞東西氣死人。

　　　　咬你的箱、咬你的櫃，咬你大姐的緞子被。

　　　　……

　　　　大姐不把老鼠傷，它會咬你的針線筐。

　　　　咬你的針、咬你的線，咬你的襪子和鞋面。

老鼠的罪行還不止於此：

　　　　東間跑，西間竄，

　　　　又喝香油和雞蛋。

　　　　溜牆根，滿屋轉，

　　　　又吃大米和好麵，

　　　　東樑跳到西樑上，

───────────────

〔註350〕見《銅山縣歌謠集成》，頁273。

> 又咬種子和蒜辮兒。
>
> 啃毛巾，啃襪子，
>
> 皮鞋帽子都啃爛。
>
> 老鼠急了啥都啃，
>
> 小孩耳朵啃一半〔註351〕！

連人都不放過，這多恐怖啊！除此之外，老鼠的危害還關及人體健康：

> 老鼠屎，更討厭，菜櫥拉了一大片，
>
> 沾的饃饃不能吃，爬的魚肉不能咽。
>
> 老鼠使人傳染病，得了鼠疫不好看！

接著賣鼠藥的吆喝著圍觀人群：

> 會看的，看門道，不會看的湊熱鬧。
>
> 趕集上街別沒事，買包鼠藥往家捎。
>
> 媳婦見了笑嘻嘻，一下摟住你的腰！

最後還不忘給順便給買藥人戴高帽子，把個大姐誇得心花怒放、對藥效充滿期待：

> 媽媽喜、爸爸誇，弟弟誇姐會當家。
>
> 大嫂買包藥帶回家，婆婆喜，公公誇，
>
> 丈夫誇你會當家。

再不就是

> 勤利人，會打算，有錢買藥不白搭。
>
> 藥死老鼠全家喜，鄰居也把你來誇！

有趣的是，在蘇北的各種生計叫賣歌裡，還有收買破銅爛鐵的回收業者所唱的〈換破爛歌〔註352〕〉，歌中對於經營的項目有著明確規定：

> 鐵也換，銅也換，
>
> 就是不換石頭蛋。
>
> 哪天換個石頭蛋，
>
> 壓我三天沒吃飯。

石頭當然不換，換了要做什麼用呢？此外，

> 鐵也要，銅也要，

〔註351〕見邵世靜・胡存英編著《徐州民俗》〈歌謠篇・賣老鼠藥歌〉，（徐州：中國礦業大學出版社，1993年10月），頁190。

〔註352〕見《銅山縣歌謠集成》，頁269。

　　　　堅決不要火車道，

　　　　那天要個火車道，

　　　　逮我徐州蹲八號〔註353〕。

鐵軌（火車道）關係到交通安全，這種影響眾人權益及安全的物品，當然不能昧著良心收購，否則不但危害性命，還會吃上官司。至於一般家中其他的物品，換破爛的就忍不住叨念了：

　　　　東屋找，西屋查，

　　　　門後放個爛犁鏵，

　　　　不能耕，不能耙，

　　　　拾弄拾弄〔註354〕換了吧。

　　蘇北還有一項有特色的產業，就是搖大糖的。搖大糖的「糖」，指是糖球，也就是所謂的是冰糖葫蘆。因為賣糖球的小販總扛著糖球把子轉，所以又被稱為賣大糖或搖大糖的。

　　據說蘇北邳縣岠山地區專出賣糖球的人。相傳由於明初劉伯溫路經此地，發現岠山的風水極佳，將會出現百名有大紅傘（華蓋）護衛的元朝官員。如其成真，大明才建立下的基業勢必不保。劉伯溫為了保住朱元璋的江山，特別趁岠山石匠們休息時不注意，把岠山的龍脈挖斷；從此岠山沒有出現百把大紅傘、卻有了一個個賣糖球的小販。原因無他，就因為小販們扛著的糖球把子上插滿了一根根紅通通的糖球串，乍看之下，實在太像扛著大紅傘了〔註355〕。

　　賣糖球的小販沿路走，沿路叫賣糖球。由於串街走巷，走遍蘇北各地，因此隨走隨唱出各地的歷史傳說與人物典故。在連雲港的〈搖糖球歌〔註356〕〉中，先以各號糖球串為歌，與歷史人物做出聯結；隨後以〈十二月花風〉為由，再唱出各種傳說故事。至於徐州市的〈搖大糖〔註357〕〉，則是以「搖大糖、搖大糖，搖了根大糖賽屋樑」為始，唱出徐州各地的名勝古蹟以其相關故事。茲節錄其中段落於下以供參考：

　　　　徐州府，買賣歡，想看鐵牛上北關。

〔註353〕指苦牢。

〔註354〕弄，讀如「凳」，輕聲。

〔註355〕參見白庚勝總主編《中國民間故事全書‧江蘇‧睢寧卷》，頁136。

〔註356〕見《連雲港市歌謠集成》，頁1120。

〔註357〕見《徐州市歌謠集成》，頁35。

> 戶部山，在南關，霸王戲馬在上邊。
>
> 范增墓，叫土山，張良吹簫子房山。
>
> 十面埋伏九里山，飲鶴泉在九里山。
>
> 鳳凰山，獅子山，臥牛山，駱駝山，
>
> 叮叮噹噹琵琶山。……

不過無論從事的是哪一種行業爲營生，創業之初種種艱難，絕非外人所可以想像。爲了鼓舞有心經營的人，邳縣就有一首〈創業難〔註358〕〉，唱出創業的不易：

> 創業難，創業難，五更起，半夜眠。
>
> 創成家業如登山。

蘇北俗話說：「人懶地生癩，人勤地生金」，即使在蘇北兒歌中，都還有〈扒鱉蛋〔註359〕〉歌，唱出兒童們爲協助家計，遊戲般地努力挖扒鱉蛋，以期能「一天扒一斗，十天扒一石」。這些幽默活潑的生計歌，爲了要讓聽者感興趣，大多具有順口、通俗、詼諧的特色，使所有經過的人都能產生共鳴。因此無論所從哪個角度看蘇北的工藝歌與叫賣歌，都會發現其中充沛的生命力與想像力，隨著一雙雙不停歇的手，傳遞出豐富的人文精神與活力；也串聯出蘇北百姓的生活剪影。

（四）社會百態歌

無論時代如何變化，社會上的人情百態始終是人們茶餘飯後的話題。生活歌謠中，也有許多基於世情變化與人生百態有感而發的歌謠，儼然蘇北的浮世繪，傳神地記錄了不同角度下所觀察到的百姓心性。例如在經歷了長時間的政治混亂之後，蘇北人們是這麼側寫著社會上人我關係：

> 五十年代人愛人，
>
> 六十年代人鬥人；
>
> 七十年代人整人，
>
> 八十年代各人顧各人〔註360〕。

此歌三言兩語就鮮活地說出了不同時代下，社會上世風的澆薄變化，聽來格外令人感慨。於是如濫飲者、賭錢鬼、輕浮少年……等等，都難逃歌謠

〔註358〕見《邳縣歌謠集成》〈短歌十二首〉，頁190。
〔註359〕見《新沂縣歌謠集成》，頁192。
〔註360〕見《睢寧縣歌謠集成》〈說時代〉，頁21。

這面照妖鏡、在蘇北生活歌裡一一現形。

以濫飲者為例，雖說在家庭生活歌裡曾經有歌謠教導女子婚後遇到丈夫
酒醉時，一定要笑臉迎人、用心服侍；但是實際上濫飲者的醜態別說是令人
不齒，連酒鬼自己醒後都看不下去：

> 喝酒人，真是歡，酒舖裡，同桌餐。
>
> 你喊二，我叫三。喝醉了，桌底鑽。
>
> 嘴裡嘔，腔門竄。醒了酒，自己勸，
>
> 誰再喝酒是王八蛋〔註361〕。

俗話說「六寸筷子能勾魂，酒盅不深淹死人〔註362〕」，無論歌尾最後的詛咒能
不能貫徹執行，所謂「見賢思齊、見不賢內自省」，歌謠裡所描述的酒鬼醜態、
相信已足為眾人戒了。

在社會上丟臉出醜的不止是酒鬼，賭鬼的模樣也一樣讓人覺得面目可
憎、也同樣鬧得家宅不安：

> 初六十六二十六，紅燒豬肉油嘟嘟。
>
> 賭錢鬼，進了屋，贏了錢，喜不足。
>
> 輸了錢，媽媽打，女人哭〔註363〕。

至於新沂縣的〈賭博鬼〉則藉由夫妻的對話，摹寫出賭徒因為沉迷賭桌，
不顧家計（小奴家淚漣漣，你賭博輸了錢，當了俺褂子沒有衣裳換）、以至於
喪心病狂、不惜鬻妻求現（我看妳青春又年少，打扮打扮准有人要，大錢我
賣上幾十吊，賭博場裡壯壯腰）、「權當出家當和尚」，情願當個「逍遙自在賭
博鬼，快快活活光棍漢」的瘋狂。

蘇北人的幽默與直率，在世態歌中也可見到。從事商業買賣的生意人，
最怕的莫過於厚顏要求賒欠者，於是沛縣的生意人，乾脆先唱起一套用以勸
告顧客切勿賒欠的〈生意謠〔註364〕〉，讓打算求告者知難而退：

> 進得店來笑呵呵，管仲生財辦法多。
>
> 坐下韓信問蕭何，別看小店雖微賤，
>
> 張儀利舌千般巧，也尊聖賢遺訓做。
>
> 蘇秦不語算白說，欠帳好比三結義，

〔註361〕見《連雲港市歌謠集成》〈喝酒人〉，頁1212。
〔註362〕蘇北俗諺。
〔註363〕見《連雲港市歌謠集成》〈賭錢鬼〉，頁1219。
〔註364〕見《中國歌謠集成‧江蘇卷》，頁400。

> 端木治產千萬貫，還帳難似聘諸葛。
>
> 范蠡為財奔煙波，勿謂本店不賒欠，
>
> 弦高犒師為救趙，本小利薄沒奈何。

不過道高一尺、魔高一丈，有本事賒欠的人，自然也有厚臉皮賴著不還。睢寧縣的還帳人，一邊還帳、一邊唱著〈還帳歌〔註365〕〉，讓人聽完之後才發現歌者真正的心思：

> 少你錢，還你錢，
>
> 家後還有二畝篙子園。
>
> 等到篙子長成樹，排成船，
>
> 買了黃豆下江南，
>
> 去杭州、到四川，
>
> 買了大米把家還。
>
> 來了去，去了還，
>
> 等船爛，
>
> 找船釘打把鐮，
>
> 上山去割葛針，
>
> 把路攔，
>
> 刮羊毛、杆成氈，
>
> 賣了氈，還你錢。

這人哪裡是還錢？根本是賴帳。照如此這般唱下來，只怕要把舊帳結清的日子還在未定之天，也難怪沛縣、銅山〔註366〕都要大唱拒絕賴帳的生意歌了！

無論是「一不生產、二不抗戰〔註367〕」的二流子，或者是慣於拍馬逢迎、最後引得眾人排擠的舔腚蟲（你一碗，我一碗，舔腚蟲乾瞪眼；你一勺、我一勺，舔腚蟲，沒撈著〔註368〕）；甚至是在大社會中，拼命為了生存而用盡心思（一考慮個人、二考慮手段；三考慮子女去安插哪有閒心為國家〔註369〕）的官員、乃至用盡方法手段為求一己出頭的各類百姓（左右逢源是紅人，蹦蹦跳跳是能人；抓不住的是滑人；埋頭苦幹是蠢人〔註370〕）……，這些蘇北

〔註365〕見《睢寧縣歌謠集成》，頁187。
〔註366〕銅山縣也有拒絕賴帳歌〈只因要帳太囉嗦〉，頁310。
〔註367〕見《連雲港市歌謠集成》〈二流子〉，頁1212。
〔註368〕見《邳縣歌謠集成》〈短歌十二首〉，頁190。
〔註369〕見《邳縣歌謠集成》〈時政諷刺歌1〉，頁11。
〔註370〕見《邳縣歌謠集成》〈時政諷刺歌3〉，頁11。

社會中的人生百態，正可謂「百人百姓百脾氣〔註371〕」，豐富充實的同時，也讓人領略了各種世態。

四、勸世歌

勸世歌是指生活歌謠中以日常生活中種種做人處世的態度、持家護家的道理、甚至是家庭倫理的維持，以及各種世間定律……等為內容所唱出的歌謠。這些歌謠有的以勸世為名；有的以「怕」字為題，具有勸世、喻世、醒世甚至是警世的社會教育意義。本單元中將根據歌謠的內容與名稱加以區分介紹，共有家庭倫理歌、勸夫歌、處世歌、怕字歌……等。

（一）家庭倫理歌

《孟子，離婁章句下》對於不孝有以下的定義：「世俗所謂不孝者五：惰其四肢，不顧父母之養，不孝也；博奕、好飲酒，不顧父母之養，二不孝也；好貨財，私妻子，不顧父母之養，三不孝也；從耳目之愉，以為父母戮，四不孝也；好勇鬥狠，以危父母，五不孝也。」

其中「好貨財，私妻子，不顧父母之養，三不孝也」，指的正是私愛妻子。這種行為自古至今，都是「不孝」的具體事項。但是人之常情，在於從耳目聲色之娛，私愛妻、子，都是人性之所當然。也因此在蘇北生活歌中，有所謂的「養兒歌」及「花喜鵲」等歌謠，從反面的角度，以父母的眼光來慨嘆子女以私情為先、不顧父母的不孝行徑；如具有故事性的〈吃黃梨〔註372〕〉就是一例。

〈吃黃梨〉全文不見任何生硬的大道理，只是單純頒演一部家庭肥皂劇。故事中的老寡母因為久病在床，口中無味只想吃黃梨；不想兒子聽了直接回道「俺一沒有街，二沒有集，哪有閒錢買黃梨」；不過當妻子也提出想吃黃梨的要求時，不但「也有街也有集」，「也有閒錢買黃梨」；甚至「光燒餅買一大摞呀，甜梨買了七八只」。

不但如此，這位體貼老婆的兒子還不忘叮嚀妻子：

> 俺孩娘啦，咬口燒餅就口梨吧。
>
> 別讓燒餅噎著你。梨核扔得遠遠地，
>
> 老東西看見她生氣。

〔註371〕蘇北俗諺。
〔註372〕見《徐州市歌謠集成》，頁296。

> 你疼我來我疼你呀，
>
> 可別疼堂屋裡的老東西哪嗨欸。

不僅如此，兒子甚至連老媽媽百年之後的大事都打算好了：

> 單等老媽媽百年之後，
>
> 孩的娘啦，看雜兩人怎麼處理。
>
> 咱家來還有個破櫃子，
>
> 把老媽媽裝進櫃子裡，抬進北山去。
>
> 狼吃啦狗拖了，
>
> 也了卻了咱一件心事，哪呀嗨欸。

沒想到在父母身邊的孫子小搗蛋，把這一切都看在眼裡，於是要求父親：

> 俺爸爸啦，把俺奶奶用破櫃子抬到北山裡，
>
> 破櫃子還得抬到咱家裡。
>
> ……
>
> 單等您倆人死亡過，
>
> 拿破櫃子抬到北山去。
>
> 把您扔到山傍裡。
>
> 我的爸爸啦，
>
> 太陽曬得發發的，老鷹叼您不費勁。
>
> 狗要啃您不費力氣。
>
> 一那嗨欸。

這個在民間故事中常見的情節轉為歌謠的〈吃黃梨〉，在生活歌裡唱出了子女忘恩負義的模樣，讓人在訕笑之餘，也不禁心有戚戚。

　　然而話說回來，少年不知老來難，蘇北的生活歌中不但有歌要人感念父母恩，也藉由〈老來難〉之類的歌謠，讓年輕人知道老年人生活上的種種困擾，以便於不時從旁提供老年人的日常需求。

　　這些歌謠〔註373〕或在歌頭、或在文末，對年輕人語重心長地唱著：「當初只嫌別人老，如今輪到我頭前」；「說予後生誰肯信？人過中年漸漸知」，其後再一一自陳感官能力的退化與不便，如「齒搖不能咬硬物，身體縮小怕長衣」、又道

〔註373〕見《連雲港市歌謠集成》〈老來難〉，頁 1056；《睢寧縣歌謠集成》〈老年歌〉，頁 75。

牙又掉，口流涎，硬物難嚼囫圇吞。

一口不順被噎住，卡在嗓內噎半天。

眞難受，顏色變，眼前生死兩可間。

至於視力的退化也讓老人苦惱：「看書寫字一抹黑」還事小，「人到面前看不准」才眞麻煩。因爲「常拿張三當李四」、「遇張呼李瞎熟悉」，引來眾人不悅，「說我糊塗又裝酸」，不但「親朋老少人人惱，兒孫媳婦個個嫌」。偏偏加上「做事健忘記性差，當年重話不住提」，「無心氣，記性完，常拿初二當初三，想起前來忘了後，顛三倒四惹人嫌」。

齒搖眼花已令人苦惱；如果聽力也退化了，那麼就會發生溝通不良的痛苦：「耳聾難與人說話，差七差八惹人嫌」。此外，不由自主的分泌物，也常造成年長者社交時的困擾：「咳嗽吐痰舉步喘，夜起便多下虛無」；「眵蒙眼，似膘沾，鼻淚常流擦不乾」；「鼻子漏，如膿爛，帶帶流到胸膛前，茶盅飯碗人人膩，席前陪客個個嫌」。「年老肺虛常咳嗽，一口一口吐黏痰。兒女們，都恨咱，說我邋遢不如前」。

除了上述種種不便之外，體能的衰退更是造成年長者不便的原因：「腳又麻，腿又酸，行走坐臥眞艱難。扶杖強行一二里，上床如同登泰山。」、「迎賓心急腳步遲，送客作揖難還禮」。

歌到最後，老年人語重心長地勸告少年：「對老人，莫要嫌，人生哪能盡少年？日月如梭催人老，人人都有老來難」，讓世人深切體悟，引發推己及人的敬老之心。

雖說「舉手不打無娘子，開口不罵老年人〔註374〕」，但是多數人對於家中的老人並不見得和善：雖不致如「老年歌」中所感嘆「兒女們，都恨咱，說我邋遢不如前，老成這樣還不死，你還想活多少年」？但是在言語顏色間，也難有好聲氣以對，更出現「兒孫媳婦個個嫌」的景況。這種情況常令老人感嘆：人說「養兒防老」，只是，養兒眞能防老嗎？蘇北的〈養兒歌〉是這麼勸人的：

養兒好，養兒好，只怕兒多少的好。

早期農業社會，添丁等同於添加人力，所以在婚儀歌中處處以早生貴子爲祝語及儀式。一對沒有生養子女的夫妻，在中國社會中所要背負的壓力，豈止是一句「不孝有三、無後爲大」所能形容！是以「沒有兒時常想兒，得

〔註374〕蘇北俗諺。

兒如同得金寶」。

　　然而對眞正有子女的夫妻而言，要生養一個孩子又談何容易：且不論〈十月懷胎歌〉中所描寫的孕程中種種不適；臨產時「腹內如刀攪」的痛苦，更是「如人飲水、冷暖自知」的體驗。好不容易「死裡逃生兒落草」，接著要將孩兒撫育成人又是另一番重責大任。蘇北俗話說，「棍頭出孝子，嬌養無好郎」，做父母的日夜呵護，依時依序爲孩子請先生、託媒人，希望孩子有個幸福美滿的人生，只見

> 花紅彩絲霞披女，人歡馬叫娶來了。
>
> 親朋四鄰來賀喜，糧錢費的也不少。

哪知道：

> 頭一月就不好，媳婦言語都聽了。
>
> 今日挑明日挑，一家不和只是吵。吵吵鬧鬧如何好？

雖說「獨生兒女一枝花，多兒多女拖累媽」，但是在早期傳統社會中可不這麼想。只是多子多孫的結果，竟得到這樣的下場：

> 小的就說爺娘偏疼大，大的便說爺娘偏寵小，
>
> 無可奈何分家了，田園土地都分去，
>
> 偏偏剩下養兒老。輪著吃，轉著跑。

如此直到臨了「絕了三寸氣」，才「再不想兒子好」。想不到就連人走之後也不見得安穩，只見

> 末了買棺材，一家又是吵。
>
> 小子楷著大，大的楷著小。
>
> 銀錢都具有，誰肯拿分毫？

最後「三天圓過墳，再也無人到。冬年寒節墳不上，清明佳節紙不燒。」養兒若此，不如不養。歌末以此歌中的情境勸喻世人早早看破「養兒防老」的癡想，以免末了落得「有後人如同無下梢」的生涯。

　　勸了老人、再勸小孩。蘇北的勸世歌中，各地都可見到的是勸人重視倫理親情的歌謠；尤其是父母的養育之恩。更不可忘〈娘的恩情難報償〔註375〕〉，就唱出對母親養育之恩的感念：

> ……

〔註375〕見《徐州市歌謠集成》，頁247。

想起爹來懷中抱，想起娘來睡溼床。

左邊尿溼換右邊，右邊尿溼墊衣裳；

這邊濕來那邊溼，兩手抱在胸膛上。

爹的恩情還好報，娘的恩情難報償。

然而「千人千品，萬人萬相」，社會上總難免會有不顧親長者；於是就有〈牡丹戲大仙〉歌，以呂洞賓考問「萬全店」店東「家不散、順氣丸」等十二味藥的調劑，趁機道出家庭與人生的十二種境遇：

……

兄弟合了是家不散，妯娌合了是順氣丸。

家大業大銀錢廣，父慈子孝放心寬。

新婚夫妻是甜如蜜，頭生貴子比蜜甜。

中年失妻是黃蓮苦，老年失子是苦黃蓮。

未出閣的姑娘是硬如鐵，出閣的閨女是軟如綿。

寡婦無夫是身無主，光棍無妻是左右難。

至於究竟什麼是真正的家庭和樂？〈十里和〉又是哪十和？

天上和睦雲消散，地上和睦百草生。

爹娘和睦疼兒女，兒女和睦疼雙親。

弟兄和睦家好混，妯娌和睦永不分。

姑嫂和睦搁針線，鄰居和睦不動身。

長輩和睦多長壽，晚輩和睦早成人。

所謂「修身齊家」，勸世歌中以家庭倫理為首要的歌謠，正可以看出蘇北地方人民對於家庭的重視、以及要求家庭成員間彼此容忍互助以求家庭和睦的態度。

（二）勸夫歌

蘇北有句俗諺說「婆娘管漢子，金銀滿罐子」，又說「一代大媳婦，三代大子孫」，可見蘇北民間對於賢妻的重視；也因此在蘇北的生活歌中，既有「勸紅妝」之類戒喻女子的歌謠，也常可見到〈五勸郎 〔註376〕〉或〈十勸郎 〔註377〕〉等勸丈夫改過遷善、認真做人的歌謠。此外亦有〈賢良女勸夫 〔註378〕〉、〈賢

〔註376〕見《睢寧縣歌謠集成》，頁 95。
〔註377〕見《邳縣歌謠集成》，頁 177。
〔註378〕見《邳縣歌謠集成》，頁 176。

良女〔註379〕〉等歌謠，勸導丈夫正視國難、上陣殺敵。至於銅山縣的〈十大勸〔註380〕〉，則是從旁觀者的角度教導世人注重德行修養。

這些歌謠中對丈夫殷殷勸告的項目，經歸結之後可發現〈勸郎〉歌中所勸，主要爲以下幾點：

1. 莫貪兒女私情：「一勸我郎要小心，莫把小妹妹掛在心。有心要把小妹妹想，想來想去病纏身。哎，我的郎來，想出病來依靠何人？」

2. 勿戀花街柳巷：「二勸我郎厭胭粉，胭脂粉裡無好人。世上多少風流女，今日處來明日秦。哎，郎哥來，肚裡饑餓誰人問？」又說「八勸我郎八不該，不該留在炮車街。海州毛子住一晚，楊梅大瘡弄身來。郎哥來，大瘡弄深誰替害？」說到頭來，主要是因爲「炮車又來花姑娘。有錢與你住一晚，無錢對面不搭腔。郎哥來，露水夫妻不久長。」

3. 莫賭：「四勸我郎莫打牌，賭博場裡莫胡來。有錢吃喝爲朋友，無錢別想賭發財。哎，我的郎來，輸贏都使人品壞。」

4. 顧家：「四勸我郎大方方，出門在外早還鄉。房中撇下孤單女，高堂更撇二爹娘。哎，我的郎來，風雨熱涼誰不想！」

5. 勤奮：「七勸我郎七格方，勸郎下田去插秧。多灌糞水多打稻，秀個稻穗五寸長。郎哥來，兄弟分家比高強。」

6. 正直：「五勸我郎勸得多，千言萬語話難說。小妹只說一句話，正直做人求平和。哎，我的郎來，夫妻相勉度日月。」

7. 娶賢妻：「十勸我郎勸得多，哪有乾妹勸乾哥。有錢尋個花大姐，無錢甭尋瘋老婆。郎哥來，老來無兒靠誰個？」

8. 勿當兵：「五勸我郎勿當兵，當兵之人好苦情。持槍攜彈向裡走，夜晚睡覺渾身疼。郎哥來，槍打百姓人不容。」

9. 勿吃大煙：「六勸我郎三伏天，我郎莫要吃大煙。我郎若成大煙癮，萬貫家財能抽乾。郎哥來，手不能提籃肩不能擔！」

除了〈勸郎〉，還有〈賢良女勸夫〉。這種歌調爲十字歌，主要內容在於賢良的妻子勸告丈夫要立志（你是個年青人志向要大，切莫學下流人惹人笑話）、勿沾惡習（又抽煙又喝酒又把牌打，整日裡瞎胡混不學好事）；關心家國大事（再提起日本賊中原來進，一味地逞兇暴奸淫燒殺），最好是參軍救國

〔註379〕見《睢寧縣歌謠集成》，頁94。
〔註380〕見《銅山縣歌謠集成》〈十大勸〉，頁139。

（我相勸我丈夫參軍去吧，上前線報奮去把敵殺）。

　　至於十大勸，則勸人孝（父母恩情你不報，還怕王法不容你）、友（勸人兩應忍讓，兄弟都是父母養）；寬大（勸人三，莫結怨，一日官司忙十天）、正直仁義（爲人別説做賊易，坑搬拐騙辱祖宗，左右鄰舍厭惡你）、勿賭（十個賭，十個苦，賣田庄，減地土，老婆孩子都受苦）；勤（省吃儉用細打算，勤勤快快種庄田。全家老少都動手，何愁發家致富難）；誠（莫要欺，欺負老的有罪的）；莫貪花（花街柳巷莫沾它，花了錢，還不算，弄得兩口整磨牙；水性楊花一翻臉，繩綑鎖綁犯王法）；莫貪酒（貪酒鬧事把人丟，吃多沒有好朋友）；有耐性（有災有難暫時的，吃口饅頭賭口氣，十年河東轉河西）。

　　這些勸郎歌所勸的內容五花八門，但總歸而言，都是勸示男子自立自強、改過遷善、勤奮度日。想來只要有心人願意，隨著歌調自可再敷衍出更多貼合不同時代需求的勸郎歌。

（三）戒瘾歌

　　以「戒」字爲題的勸世歌，主要以戒煙戒賭歌爲主。這類歌謠中從各種角度唱出煙賭上瘾者對自身及家庭的危害。

　　連雲港的〈戒煙歌〔註381〕〉將大煙的由來及國人沉迷的原因從頭到尾唱得仔細，一開始說明了大煙進入中國的時間以及背景：

　　　　就講這，

　　　　咸豐登基十一年，遍地狂風起狼煙

　　　　出來了殺人放火行霸道，

　　　　又出來了光棍土匪造了孽

歌中以「殺人放火行霸道」指稱太平天國之亂，「光棍土匪」則是指捻匪肆虐。咸豐在位十一年，駕崩當時，卻有英法聯軍攻破天津，議和中開放五口通商，卻也讓大煙進入中國：

　　　　眼睜睜光棍土匪就要滅哩，

　　　　哎，又出來異種洋人造大煙。

　　　　你看他飄洋過海到這邊，

　　　　守著煙土把錢賣呀。

究竟爲什麼會讓中國人對大煙趨之若鶩呢？原來洋人看準了中國人愛吃藥，不信大夫信偏方的錯誤觀念，將大煙說成了萬靈丹：

〔註381〕見《連雲港市歌謠集成》，頁1218。

他們說煙土能治百樣病，也能治咳嗽肚疼淨肚炎。

於是使人沉迷上癮：

原先是一口兩口玩意頭，

然後是面如土色黃蒸蒸。眼瞪瞪給他抽上大煙癮。

最後造成家財散盡、敗家傷身：

爲吃煙南湖又賣黃土崗，

爲吃煙北湖又賣黑土田。

爲吃煙又賣騾子大黑犍，

爲吃煙親朋四友惱乾淨。

爲吃煙手足兄弟不沾邊，

爲吃煙父親一心看有氣。

爲吃煙妻兒老小淚漣漣。

連雲港市還有一首〈勸郎戒煙[註382]〉，是由男女兩人唱蓮花落的方式，唱出一對夫妻如何爲吸大煙爭執、最後妻子如何以死相逼，讓丈夫願意放下煙癮重新做人的過程。整首長歌表現出煙癮在身的人不顧家庭與健康的心態，唱來令人心驚膽顫。

此歌一開始唱出有煙癮者對大煙的倚賴：「飯後弄它兩口煙，渾身舒坦那個沒有個譜」，但是實際上：「吃大煙不算人，敗血脈耗精神，面黃肌瘦沒人樣」。

此外有煙癮者爲了滿足癮頭，往往不惜傾家蕩產：「沒有錢不妨事，我托中人去賣地。賣田土割煙土，用急哪管賤和貴」。等到田宅都賣盡，再沒法維生時，抽大煙人乾脆打算「找個鐵匠打個叉，白天官街我做賊，夜晚就把窯子挖」。

當妻子勸告他「做賊人、犯王法，老爺逮著小線扎，小線板子夾」時，丈夫終於說出了自己眞正的盤算：「不做賊聽你的令，不會苦不會掙，別的方法我沒有，只得帶你去養漢」，這種無恥的想法令妻子勃然大怒：「煙鬼子好大膽，拿著方法來勸俺，纏纏綿綿要當龜，天生習著不要臉」。然而這種責罵對煙鬼子毫無影響，丈夫甚至威脅道：「你不去就不中，小巴棍加勁搶，罷砸你腿斷胳膊斷，看你允情不允情」。逼得妻子心酸不已，只好「一根繩拿手間，高掛懸樑一條繩，這下流骨頭實難纏。」這才把煙鬼震醒，同意從

〔註382〕見《連雲港市歌謠集成》，頁 1213。

此戒煙好好與妻子過日子。

　　邳縣的〈戒煙謠〔註383〕〉則是將各種行業及階級者吸了大煙之後的醜態一一盡列，情狀與前述歌謠類似。總之各種〈戒煙歌〉中，無一不對大煙害人害家至深為由勸人戒煙；此外在雜歌中，也以驚嘆大煙燈具有能把家宅兒女都裝進去的神奇魔力的方式，反諷有煙癮者為滿足煙癮不惜敗家破財的瘋狂，讓世人引以為誡。

　　邳縣的〈戒賭歌〔註384〕〉則是一首以文革時期為背景，唱出敗家子胡作不思上進、鎮日賭錢，最後因沒錢還債而想上吊自盡的情節。最後胡作被妻子救下，在妻子的勸告下決心戒賭，重心做人。全歌唱出賭鬼們一心求勝、卻越輸越慘的窘況，也唱出了賭博招致家人失依、惹禍上身的危險，勸有癮者懸崖勒馬、無癮者切勿輕嘗。

（四）處世歌

　　蘇北各式處世歌謠，內容零零總總不一而足。多數歌謠以歌訣方式勸喻世人，儼然一部生活與倫理守則。仔細整理歸納之後，可以總結出以下幾個要點，包括立志、珍惜光陰、知足惜福、忍耐、自立自強、有備無患等等。最特別的是，銅山縣有一首〈老牛教子〉，以牛寓人，格外值得玩味。茲整理蘇北處世歌如下。

1、志氣歌

　　蘇北有幾首生活歌謠，內容以勸人要有志氣。歌謠一開頭多以「天上下雨地上滑，自己跌倒自己爬」為始，不過後段略與不同，邳縣的歌謠勸人「親朋好友拉一把，茶報茶來酒報酒〔註385〕」；至於睢寧縣的歌中則唱著「自己東西自己拿，指望別人是瞎話〔註386〕」。

　　不過同樣勸人要有志氣，銅山的歌謠則另立新猷〔註387〕：首先以「刀無鋼」比擬人無志氣則不立；其次再說無志氣者「出門三步也徬徨」來看其無路可走的窘態；此外則鼓勵人只要有志氣，「鐵山也能掏出泉」，強調「有志自有千條路，無志只覺萬般難」。

〔註383〕見《邳縣歌謠集成》集，頁195。
〔註384〕見《邳縣歌謠集成》，頁196。
〔註385〕見《邳縣歌謠集成》，頁189。
〔註386〕見《睢寧縣歌謠集成》，頁96。
〔註387〕見《銅山縣歌謠集成》〈志氣歌二首〉，頁278～279。

2、有備無患歌

所謂的有備無患，其實真正的含意是勸人養育子女以防老。雖然世間難免有不孝子女，不過多數人的心目中，「養兒防老」還是有其必要的，於是歌謠中就以自然界的事物為例，唱著：

> 天留日月風留雲，人留子孫草留根。
> 風留雲彩能下雨，天留日月定乾坤。
> 人留子孫防備老，草木留根待來春〔註388〕。

儘管歌中所用的例子不見得合於今日的科學觀念，不過這樣的說法卻也讓人印象深刻，難以忘懷。

3、珍惜光陰歌

對於時光易逝，各地都有相似的歌謠：

> 一寸光陰一寸金，寸金難買寸光陰。
> 寸金失落有處找，光陰失了無處尋〔註389〕。

4、知足歌

常言道：「知足常樂」，蘇北的勸世歌中也常以此為題，勸世人知足為上。新沂縣的〈欲望無止境〔註390〕〉與銅山縣的〈勸知足〔註391〕〉，同樣以舊時代的仕途升遷為例，唱出世人初時以滿足口腹需求辛苦、後來卻耽溺於享受、飽暖思淫欲的嘴臉：

> 東奔西跑為的飢，剛得飽來又思衣。
> 衣食剛得雙份足，房中缺少美嬌妻。
> 有了嬌妻並美妾，出入無轎少馬騎。
> 騾馬成群田萬頃，又嫌無官怕人欺。
> 五品四品只嫌小，三品二品還嫌低。
> 一品當朝為宰相，還想南面當皇帝。
> 當了皇帝還不足，還想長生永不死。

至於睢寧縣的〈知足歌〉，則不斷以「請看破，莫求過」來叮嚀世人，對

〔註388〕見《銅山縣歌謠集成》〈天留日月風留雲〉，頁 279、睢寧縣亦有類似歌謠，見〈光陰一去沒處尋〉，頁90。

〔註389〕見《銅山縣歌謠集成》〈一寸光陰一寸金〉，頁 279；《睢寧縣歌謠集成》〈光陰一去沒處尋〉，頁90。

〔註390〕見《新沂縣歌謠集成》，頁10。

〔註391〕見《銅山縣歌謠集成》〈勸知足〉，頁280。

於衣食妻孥的要求，適當就好、莫求太過：

> 知足歌、知足歌，衣裳何必用綾羅？
> 布衣也足遮身體，破衲何妨保太和？
> 君不見，世上還有無衣者？
> 霜雪侵肌可奈何。請看破，莫求過，
> 鶉衣百結常知足，勝佩朝臣待漏珂。

> 知足歌、知足歌，盤中何必羨鴨鵝？
> 園蔬素食勝佳餚，適口欣然一飽可。
> 君不見，世上還有無食者？
> 灰冷煙消可奈何，請看破，莫求過，
> 粗茶淡飯常知足，鼓腹嬉戲樂平和。

> 知足歌、知足歌，娶妻何必似嬌娥？
> 荊釵裙布知節儉，罪免同心樂更多。
> 君不見，世上還有無妻者？
> 獨宿孤眠可奈何，請看破，莫求過，
> 妻房醜陋常知足，白首歡諧勝翠娥。

> 知足歌、知足歌，養兒何必盡登科？
> 當知有子萬事足，雖然頑鈍可磋磨。
> 君不見，世上還有無兒者？
> 支影單形可奈何，請看破，莫求過，
> 有兒在跟常知足，切莫勞形作馬騾。

歌中不但處處點出「比上不足下有餘」的樂天心態，而且一針見血地指出徒求享樂其實只是毫無意義的自我折磨，就像終日計較著兒孫出息者，不過是為兒孫「勞形作馬騾」罷了。全歌頗有《紅樓夢》中〈好了歌〉參透人世的冷然與透徹，令人聽畢感到一陣無為而治的輕鬆與自在。

5、忍氣歌

忍耐有什麼好處呢？睢寧的歌謠裡唱著：「一朝之念不能忍，鬥勝爭強禍

不小。身家由此破，性命多難保。逞權勢，結冤仇，後來有事不得了。〔註392〕」
只是要怎麼勸自己忍耐呢？不妨參看這首兒歌：

> 叫我氣，我不氣，我才不中你鬼計。
>
> 氣出病來沒人管，吃藥花錢害自己。
>
> 你看我，笑嘻嘻，不氣不氣我不氣。〔註393〕

6、世道歌

世道歌裡有幾種主題，首先勸人別勢利：

> 太陽出東又出西，別笑窮人穿破衣。
>
> 江山亦有勝和敗，灰堆亦有發熱時〔註394〕。

又：

> 天上星星數不盡，地上路兒走不清。
>
> 得失榮枯各有時，人各有志奔東西〔註395〕。

用以勸告世人，勿以一時成敗論英雄，對人總要平常心看待才是。

要以平常心看待的不止是對他人的際遇，還包括了對人事的成敗。連天
都難以做到事事周全，忍不住大嘆「當天難當四月天，蠶要溫暖參要寒。插
秧哥哥要下雨，採桑姑娘要晴天〔註396〕」，又何況是人呢？

至於睢寧縣的〈醒世歌〉則是感嘆世事無常，勸人毋需強求，平日但求
心安、做事只求耐煩。同時誡喻世人財不外露、苦樂自當，與〈百字銘〉頗
有異曲同工之妙，值得世人深思。

7、老牛教子歌

銅山縣的〈老牛教子〉可謂處世歌謠中最特別的一首。全歌是以老母牛
勸小牛犢的角度，教訓小牛犢把握母子相處的時光，同時珍惜糧食、愛惜羽
毛，並且暗喻世間鳥盡弓藏的現實、以及世人阿諛奉承的嘴臉。茲節錄於下：

> 老牛開言道：犢兒聽心間。
>
> 你到外邊去，別惹人家煩。
>
> 出門奔大路，別踩青菜園。

〔註392〕見《睢寧縣歌謠集成》〈忍耐歌〉，頁143。
〔註393〕見《海州童謠》〈我不氣〉，頁165。
〔註394〕見《連雲港市歌謠集成》〈太陽出東又出西〉，頁932。
〔註395〕見《睢寧縣歌謠集成》〈歌謠五首3〉，頁92。
〔註396〕見《睢寧縣歌謠集成》〈歌謠五首4〉，頁92。

田裡嫩麥苗，正是三月天。

眼看要挑旗〔註397〕，麥穗在裡邊。

你要喃一口，屈壞多少麵。

人家看見你，打罵不好看。

東家愛中你，沒用繩子拴。

恐怕拘瘦你，到集少賣錢。

老娘去拉犁，遇見大黃犍。

個大力氣壯，又在正當年。

專門幹些獻勤活，搶拉二牛盤。

老娘年紀大，走得兩腿酸。

努力拉不上去，身上捱皮鞭。

你要不相信，往我身上看。

鞭花到處是，累累傷跡現。

老牛力盡刀頭死，早死早得安。

老牛說完，引來了小牛犢的害怕，於是開始對母牛依依不捨地舔將起來：
「舔罷臉，舔額頭，好像小孩吃奶時，胡嚕娘的臉」。最後又恐世人輕忽其
中的深意，還特意如此唱道：「明公若要問，這是哪一段？牛馬比君子，天
下都一般」。如此用心良苦的歌謠，字字珠璣，遠比句句教訓更引人感嘆與
反思。

（五）怕字歌

　　蘇北有一類歌謠以「怕」字為名，以其所指涉的事項多寡，而稱為〈十
怕〔註398〕〉、〈十三怕〔註399〕〉、〈二十五怕〔註400〕〉、或直接稱為〈怕字歌
〔註401〕〉及〈新怕字歌〔註402〕〉；又或者名之為〈大實話〔註403〕〉。其實
這些歌謠無論長短，其內容都在唱出世間無可反駁的人情世理。茲以銅山縣
幽默風趣卻又頗有深意的〈二十五怕歌〉為例，轉錄於此以供欣賞：

〔註397〕指麥子將要抽穗。
〔註398〕見《海州童謠》，頁 160。
〔註399〕見《銅山縣歌謠集成》，頁 276。
〔註400〕見《銅山縣歌謠集成》，頁 277。
〔註401〕見《新沂縣歌謠集成》，頁 141。
〔註402〕見《睢寧縣歌謠集成》，頁 144。
〔註403〕見《徐州市歌謠集成》，頁 447。

> 鳥怕槍，兔怕鷹，行船就怕頂頭風。
> 人怕懶，嘴怕饞，男的就怕妻管嚴。
> 頭怕禿，牙怕掉，年老就怕兒不孝。
> 身怕殘，腿怕彎，瘸子就怕上高山。
> 眼怕瞎，耳怕聾，鼻子就怕氣不通。
> 蛤蟆青蛙怕天旱，蒼蠅蚊子怕乾淨。
> 穿上棉襖怕天熱，換上單衣怕天寒。
> 官僚主義怕深入，宗派主義怕群眾。
> 自由主義怕原則，主觀主義怕批評。
> 大家怕我唱不好，我怕大家聽不懂。

　　整體而言，蘇北的生活歌謠品類豐富，直接反映出各行各業的生態及家庭倫理的各種樣貌。其中多有即興而歌的內容、卻也不乏精練簡潔的文字。除了苦歌令人動容心酸之外，多數生活歌皆秉持著蘇北歌謠一貫犀利嗆辣、卻又幽默詼諧的口吻即事而歌，令人在莞爾一笑之際印象深刻。

　　如果仔細觀察這些生活歌可以發現，為數眾多的生活歌，呈現的不止是蘇北民間生活裡枝節盡現的表象，還反映出日常生活中的點點滴滴：如吃食、衣著、嫁妝彩禮、以及日常用品的內容，這些都是在原本的歌謠主旨之外，值得玩味的蘇北生活浮世繪。

　　另一方面，生活歌中為數不少的家庭生活歌，雖然反應的是家庭成員間多樣化的相互關係，但是在欣賞時卻不能一以概之。以婆媳關係為例，儘管多數歌謠表現出婆媳關係的緊張與對立，但是於情觀之，如果家家戶戶的家庭成員之間都相處和樂，則歌謠的內容必將流於平淡無奇，失去特殊性及反映社會真實情狀的功能。這是在欣賞生活歌時，必須了解的前題。

第三節　傳說故事歌

　　在蘇北有許多故事歌散見於各類歌謠中。這些故事歌或以固定的歌調出現；或以短中長等不同篇幅講述著流傳已久的故事，本文因此將之全部整理臚列後，歸類為傳說故事歌。

　　傳說故事歌可分為四大類，包括：歷史傳說歌、短篇故事歌、中篇故事歌及長篇故事歌。

　　歷史傳說歌在《中國歌謠集成·江蘇卷》中，被歸爲中篇山歌。內容主要是指以時序或數目順序（如〈十二月花風〉、〈十二月古人名〉、〈十杯酒〉、〈繡十字〉等）起興，將世人耳熟能詳的歷史或傳說故事中人物、事蹟編排入固定的格式中頒唱。這類歌謠易記易傳，不過內容龐雜且變化多端，礙於篇幅無法一一介紹，本文將改採以形式爲主列舉於後。

　　故事歌，是具有人物形象及故事情節的敘事歌謠，部份故事歌句式固定，韻腳齊整，可視爲敘事詩。蘇北的民間故事歌大多保有地方上一貫的說唱風格，文字練達明快。本文中所界定的短、中、長篇故事歌是以字數多寡爲區分基準：一千字以內的故事歌歸入短篇故事歌；一千字至兩千字歸爲中篇故事歌；兩千字以上爲長篇故事歌。蘇北地區共計收有二十七則長短各異的故事歌。其中常出現以擬人化主角敷衍出的故事情節，無論是青菜、花卉、草蟲等，都可以化身爲歌裡的重要角色，上演著一齣齣的精彩大戲。

　　承上所言，蘇北的短篇故事歌大多短小精悍，如〈菜園大戰〉、〈百花爭鬪〉等都是。長篇故事歌中，具代表性作品在徐州地區當推〈胡打算〉；連雲港地區則以〈房四姐〉居首。此外還有如〈王剛畫畫〉、〈袁小拖笆〉……等頗具特色的中篇故事歌，本文將於後逐一介紹。

一、歷史傳說歌

　　舉凡以歷史上或傳說中的人物爲題材所發揮敷衍成的歌謠，本文將之列爲歷史傳說歌。蘇北地方的歷史傳說歌，常以「十二月唱春」、「十杯酒」、「十字翻」、「數字歌」等形式演唱，歌中把歷史上眞實出現的人物與傳說故事中的神仙、豪傑串聯一氣，如跑馬燈般在聽眾眼前輪流來去，使人目眩神迷、眼花瞭亂。

　　例外的是，無論以何種形式出現，孟姜女的故事一直是各地傳唱歌謠中最常見的主題。有的地方將之歸入情歌；有的地方將之歸入生活歌；也有的地方將之歸入雜歌。本文因此不論其演唱形式，改以其傳說故事的性質將其歸入歷史傳說歌中，同時可以檢視蘇北地區孟姜女故事及相關歌謠流傳的情況。

　　另外值得一提的是，在蘇北所有的歷史傳說歌中，有一類〈古今大會戰〉，其內容是將古往今來歷史上的眞實人物全部一鍋兒燴了再重新整編上場、糾纏大戰。這類歌謠的特色在於打亂時空次第之後，只剩下人名帶著特

有風格在其中串場；格外具有無垠天地般的痛快與瘋狂，令人撫掌叫好。

（一）孟姜女故事歌

蘇北各地流傳的孟姜女故事歌的篇幅都不長，常見的內容是以單一橋段爲題各自抒唱出的歌謠。依其內容，可分爲〈孟姜女送寒衣〉、〈梁山伯與祝英台〉及〈十八里相送〉三類。

〈孟姜女送寒衣〉是蘇北較爲常見的孟姜女故事歌的內容，包括睢寧縣的〈孟姜女送寒衣〔註404〕〉；邳縣的〈孟姜女哭長城〔註405〕〉、新沂縣的〈孟姜女〔註406〕〉、〈孟姜女哭長城〔註407〕〉……等，都是在這個內容上敷衍而出的歌謠。這些歌謠以十二月唱春調唱出孟姜女千里尋夫送寒衣的過程，唱到第十二個月時則以「孟姜女守孝滿堂白」作結，以多季大雪一片白茫茫的景觀烘托出孟姜女悲淒的心境。

〈孟姜女送寒衣〉演唱時是以「孟姜女調」傳唱。「孟姜女調」在蘇北又稱「哭七七調」，曲風婉轉哀淒。茲轉錄何橋鄉蔣均亮老師所唱歌調簡譜於下：

孟姜女（哭七 七調）

1=E 4/4

||: 1 1 · 2 3 - 5 3 2 3 | 5 · 6 1 6 5 5 3 2 - | 2 5 3 · 2 1 · 2 3 | 2 · 3 2 1 6 5 1 6 5 - |

正月 裡 來正 月 正， 家 家 戶 戶 點 紅 燈，

5 · 6 1 2 · 1 2 3 | 2 · 3 2 1 6 1 2 1 6 - | 6 2 1 · 6 5 · 6 1 | 2 7 6 5 1 6 5 - :||

人 家夫 妻 團 圓 聚， 孟姜女 丈 夫(去)修 長 城。

〈十八里相送〉則是蘇北梁祝故事另一類常見的主題，包括銅山縣的〈十八里相送〔註408〕〉、邳縣的〈梁祝下山〔註409〕〉、連雲港的〈十送〔註410〕〉都是這類的梁祝送別歌。

蘇北〈十八里相送〉的內容比〈孟姜女送寒衣〉來得活潑。歌中內容以

〔註404〕見《睢寧縣歌謠集成》，頁113。
〔註405〕見《邳縣歌謠集成》，頁223。
〔註406〕見《新沂縣歌謠集成》，頁112。
〔註407〕見《新沂縣歌謠集成》，頁113。
〔註408〕見《銅山縣歌謠集成》，頁113。
〔註409〕見《邳縣歌謠集成》〈梁祝下山〉，頁222。
〔註410〕見《連雲港民間情歌》，頁95。

梁山伯送祝英台下山時沿路的風光與所見的景物爲主。由於具有強烈的暗示作用，因此讓閱聽人在聽或唱的過程中充滿猜謎般的樂趣。蘇北的梁祝相送歌中因地制宜地加入了地方上常見的農業景觀，如銅山縣〈十八里相送〉唱道：「走罷一洼又一洼，洼洼裡邊好庄稼。高的是秫秸矮的是芝麻，不高不矮是棉花」，反映出獨有的蘇北風情。

　　各地所見的〈十八里相送〉在內容上的差異，主要在於祝英台以不同的事物或情境暗示梁山伯自己是女兒身，使聽眾從中領略到各種既新鮮又期待的趣味。除了說路邊的小狗「不咬前頭男子漢、只咬後頭女紅妝」、及「公鵝前頭打開浪，母鵝後頭緊跟著」之類的情節，是各版本都可見到的比喻以外，「釣個鮎〔註411〕魚嘴搭嘴，釣個鯉〔註412〕魚紅眼圈〔註413〕」、「梁兄送我八里井，井裡照見兩人影。雙雙對對影子照，一男一女笑盈盈〔註414〕」、「（井邊）三股麻繩送下去，千提萬提提不醒？〔註415〕」、「叫聲梁哥你等我，我到葦棵裡邊裹裹腳〔註416〕」、「樹上有花要早採，莫等無花後悔遲」、「鳳凰山下好牡丹，梁兄要採不費難〔註417〕」……等，都是演唱者即興而出的新奇譬喻，增加不少的新鮮感與想像樂趣。

　　結尾也有不同。〈十八里相送〉是以英台的感嘆「三股麻繩送下去，千提萬提提不醒？」作結；〈十送〉則是英台爲難地唱道：「梁兄送我九里墳，墳墳裡頭有死人。你比死人多口氣，死人比你有神靈」；至於邳縣的〈梁祝下山〉就罵得更狠了：「梁哥來，你比死人死十分！」，令人啞然失笑。

　　最後一種在蘇北歌謠中可見到的梁祝故事版本，是連雲港市的〈梁山伯與祝英台〉。這首歌謠從梁祝二人以金童玉女身份下凡投胎爲始、唱到梁祝二人變成蝴蝶飛回天上爲止，分十二個月以孟姜女調把梁祝故事唱出來。是爲蘇北可見的梁祝歌謠，將故事始末交待得最全整的一首。

（二）數賢良歌

　　這類歌調或名爲〈頌賢良〔註418〕〉、〈二十唱〔註419〕〉或〈數英雄〔註420〕〉、

〔註411〕蘇北音近『男』。
〔註412〕蘇北音近『女』。
〔註413〕見邳縣版本。
〔註414〕見連雲港版本。
〔註415〕見銅山縣版本。
〔註416〕見銅山縣版本。
〔註417〕見連雲港版本。
〔註418〕見《銅山縣歌謠集成》，頁168。

〈古人傳說歌〔註421〕〉……等，散見於各地集成的生活歌、儀式歌與雜歌中。這些歌謠大同小異，每句唱出一名英雄豪傑或賢良，共二十句；依數字先後為序。數字以人物的名字（二郎擔山趕太陽）、年齡（十二劉秀走南陽）；或為代稱（二十八星宿鬧坤陽）置入歌謠中，在蘇北各地都有常見的內容與格式。謹以銅山縣的版本為例，轉錄於此以供參考。

> 一頌賢良數孟姜，　二郎擔山趕太陽
> 三元哭活紫金樹，　四馬投堂興朝綱；
> 伍子胥曾把昭關過，鎮守邊關楊六郎；
> 七星臺上諸葛亮，　八拜為交劉關張。
> 九裏山前數韓信，　十裏埋伏困霸王。
> 十一秦英奪帥印，　十二劉秀走南陽。
> 十三太保李存孝，　十四鐵鎬王彥章。
> 十五羅成掛帥印，　十六薛剛反大唐。
> 十七燕王去征北，　十八高山葫蘆王。
> 十九楊廣奪李密，　二十八宿鬧坤陽。

（三）古今大會歌

蘇北可見的兩首古今史傳歌，正好可互為參照。一實一虛、一長一短；一嚴肅一逗趣，是地方上最有看頭的歷史傳說歌之一。

銅山縣的九言歌〈說古論今〉，從盤古開天唱起，將我國創世神話中的人物與上古時期的三皇五帝外加女媧一一唱出；下接夏商周三代，之後沿著歷史時間先後一路唱到毛澤東於西元 1949 年建政為止。歌謠裡將每一朝的興滅原因、重要大事全部編入，整首歌謠等同於一部完整的中華民族史。平和中立的評述依時間先後敘述嚴謹，不但具有知識性；也有風趣詼諧、一針見血的痛快。如說到三國時期諸葛亮為漢室死而後已的段子，內容如下：

> 白帝城先王托孤扶幼主，諸葛亮肝腦塗地不辭煩。
> 明知道漢室江山三分在，無奈何屈盡人情違抗天。
> 真乃是天地注定難更改，可憐他一世秋風五丈原。
> 累死了英雄只爭三分地，被阿斗丟得不值半文錢。

〔註419〕見《新沂縣歌謠集成》，頁227。
〔註420〕見《睢寧縣歌謠集成》，頁35。
〔註421〕見《連雲港市歌謠集成》，頁1122。

讀來令人感慨萬分、不勝唏噓。

　　相對於〈說古論今〉的嚴謹，睢寧縣的〈古今大會戰〉就顯得無釐頭多了。歌裡真真假假、虛虛實實，非得邊聽邊動腦思考，否則領悟不出箇中趣味。為了完整重現其中的妙處，特將全歌轉錄於下：

　　　　古今戰場炮聲隆，翻天覆地鬼神驚。

　　　　那一年五月初五寒霜降，六月初六過大冬。

　　　　忽聽轟隆一聲響，瓦崗義軍反大清。

　　　　諸葛亮借西風，燒死百萬日本兵。

　　　　楊六郎飛馬進京報軍情，蔣介石緊鎖二眉不吭聲。

　　　　文武百官心頭惱，站出來八主賢王穆桂英。

　　　　楊文廣百歲掛帥印，余太君一十六歲打先鋒。

　　　　兩口山擺下八卦陣，汪精衛被困在山中。

　　　　徐茂公巧使空城計，李鴻章兵敗走麥城。

　　　　劉伯溫背靴訪賢帥，他三顧茅廬請包公。

　　　　秦叔寶雙鐧戰呂布，岳飛挑戰小羅成。

　　　　司馬懿過江去吊孝，他深夜拐跑了莊美榮。

　　　　楊宗保逼走華容道，半路殺出尉遲恭。

　　　　潘仁美定下美人計，慈禧調戲老黃忠。

　　　　漢劉邦逼死烏江口，楚霸王大意失了荊州城。

　　　　李逵斷臂去縱火，火燒戰船立奇功。

　　　　女中豪傑孫二娘，單刀赴會戰關公。

　　　　曹孟德十面埋伏單信雄，趙雲智擒王世充。

　　　　燒火丫頭楊排風，草船借箭顯神通。

　　　　黃繼光捨身炸碉堡，董存瑞大戰上甘嶺。

　　　　羅盛教縱身擋驚馬，歐陽海跳冰救兒童。

　　　　趙一曼大破天門陣，李世民兵吞六國成一統。

　　　　這本是古今今古大會戰，同志們真真假假要分清！

（四）十杯酒

　　此歌在儀式歌〔註 422〕及雜歌中都極為常見。名之為「十杯酒」，是因為

─────────

〔註 422〕參見本文第四章第三節〈儀式歌〉。

每一段都以「一杯酒」、「二杯酒」……為始，內容套入歷史傳說中的人物及故事，因此屬於歷史傳說歌。當這類歌謠用於對男性敬酒時，會以歷史或傳說中的英雄人物為主；如果用於敬新娘，則是以傳說故事中美好的佳偶為例，祝福新人能像故事中的夫妻般幸福甜蜜。這類歌謠或名為〈十杯酒〉、或名為〈月老配就幾百秋〉、〈月老配就好姻緣〉（邳縣）……等。

　　此外也有單純用於敬酒或是賣唱者用以博得眾人注意的十杯酒歌。其名亦為〈十杯酒〉或〈贊英豪〉。這樣的歌謠在蘇北各地十分普遍。茲舉銅山縣〈十杯酒4〔註423〕〉於下，以供參考：

> 一杯酒，敬新郎，好似織女會牛郎。
> 牛郎織女來相會，來年早生小兒郎。
> 二杯酒，整兩盅，好似宗保穆桂英，
> 桂英領兵掛了帥，宗保出馬當先鋒。
> 三杯酒，整三盅，好似張生戲鶯鶯。
> 紅娘悄悄把信傳，花園以內婚配成。
> 四杯酒，酒發甜，夫妻好比並頭蓮，
> 同根同棵同結果，梁鴻孟光情百年。
> 五杯酒，整五盅，好似湘子度林英，
> 湘子花籃蟠桃會，八仙慶賀洞房中。
> 六杯酒，整三雙，月娥大戰小羅章。
> 青石山前來相會，月英月娥配羅章。
> 七杯酒，醉醺醺，王三公子玉堂春。
> 蘇州大堂得相逢，八府巡按進衙門。
> 八杯酒，整四對，秋胡戲妻雙園會。
> 魯國大夫回家轉，十年以後重相會。
> 九杯酒，九女仙，九位仙女下凡間。
> 仙女尚把人世戀，月裡嫦娥愛少年。
> 十杯酒，到白頭，金童玉女出斗牛。
> 男貪女戀結良緣，月老配就幾百秋。

（五）十字歌

　　將杯酒數改為字，從一數到十，就是十字歌。在蘇北各地流傳甚廣。舉凡

〔註423〕見《銅山縣歌謠集成》，頁59。

〈十字歌〔註424〕〉、〈綉十字名〔註425〕〉、〈翻十字〔註426〕〉、〈十個字〔註427〕〉、
〈變十字〔註428〕〉、〈九個字〔註429〕〉……等，都屬此類。

「十字歌」與「十杯酒」類似，從一唱到十；歌名中有「翻」者，或從
十唱回一；或從一唱到十之後再返回倒數至一；無論如何變化，都是將歷史
傳說故事中的人物與典故融入歌謠中傳唱。謹列邳縣〈翻十字〔註430〕〉於下
以供參考：

> 寫個一字一橫長，二字雙雙兩架梁
> 三字豎起川字樣，寫個四字四方方
> 五字盤腿家中坐，六字三點一橫長
> 七字左腳翹著腿，八字鵝眉兩分張
> 九字彎彎龍擺尾，十字橫擔一架梁
>
>
> 十字橫擔一架梁，十面埋伏困霸王。
> 九字彎彎龍擺尾，九條仙女拜皇娘。
> 八字鵝眉兩分張，八仙過海鬧東洋，
> 七字左腳翹著腿，七擒孟獲諸葛亮。
> 六字三點一橫長，陣守邊關楊六郎，
> 五字盤腿家中坐，伍子胥昭關美名揚。
> 寫個四字四方方，四人四馬去投唐。
> 三字豎起川字樣，三人結義劉關張。
> 二字雙雙兩橫長，鎮殿眞君楊二郎。
> 寫個一字一橫長，一女賢良屬孟姜。
> ……

（六）十二月古人名

以時序爲期，逐月唱出歷史傳說故事的歌謠歸於此類。舉凡名稱爲〈十

〔註424〕見《徐州市歌謠集成》，頁299。
〔註425〕見《邳縣歌謠集成》，頁226。
〔註426〕見《邳縣歌謠集成》，頁228。
〔註427〕見《銅山縣歌謠集成》，頁328；《邳縣歌謠集成》，頁215。
〔註428〕見《新沂縣歌謠集成》，頁228。
〔註429〕見《睢寧縣歌謠集成》，頁148。
〔註430〕見《邳縣歌謠集成》，頁228。

二月古人名〔註 431〕〉、〈十二月古人〔註 432〕〉、〈十三月〔註 433〕〉、〈十二個月
〔註 434〕〉、〈十二月〔註 435〕〉，乃至於〈贊十二個月〔註 436〕〉……等皆屬之。

謹節錄銅山縣行乞者用以串唱來乞錢糧的〈十二個月〔註 437〕〉於下以供
參考，本歌有趣之處在於，歌中不單將歷史傳說故事融入十二個月，而且還
把《三字經》中的句子結合在其中，用心巧妙，頗具可觀性：

> 正月裡來是新年，湘子修練中南山
> 人之初情性本善，我勸叔父莫作官。
> 二月裡來過新年，張良讀書惹下禍
> 教不嚴來師之惰，雪梅守節平平過。
> 三月裡來三月三，寒窯受苦王寶釧。
> 日南北來日西東，平貴封她爲正宮。
> 四月裡來四月四，英台讀書人不知
> 朝與斯來夕與斯，惹得山伯害相思。
> 五月裡來划龍船，曹操領兵下江南，
> 百而千來千而萬，過不了江南一條線。
> 六月裡來是三伏，伍吉打樵東山谷，
> 彼不教，自勤苦，火燒赤壁傳千古。
> 七月裡來七月七，七歲安安來送衣
> 日喜怒，日哀懼，子牙滑水把卦卜。
> 八月裡來秋風涼，張公九代家不分
> 孫而子，子而孫，可恨她三嫂一人。
> 九月裡來是重陽，西岐又出周武王，
> 夏有禹，商有湯，無道昏君是紂王。
> 十月裡，小陽春，瓦崗寨上程咬金，
> 定四方，刻大印，夜打登州小羅成。
> 冬月裡來雪飛天，觀音娘娘坐寶蓮。

〔註 431〕見《邳縣歌謠集成》，頁 231。
〔註 432〕《新沂縣歌謠集成》，頁 153。
〔註 433〕見《邳縣歌謠集成》，頁 216。
〔註 434〕見《徐州市歌謠集成》，頁 305、《銅山縣歌謠集成》，頁 349。
〔註 435〕見《銅山縣歌謠集成》，頁 151。
〔註 436〕見《銅山縣歌謠集成》，頁 327。
〔註 437〕見《銅山縣歌謠集成》，頁 349。

四百年，忠於賢，洛陽橋上點狀元。

臘月裡來雪花飛，孔子教書把學催，

戒之哉，宜勉力，作官作府揭書起。

（七）十二月花

這類歌謠與「十二月古人」類似，同樣以時序月份爲呈現次第的歷史傳說歌，不同之處在於在歌中依月次加入不同的花卉，使得歌謠顯得花團錦簇、五彩繽紛。連雲港的〈十二月花風〔註 438〕〉、〈十二月花〔註 439〕〉、銅山縣〈花開十二月〔註 440〕〉……等屬之。此外，連雲港市的後半段，亦爲十二月花風。

〈十二月花風〉、〈花開十二月〉及〈搖糖球歌〉中的十二月花歌，都屬於平敘歌謠；連雲港市的〈十二月花〉則是以結合十二月花與〈小放牛〉問答歌的形式唱出十二月花與歷史傳說故事。謹節錄於下，以供參考：

正月裡那個什麼花先開先敗？

什麼人手挽手同下山來？

正月裡那個迎春花先開先敗，

梁山伯祝英台同下山來。

二月裡那個什麼花白頭到老？

什麼人背書籍箱游滿乾坤？

二月裡那個老古花白頭到老，

孔夫子背書籍箱游滿乾坤。

三月裡那個什麼花滿園血紅？

什麼人桃園結拜弟兄？

三月裡那個桃花開滿園血紅，

劉關張在桃園結拜弟兄。

四月裡那個什麼花盤龍上架？

〔註 438〕見《連雲港市歌謠集成》，頁 1105。
〔註 439〕見《連雲港市歌謠集成》，頁 1107。
〔註 440〕見《銅山縣歌謠集成》，頁 308。

什麼人去進瓜死裡逃生？

四月裡那個黃瓜花盤龍上架

有劉全去進瓜死裡逃生。

五月裡那個什麼花星星落地？

什麼人在磨房身受苦情？

五月裡那個小麥花星星落地，

李三娘在磨房身受苦情。

六月裡那個什麼花宣宣散散？

什麼人做好酒醉死劉伶？

六月裡那個漆菜花宣宣散散

有杜康做好酒醉死劉伶。

……

（八）于二姐繡花燈歌

此歌各地流傳的內容大同小異〔註441〕，是以于二姐繡十二月花燈爲主題延伸出來的歌謠。每個月花燈繡上不同的主題，有各朝軍師、歷代好漢、美貌男、亡國昏君、苦命姑、風流女、歷代奸曹、開國君主、草莽英雄、名朝猛將……等。每組主題中包含相同性質的人物五組，繡完十二個月的花燈，等於唱完六十個古人故事。

繡製同時隨時序變化，于二姐或協助農忙、或感嘆自己尙未婚配，將心情隨花燈上所繡的人物一起編排入歌，於是成爲〈繡花燈〉。謹節錄連雲港市版本於下以供參考：

正月裡來正月正，于二姐在房中呼喚春紅。

打開爲奴描金櫃呀，取出五色絨。

閒來無事繡花燈，嗯哎哎嗨喲嗨喲，

列位君子呀尊耳細聽哪哎嗨喲。

花燈上繡哎五位先生，劉伯溫辭朝離過京城。

能掐會算是苗廣義，徐茂公有神通，

〔註441〕包括邳縣、連雲港、銅山縣、新沂縣都可見到此歌。

斬將封神姜太公，嗯哎哎嗨喲嗨喲，
諸葛亮燒戰船借過東風哪哎嗨喲。

二月裡來呀春風楊柳和呀，于二姐在房中打絲羅。
插下鋼針配絨線，叫春紅你聽我說。
洗臉水樓下潑，嗯哎哎嗨喲嗨喲，
俺再把花燈哎說上一說哪哎嗨喲。

花燈上繡哎五位好漢哥，二武松打虎呀景陽坡。
龍虎山前李存孝，趙雲戰長坂坡，
薛禮救駕淤泥河，嗯哎哎嗨喲嗨喲，
小馬芳困城多虧了女嬌娥哪哎嗨喲。

三月那個裡喲來又到豔陽天，于二姐在房中好不耐煩。
手拿菱花鏡子照，粉面紅秀容顏。
何日裡許配美貌男，嗯哎哎嗨喲嗨喲，
手拿花燈哎俺繡得全哪哎嗨喲。

花燈上繡哎五位美貌男，呂奉先月喲下戲過貂嬋。
十二歲娶妻羅士信哪，小狄青下西川，
梨花三難薛丁山，嗯哎哎嗨喲嗨喲，
楊宗保收妻在穆柯寨山前哪哎嗨喲。
……

（九）其他歷史傳說歌

　　除了上述九種常見於蘇北各地的歷史傳說歌之外，還有五首歌謠不屬於上述歷史傳說歌中的任何一類，然其題材同樣是以歷史傳說故事為主，茲介紹如下。

　　1. **邳縣〈繡荷包** 〔註 442〕**〉**：歌中小妹向貨郎購買五色絲線、繡出五個歷史人物。全歌以對唱的方式進行，將歷史人物以顏色區分，是歌中較為特別的巧：

〔註442〕見《邳縣歌謠集成》，頁 212。

貨郎：

……

蘇州出絲揚州染，樣樣顏色都齊全。

不知妹來繡什麼，説出來俺好給你揀。

小妹：

先揀紅線繡關公，三國裡面大英雄。

千里單騎送皇嫂，至今人間美名留。

貨郎：

揀好紅線來包上，妹妹還看啥線好？

小妹：

再挑黃線繡桂英，大破天門眞威風。

楊門女將人人敬，巾幗當稱女英雄。

貨郎：

黃線挑出來包好，妹妹還看啥線好？

小妹：

揀出藍線繡蒼天，月亮掛在天上邊。

繡一個蕭何月下追韓信，還有拜月美貂嬋。

……

2. 邳縣〈繡花瓶〉〔註 443〕：女子應情人之邀繡花瓶，於是十繡花瓶，內容以各歷史傳說中的恩愛夫妻或情人爲題材：

……

一繡郭槐胭脂舖，好買胭脂王月英。

爲的郭相公。

二繡西廂鶯鶯女，差個紅娘來調情，

爲的張相公。

三繡妙常經堂坐，哪的閒心誦皇經，

爲的潘相公。

四繡賢良吳娘女，懷抱琵琶找進京，

爲的蔡相公。

……

〔註 443〕見《邳縣歌謠集成》，頁 230。

　　3. 連雲港〈放風箏〔註 444〕〉：敘述十姐妹趁著三月清明去郊外放風箏，每兩人所放的風箏恰巧為一組歷史傳說故事中的人物，以風箏的互動比喻故事中人物的關係；最後大風刮斷了風箏線，故事中的人物們要再相會只能等到明年清明：

> 大喲姐放的是梁山伯，
> 二姐放的是祝英台，
> 他二人同下山來哪哎嗨喲。
> 哎來哎嗨喲，
> 他二人同下山來哪哎嗨喲。
> ……
> 五喲姐啊放的是楊宗保，
> 六姐放的是穆桂英，
> 他二人動過刀兵哪哎嗨喲。
> 哎來哎嗨喲，
> 他二人動過刀兵哪哎嗨喲。
> ……

　　4. 銅山縣〈八仙過海〔註 445〕〉：以介紹八仙為主題所唱出的歌謠。

　　5.〈贊梁山〔註 446〕〉：以介紹梁山泊三十六好漢為主題所唱出的歌謠。

　　綜合上述，蘇北地區的歷史傳說歌，或節錄長篇傳說故事中的段落傳唱、或將人物精心歸類後，交織入不同的歌謠形式中。只要歌者嫻熟人物特質及歌謠形式，就可以延展出千變萬化的內容，這正是蘇北歷史故事歌數量眾多的原因。是一種利用高度的想像力與創造力，同時藉歷史傳說故事中人物來發揮出來、具有高度娛樂性及趣味性的精彩歌謠。

二、短篇故事歌

　　蘇北地區的短篇故事歌共計有十三首，包括：〈茶園大戰〉、〈百花爭鬥〉；〈花經〉、〈蜻蜓搶親〉、〈九十九個黑〉、〈檀香哭瓜〉、〈吃黃梨〉、〈捨梨〉、〈胡迪留詩〉、〈糊塗官斷案〉、〈喬媽媽罵貓〉、〈蒸年糕〉、〈桃園三結義〉、〈花經〉……等。有的是歷史傳說敷衍而來；有的則是地方上流傳的民間故事；也有發揮

〔註 444〕見《連雲港市歌謠集成》，頁 1117。
〔註 445〕見《銅山縣歌謠集成》〈千家贊——八仙過海〉，頁 326。
〔註 446〕見《銅山縣歌謠集成》〈千家贊——贊梁山〉，頁 325。

想像力將花卉、蔬菜全部編排進去的歌謠、或是生活裡芝麻小事所轉變成的段子。本單元中將於後會依次介紹。礙於篇幅，部份故事歌本文將另轉錄於本文最後的附錄中，以供參考。

（一）〈菜園大戰〉（又名〈青菜段〉）

本歌共有兩種版本：在邳縣者名為〈菜園大戰〔註 447〕〉；銅山縣則名為〈青菜段〔註 448〕〉。銅山縣版本的開頭為：「閒來無事出城東，有一園青菜要成精。」；邳縣版本的開頭則是：「閒來無事出城東，碰見了兩園蔬菜成了精。」由此可知，銅山縣只講述其中一個菜園裡的青菜精們活動的狀況；邳縣則是以兩園蔬菜間的大戰為內容。所謂事出必有因、師出必有名，本文將以邳縣的版本為主，從頭分析起這場驚天動地的大戰。

先敘參戰國資料。參戰兩方為南園與北園。發動戰爭者為北園，國君紅蘿蔔；以胡蘿蔔居朝陽宮為后（紅蘿蔔登基坐了殿，胡蘿蔔朝陽掌正宮）。此次大戰，他指定由白蘿蔔統領大小軍士出征（白蘿蔔領兵當元帥，紫蘿蔔馬前當先行。菜花子打起白雲傘，緊跟著皇上去出征）。整軍完成，士兵各司其職：

> 韭菜插劍排好隊，小蔥成隊去當兵。
>
> 茄子後邊運糧草，芫荽壓寨在後營。
>
> 大蒜扛著槍一杆，苔干長長當綁繩。
>
> 北園點兵排好將，青蘿蔔下書去討征。

南園君主辣椒精，得知北園出兵後，忿忿不已：

> 南園沒氣壞哪一個，活活氣壞辣椒精。
>
> 又是咬牙又跺腳，只氣得青了紫來紫了紅。
>
> 各佔地盤當皇帝，爭我江山為哪宗？

於是命蓮藕領兵對抗北園大軍。只見蓮藕調兵遣將、運補糧草：

> 蓮藕心眼長得多，他給辣椒來領兵，
>
> 拉來冬瓜當大砲，拉過豆角當火繩。
>
> 土豆當作砲彈打，蕃茄打炮披大紅。
>
> 對準北園開了炮，這一炮打得可不輕；

戰爭開始，戰況如下：

〔註 447〕見《邳縣歌謠集成》，頁 240。
〔註 448〕見《銅山縣歌謠集成》，頁 165。

南瓜打得裂開嘴，西瓜打得滿肚紅。

黃瓜打得一身刺，梅豆打得爬樹頂。

小蔥沒法鑽地底去，半截白來半截青。

就屬茄子跑得慢，渾身烤的紫又青。

運糧茺菨都打亂，韭菜亂成一窩蜂。

紅蘿蔔怕打拱地下，胡蘿蔔怕打頭蓋纓。

梅豆怕打拉起秧，大蒜怕打報柱行。

山藥怕打鑽的深，子孫忘在秧子中。

芹菜跑得散了架，一分八下還掛零。

辣椒抱著生薑啃，反正你辣我更行。

北瓜抱著倭瓜打，兩個矮胖比誰兇。

南瓜頭拱瓠子瓜，論個大你仁也不行

兩園交戰過程中，波及無辜路過的百姓：

白菜層層血淌盡，把莧菜染得滿身紅。

萵苣搶起狼牙棒，一頭重來一頭輕。

攪瓜掉進熱水鍋，燙出滿肚黃絲繩。

馬齒莧、薺菜忙逃走，咱倆還回荒野中。

其餘在躲在家中的也不平靜：

小茭白嚇得直打戰，只嚇得肚裡白來外頭青。

芍頭菜喊過雪里紅，跳進鹽缸躲刀兵。

小竹筍對茨菇吹大氣，只吹得嘴尖皮厚肚中空。

包心菜小姐繡樓躲，光衣服穿了幾十層。

雞毛菜安慰小黑菜，長大了咱再隨爹娘去出征。

戰爭過程中，還有愛國志士為自家軍隊加油打氣：

金針菜吹起小喇叭，給本營將士助威風。

辣疙瘩擂起擂陣鼓，累得它成了個大頭楞。

戰況激烈，至今雙方仍在鏖戰之中：

只打得長得長來短的短，只打得紫得紫來青的青。

不信你到城東看，到現在他們還沒收兵。

這一場精彩的菜園大戰，涉入其中的菜蔬凡四十四項，依其各自外形編派任務、或上陣、或掛彩，意象鮮明、比擬精譬。如講茄子受傷，「渾身烤的

紫又青」；論生薑與辣椒彼此的較勁：「辣椒抱著生薑啃，反正你辣我更行」；
又如提及包心菜深怕受辱的反應：「包心菜小姐繡樓躲，光衣服穿了幾十層」、
以及北瓜與倭瓜的纏鬥，兩者勢均力敵：「北瓜抱著倭瓜打，兩個矮胖比誰
兇」……等，在在都令聽者不時會心一笑；也對於蔬菜們的特徵留下了深刻
的印象。

（二）〈百花鬥爭〉

又是一場大戰，不過這次卻是百花之爭。

本來無一事的早朝上：

> 靈霄殿坐著一位牡丹花王，
>
> 芍藥花身為丞相站立兩廂；
>
> 左班中錦帶花撩袍把本奏上，
>
> 它奏道瓊花園反來了豆冠花王。

群臣聞訊，反應不一，有驚慌失措的；有的則主張打出美人計以緩兵，只有
勇敢的紫羅蘭立刻接令上陣：

> 萬壽菊聞聽說魂飄盪，
>
> 芙蓉花上謀計獻出海棠。
>
> 英羅花登高才把敵情望，
>
> 紫羅蘭花奔赴戰場。

不過，「兵馬未動，糧草先行」，物資的準備一定要充足，所以

> 龍爪花忙著把旨來降，
>
> 罌粟花帶著麥花、稻花、豆花、發花、黍稷花，
>
> 一眾花友前去摧糧。

終於來到了兩軍對峙的時刻了，一時之間漁陽戰鼓頻催了起來：

> 耳邊廂青松蘭鈴子響，
>
> 叮、噹，但只見烏梅花探子細報端詳。
>
> 石榴花擺下戰場，
>
> 哎……呦，桃花馬兜住絲網；
>
> 萱花板斧有誰人敢去抵擋，
>
> 哎呀呀子，正遇見白袍小將廣木香，
>
> 直殺到了柳花巷。

糟了，防線被突破了，眼看就要殺進城內民居之中：

　　　　哎……呦，打破了杏花莊。
　　　　水仙花、鳳仙花被搶去了做二房；
　　　　蝴蝶子花開鬧歡歡。
幸有英雄上前，拼死救紅顏：
　　　　哎……呦，雞冠花子花散起萬杆槍，
　　　　蒲梅蘭手使五瓣梅花槍；
一場大戰下來，免不得各處妻離子散、家破人亡：
　　　　哎呀呀子，最可笑櫃子花兒陣前亡。
　　　　丹桂花懶去梳妝，
　　　　哎……呦，並頭蓮花不得成雙；
　　　　棒打鴛鴦兩分張，
　　　　哎呀呀子，有荷花一頭鑽在水中央。
　　　　葫蘆開花咕嚕嚕的響，
戰事近尾聲，索性一鼓作氣拼將起來：
　　　　啞賓子花兒啦，鑼鼓喧天，
　　　　品粹花兒啦，擺動金錢……。
　　　　金花銀花打敗仗，
　　　　兩軍奪魁望江南；
　　　　一箭射落金錢，
　　　　望是望江南，一箭射落金錢。
終於到了偃旗息鼓的時刻，且看此番究竟是誰家天下：
　　　　萬年青將軍常常勝，
　　　　天竹剌松臘梅花，
　　　　海棠共山楂。
大軍頒師回朝，喜得君王立馬就要論功行賞：
　　　　紫禁城，端萱花手拿竹板來點將，
　　　　丹桂花、夜來香；
　　　　梧桐葉落秋意深，
　　　　玉簪花將軍白如霜。
回顧當日戰場上一番浴血廝殺，猛將們的英勇實在讓人無話可講：
　　　　迎春柳手使繡球錘一面，
　　　　敵擋一根梨花槍；

只殺得桃花面似菊花黃，

杜鵑花血染戰袍在路旁。

只殺得洛陽將軍轉回鄉

原來，「這才是百花爭鬥大鬧一場〔註449〕」。眞是一場落英繽紛的鏖戰哪！

（三）花　經

此歌雖名爲〈花經〔註450〕〉，實則以「經」喻「精」，講的是一群花精的故事。故事中以各類花的外形特色爲經，花姑娘與花公子兩位花精從相遇到結合的浪漫故事爲緯，交織成一段以花爲主題的歌謠。

歌中以各種花卉的特色爲題材，一邊敘述季節花序、一邊以花的外觀或名稱作爲發想的起點。如歌中有一段作如是發問：「什麼花的姐，什麼花的郎？」、「什麼花的枕頭？」……等，其對應的答案則是：「芍藥花的姐，玉簪花的郎」、「鴛鴦花的枕頭」。細察其因，以芍藥花的花容繽紛，將之比擬爲女性；玉蘭花的外形清朗，比之爲男性；此外枕頭常名之爲「鴛鴦枕」之故。

（四）蜻蜓搶親

蘇北的短篇的擬人話故事歌，除了前述的〈百花爭鬥〉及〈菜園大戰〉之外，〈蜻蜓搶親〉也是代表作之一。

故事敘述豌豆蟲與蚱蜢的女兒小螞蚱要結婚了，對象是蟋蟀。草蟲們歡欣鼓舞、各司其職地襄助婚禮。不過花轎在半路上被蜻蜓帶著蝗蟲們來劫走了，幸虧有四腳火速通知了男方；只見蟋蟀帶領一干親友前去圍勦蜻蜓。最後不但把蜻蜓交由蜘蛛大老爺繩之以法，也讓新娘璧還夫家，完成了終身大事。

這首歌謠在擬人化的運用上與前述兩則擬人化故事歌一樣，都以各種昆蟲及小動物的特徵作爲分派角色時的參考；不過在應用的條件上，動物及昆蟲由於有動作及聲音，所以可以使用的意象比植物來得豐富，情節上也就更爲精彩。

以外形來說，螢火蟲會發光的尾部，使它成爲掌燈者（螢火蟲繡房裏面點起燈）；蝸牛成了挑夫，負責擔負嫁妝（嫁妝交給蝸牛背）；蜈蚣發紅的外形則代表了氣憤難平（蜈蚣一氣紅了臉）；蟋蟀及馬蜂都隨身帶上武器，準備與蜻蜓一拼高下（馬蜂錐子隨身帶，蟋蟀又扛兩把叉）；癩蛤蟆鼓脹的肚子裝

〔註449〕見《睢寧縣歌謠集成》，頁149。
〔註450〕見《連雲港市歌謠集成》，頁1194。

了一肚子的氣（癩蛤蟆氣得鼓大肚）、送嫁的姑娘瓢蟲也換上了一身美衣裳（攙轎姑瓢蟲一身花）。

在聲音方面的創意有：知了靠著叫聲成為嗩吶手（知了在前吹嗩吶）；紡織娘織作嫁衣（山草驢〔註451〕給她穿衣裳）；青蛙、秋娘的叫聲反映出極度的憤怒（青蛙氣得咕嚕呱；秋娘一氣活沙沙）。

至於昆蟲們平日的本能行為也成為歌裡運用的條件：例如把螞蟻平時搬運食物的意象轉換為轎夫（螞蟻抬來紅花轎）；蜜蜂則成了撒喜糖的工作人員（蜜蜂專把喜糖撒）；跳蚤（跳蚤一急直是跳），壁虎（壁虎急朝牆上爬）……等皆然。最後由蜘蛛撒下天羅地網，逮捕並處決了搶親的惡徒蜻蜓：「蜘蛛老爺行動快，立刻來把天網拉。擺下八卦兜底陣，捉住蜻蜓把頭掐」，才解決了一場亂事。

（五）〈九十九個黑〉

這是一首婚姻故事歌，又名〈一窩黑〔註452〕〉。本文採用的是銅山縣版本〈九十九個黑〔註453〕〉，以全歌用了九十九個「黑」字之故。蘇北俗話說：「魚找魚，蝦找蝦，烏龜王八結親家」，話雖俚俗，卻傳神地表達出蘇北民間要求婚姻門當戶對的必要性。這篇歌謠講的是一個小黑妮如何嫁給一個黑小子、生了一個黑娃娃而組成一窩黑的故事。話說有一對才成家的黑夫妻這天喜得千金：

> 二十七八月黑頭，
> 黑兩口子打黑豆，
> 一場黑豆沒打完，
> 黑娘生個黑丫頭。

春來秋去，一轉眼十多年，眼瞅著丫頭長大成人，俗話說：「閨女長大不能留，兒子長大夜夜愁」，再寶貝閨女也得給她尋個婆家：

> 黑妮長十五歲，
> 黑爹黑娘犯了愁。
> 黑爹愁著黑妮沒有黑婆家，
> 黑娘愁著黑妮老在家裡頭。

〔註451〕方言中山草驢就是紡織娘。
〔註452〕見《邳縣歌謠集成》，頁248。
〔註453〕見《銅山縣歌謠集成》，頁266。

女兒貼心，知道父母的憂慮，

> 黑妮慌忙下來拜，
>
> 黑爹黑娘別發愁；
>
> 您別怕我黑妮不好說婆家，
>
> 黑妮我自己找個黑對頭。

話雖如此，黑對頭可不一定好尋。日子悠悠忽忽地過去，這一天，

> 黑妮提個黑籃子，
>
> 黑籃裡放把黑鐮頭。
>
> 摸黑走了十里黑沙地。
>
> 來到黑二大爺黑豆地西頭。
>
> 小黑妮黑豆地裡挖黑菜，
>
> 來了黑小子放黑牛

小黑妮拿眼來看，只見

> 黑小子拿著黑皮鞭，
>
> 趕著二十四頭大黑牛。

這裡你看我，沒想到那裡也我看你了起來：

> 黑妮這邊黑眼看，
>
> 黑小那邊黑眼瞅。
>
> 黑妮說：「你看的什麼看？」
>
> 黑小說：「你瞅的什麼瞅？」

所謂「是姻緣棒打不散，無姻緣巧說不成」，果真讓黑妮找著了黑小子了，

> 「你也不用看，
>
> 你也不用瞅，
>
> 咱倆是天配的姻緣黑對頭。」

於是兩家說定了親，這就忙天忙地的把姑娘娶家來了：

> 看了一個月黑夜，
>
> 黑天黑夜娶黑妞。
>
> 抬了一頂黑紗轎，
>
> 黑紗轎上掛黑綢；
>
> 掛著四個黑燈籠，
>
> 吹吹打打往前走，

來到黑家黑門樓。

花轎到了門前，裡邊兒的黑妮正忙著打扮哩，且看她一身喜氣：

> 黑門樓外停黑轎，
>
> 那黑妮急忙梳黑頭。
>
> 一頭黑髮如墨染，
>
> 黑眉黑臉黑蓋頭；
>
> 黑緞子小襖黑花繡，
>
> 繡的是獅子滾著黑繡球。

眼看著打扮好，就要上花轎了：

> 小黑妮梳洗打扮好，
>
> 驚動了八個黑吹手。
>
> 吹吹打打往前走，
>
> 來到黑小家裡頭；
>
> 黑樓門外停黑轎，
>
> 黑喇叭黑笙黑吹手。

新娘來了！張眼望去，小黑妮這才知道自己並不孤單，原來：

> 天井院裡黑眼看，
>
> 一家人都是黑黝黝；
>
> 黑婆婆黑的好像黑鍋底，
>
> 老公公黑得好像黑麵窩窩頭。
>
> 小姑子黑得一錠墨，
>
> 大姑子黑得好像火棍頭。
>
> 一對黑雞下黑蛋，
>
> 還有一對小黑狗。
>
> 漆黑桌子蠟燭亮，
>
> 還有一對黑饅頭。
>
> 黑秤杆來黑秤鉈，
>
> 黑斗缸裡盛黑豆。

果然「不是一家人，不進一家門」，這下子小黑妮可放心了，開開心心地成了親：

> 小黑妮拜擺天和地，

> 手拉手地往黑窟裡走

婚後的生活如何呢？

> 過了三年共五載，
>
> 黑妮生了個黑丫頭。
>
> 黑奶奶疼愛黑孩子，
>
> 起名就叫黑泥鰍。

這下子一家人都會樂得笑嘿嘿了吧！

這麼有趣的故事，像足了一篇黑字順口溜，該何以名之呢？

> 這就叫黑字九十九，
>
> 別名又叫黑又丟。

（六）〈檀香哭瓜〉

這首歌見於邳縣〔註454〕，是一首孝感動天的故事歌，與王祥〈臥冰求鯉〉及孟宗〈哭竹生筍〉有異曲同工之妙。歌謠一開頭，先闡明有兒女的好處：

> 有兒蓋個家堂廟，無兒蓋個子孫堂。
>
> 子孫堂，子孫堂，無兒無女來燒香。

話說這故事的主角名為檀香，是個與寡母相依為命的小姑娘。這一天：

> 檀香長到十五六，拿起鋼針盤絨線，
>
> 一盤盤到娘病房。我的娘，你想個什麼吃？

生病中的老人口中無味，思來想去，母親這才說：

> 想個什麼嘗？東京果子不想吃，
>
> 西京果子不想嘗，一心想聞爛瓜香。

爛瓜，指的是熟透了的瓜。蘇北大地地產豐饒，農產品項眾多，要吃瓜有何難？只是，

> 俺的娘，十冬臘月雪鋪地，哪有爛瓜在世上？

檀香心裡暗暗叫苦，可是母命難違，更何況是病中的母親，可憐小檀香千思萬想，決定：

> 開開櫃，打開箱，銀錢倒拿兩百方；
>
> 跑到東頭驢馬樣，跑到西頭狗翻腸，

千覓萬尋，好容易看見一位老大娘，所謂「樹老根根多，人老見識多」，老大

〔註454〕見《邳縣歌謠集成》，頁186。

娘興許知道何處尋瓜，於是上前劈頭就問：

> 叫一聲老大娘，哪有爛瓜在世上？

老大娘乍聽此語，也不得不驚呼：

> 你是誰家瘋大姐，你是誰家瘋姑娘？
>
> 十冬臘月雪舖地，哪有爛瓜在世上？
>
> 你把銀錢借我使，來年還你兩抬筐。

聽得老大娘這麼說，

> 檀香一氣回家轉，麻布衣裳全換上。

做什麼呢？

> 十二顆瓜種灑園裡，十二條火龍把在園邊上。

接著檀香跪在園中，向天哭禱，

> 檀香哭到一更鼓，瓜籽鼓嘴扎把長；
>
> 檀香哭到二更鼓，瓜秧倒拖半尺長；
>
> 檀香哭到三更鼓，開個花，黃朗朗；
>
> 打個妞，毛長長，
>
> 檀香哭到四更鼓，小瓜長得蒜白樣；
>
> 檀香哭到五更鼓，一時一刻離格當，

眼見老天真的賜下瓜來，檀香喜不自勝。不過善良的她並沒有得意忘形，心裡記得：

> 割一塊敬老天，割兩塊敬灶王，

謝罷天地，這才

> 連割三塊給俺娘。

只見老娘

> 吃一口，甜甜蜜，吃二口，帶砂糖。
>
> 百年老病離牙床。

原來孝感動天的故事，處處都有啊！

（七）吃黃梨

如果說〈檀香哭瓜〉是二十四孝中〈臥冰求鯉〉的同型故事所發展出的故事歌，那麼〈吃黃梨〔註455〕〉就是〈拖輿諫父〉故事的翻版。

〔註455〕見《徐州市歌謠集成》，頁296。

　　故事中的主人翁從小由寡母撫養長大；某天老寡母因為久病在床，口中無味而光想吃黃梨；不想兒子聽了之後，直接回道：「俺一沒有街，二沒有集，哪有閒錢買黃梨」。但是當妻子也提出想吃黃梨的要求時，不但「也有街也有集」，「也有閒錢買黃梨」；甚至「光燒餅買一大摞呀，甜梨買了七八只」。

　　不但如此，這位體貼老婆的兒子還不忘叮嚀妻子：

　　　　俺孩娘啦，咬口燒餅就口梨吧。

　　　　別讓燒餅噎著你。梨核扔得遠遠地，

　　　　老東西看見她生氣。

　　　　你疼我來我疼你呀，

　　　　可別疼堂屋裡的老東西哪嗨欸。

如此自私的兒子，甚至連老媽媽百年之後的大事都打算好了：

　　　　單等老媽媽百年之後，

　　　　孩的娘啦，看離兩人怎麼處理。

　　　　咱家來還有個破櫃子，

　　　　把老媽媽裝進櫃子裡，抬進北山去。

　　　　狼吃啦狗拖了，

　　　　也了卻了咱一件心事，哪呀嗨欸。

沒想到在父母身邊的孫子小搗蛋，把這一切都看在眼裡，於是要求父親：

　　　　俺爸爸啦，把俺奶奶用破櫃子抬到北山裡，

　　　　破櫃子還得抬到咱家裡。

　　　　……

　　　　單等您倆人死亡過，

　　　　拿破櫃子抬到北山去。

　　　　把您扔到山傍裡。

　　　　我的爸爸啦，

　　　　太陽曬得發發的，老鷹叼您不費勁。

　　　　狗要啃您不費力氣。

　　　　一那嗨欸。

　　這個在民間故事中常見的情節轉為歌謠的〈吃黃梨〉，唱出了子女忘恩負義的模樣，讓人在訕笑之餘引以為誡。

（八）捨　梨

蘇北歌謠中有一首非常短的故事歌，內容以因果報應為主題勸人為善：歌中敘述觀音大士到凡間向一對婆媳化緣，目標是婆媳家中梨樹上的梨。婆婆吝嗇拒絕；媳婦則背著婆婆偷偷送了十顆梨。最後婆婆因為吝嗇被打入奈河受苦；媳婦則因善心而從金橋上過奈河。這個時候婆婆後悔地要求媳婦來拉自己一把，同時許願情願回去多捨十個梨，以免除地獄的苦罪。

本歌雖短小，卻是一個有因有果、人物的性格鮮明突出的故事：把媳婦背著婆婆與人為善；以及婆婆先吝嗇、後求饒的態度表現得很鮮明。蘇北有句俗諺說：「不見兔子不撒鷹」，意思是指人的行事作風斤斤計較，在沒見到好處之前不輕易出手。把這句俗諺套用在這個故事上也用得著：老婆婆眼見捨了梨可以上金橋，這才後悔要多捨十個梨；只是已經來到了陰間的她們，還有機會還陽捨梨嗎？這就是故事引人討論的餘韻了。

（九）胡迪留詩

〈胡迪留詩〔註 456〕〉一歌，講的是秀才胡迪因被秦檜氣死，死後遊地獄，卻看到秦檜因生前為惡被丟入地獄的大油鍋油炸、被他陷害的岳飛反在雲端為神，胡迪因此大為稱快。胡迪還陽之後，在十字大街留下詩句，以示善惡有報唯天知：「朗朗青天不可欺，未曾做事神仙知。善惡到頭終有報，只爭來早與來遲。」

全歌先敘岳飛出身不凡、再簡單帶出岳飛被秦檜所害的結果，以及胡迪入地獄時所見。最後以上述詩句為結，引人感慨。

（十）蒸年糕

〈蒸年糕〔註457〕〉講述正月十五一家人蒸年糕的趣事。兩公婆帶著兒媳婦蒸年糕，童養媳趁著四下無人摸了塊剛出鍋的年糕要偷吃；卻聽見婆婆正走進廚房的聲音；情急之下把年糕丟出窗外，沒想到正好黏在老公公的下巴鬍鬚上。這下子兒媳婦躲進屋裡笑個飽，卻把老公公燙得叫痛不說，連下頦的鬍鬚都燙掉了。

（十一）桃園三結義

如題，講述劉備、關羽與張飛桃園三結義的故事。

〔註456〕見《銅山縣歌謠集成》，頁 176。
〔註457〕見《新沂縣歌謠集成》，頁 142。

此歌爲「千家贊」系列中的一首，是乞食者用以博喜討賞的段子，以故事歌形式唱出桃園三結義的過程〔註458〕，實則無「贊」言在其中。

（十二）臥看牛郎織女星

這是一首極短的故事歌〔註459〕。以七言歌的整齊句式，簡單地帶出牛郎織女的故事。

歌中主要的內容在於描述牛郎與織女兩分離後的痛苦，如「牛郎河東拼命叫，織女河西把心擰」、「恩愛夫妻兩分離，丟下牛郎心絞痛」、「織女徘徊河西岸，牛郎哭叫喊不停」、「織女淚水順河流，牛郎擔兒亂折騰」……之類的句子，令人一再感受到生離之悲，也憐恤起這個傳說故事中兩人不幸的命運。

蘇北的短篇故事歌除了以擬人化歌謠中的角色性格鮮明以外，其他故事歌多以講述故事經過爲主，對人物性格刻劃的著墨有限。不過故事的內容五花八門、娛樂性高，仍具有相當的可觀性。

三、中篇故事歌

蘇北地區的中篇故事歌，計有〈百草蟲吊孝〉、〈李存孝大戰王彥章〉、〈喬媽媽罵貓〉、〈糊塗官斷案〉、〈王剛畫畫〉、〈袁小拖笆〉、〈朱溫殺母〉、以及〈賭錢鬼〉等八則。中篇故事歌的題材多元豐富，有歷史故事（如〈李存孝大戰王彥章〉）、生活故事（如〈糊塗官斷案〉、〈喬媽媽罵貓〉），以及將昆蟲擬人化的〈百草蟲吊孝〉……等。以下將一一介紹。

（一）糊塗官斷案

主題講述大個兒與張老漢之間的一場官司，被糊塗官亂斷一通的故事。

張老漢養兒不孝，婚娶之後就不顧老漢死活。一日老漢因肚餓無力，暈倒時撞倒了大個的推車，這下子砸了大個兒車上的一堆砂鍋不說，自己也受了傷。大個兒要求老漢賠償損失，老漢沒錢，情願到大堂上任由縣官裁處。大個兒只好用推車推著餓得走不動的老漢來到大堂上，卻被糊塗官誤以爲大個兒是老漢的不孝子，於是不由分說，直接判定要大個兒從今以後好好奉養父親（張老漢）。大個一肚子冤屈無著，還落得不孝罪名。

這宗荒唐離奇的判決，被蘇北人拿來當作笑談，一面嘲笑縣官的昏昧無

〔註458〕見《銅山縣歌謠集成》，頁330。
〔註459〕見《睢寧縣歌謠集成》，頁165。

知、自以爲是；一方面則用來誡喻世人切勿不孝，以免成爲後人笑談。不過不孝只是造成這場官司的導火線之一，整首歌裡對於不孝兒的譴責，遠不如對糊塗縣官的嘲諷。所以雖然結論是「這就是奇事一小段。勸世人別向不孝學」，但是從故事歌的內容看來，還是歌名〈糊塗官斷案〔註460〕〉說得貼切些。

（二）喬媽媽罵貓

這是一首有趣的故事歌。歌謠的內容簡單，敘述喬媽媽家裡的母貓被偷了，眼看著一窩小貓就要餓死，氣極敗壞的喬媽媽忍不住站出來罵街，一邊大讚自家的母貓有多乖巧聽話、美麗名貴（我那個貓，是個好貓，並不是鼻子尖大饞貓，睡鍋底的是個賊貓）；一方面大罵偷貓的人不得好下場。

這場罵偷貓賊的街坊大戲，上從萬歲爺（萬歲爺偷去了老身的貓，萬里江山他坐不到老）、下至販夫走卒、士農工商（小學生偷去了我的貓，一天三遍不住挨教鞭敲；農夫偷去了老身的貓，未曾耕地斷犁筲；瓦匠偷去了老身貓，爬高跌折你的腰；故衣店偷去了老身的貓，前後故衣淨被老鼠咬）……等各行各業幾乎都被罵遍，名之爲罵貓，實則是罵街，也同時說出了各行各業的忌諱所在，是一則令人哭笑不得的潑辣故事歌〔註461〕。

（二）百草蟲吊孝

這是一首以擬人化的方式表達出的故事歌〔註462〕，故事主題在陳述小螞蚱因病亡故之後，所有昆蟲來襄助後事及吊孝的經過，最後順利爲小螞蚱完成身後事。

這個故事在蘇北有兩種主要版本，一個版本是邳縣所流傳的〈百草蟲吊孝〔註463〕〉；另一個是連雲港可見的〈百蟲吊孝〔註464〕〉。兩種版本的切入角度不同、敘述的次第、以及所有昆蟲的表現與職掌也不盡相同。

以歌謠的起頭爲例，〈百草蟲吊孝〉是將小螞蚱從生到老爲始，順敘至老病後就急轉直下、一命歸陰（山草驢駕驥車請醫調治，蚯蚓說老漢病吃藥不靈。不久間那螞蚱歸陰去了，忙壞了滿湖坡眾位親朋）。〈百蟲吊孝〉則是經

〔註460〕見《邳縣歌謠集成》，頁172。
〔註461〕見《睢寧縣歌謠集成》，頁101。
〔註462〕連雲港版：〈百蟲吊孝〉。
〔註463〕見《邳縣歌謠集成》，頁206。
〔註464〕見《連雲港市歌謠集成》，頁1190。

歷了延醫求治、往來找藥等等的過程，才讓小螞蚱才依依不捨的告別世間：

> 小螞蚱，在湖坡，　　得了一個該死症，
> 頭難抬，眼難睜，　　四肢發癱不能動。
> 「蹬草山」，慌了神，　　兩腿一蹬請先生，
> 「關蜻蜓」，一展翅，　　東海去找靈芝草。
> 「蝴蝶子」，不丟鬆〔註465〕，　　南海求藥紫竹林。
> 刀螂號脈嘆口氣，　　螞蚱一命歸陰城。

不同的歌中大夫也由不同的昆蟲扮演，如邳縣版本是由蚯蚓擔任；連雲港版本則是刀螂號脈。只是少數昆蟲由於特徵鮮明，有些職務非它不可：如螢火蟲走到哪兒都是負責點上斷頭燈的那一位：

> 螢火蟲，飛過來，　　點上前後斷頭燈。（連雲港版）
> 螢火蟲飛過來掌上明燈（邳縣版）

又如蛀木蟲（又名啄木蟲）啃食木材的特性，則始終是打製棺材的不二人選：

> 打棺材，啄木蟲，　　尺蠖拉鋸把腰伸。（連雲港版）
> 蛀木蟲加鑽子五棺打成（邳縣版）

在歌謠的型式方面，邳縣的〈百草蟲吊孝〉是以徒歌的方式進行，並以十言歌前後反轉的方式，將小螞蚱生與死兩個階段作出區隔：生前是以（四、三、四）的十字韻為句式；死後則是以（三、三、四）的反十字韻為句式，型式整齊，變化嚴整。連雲港版本則是以寡婦上墳調歌之，句式從七言到十言不等。

在邳縣的儀式歌中還收錄到較為節略的〈吊孝歌〔註466〕〉，形式同為十言歌，內容上不同則於〈百草蟲吊孝〉的複雜，此處只寫各種動物草蟲來吊孝時的表現。至於角色更不拘於昆蟲，還加入了如大白鵝、小白兔、大黃牛、小山羊等常見的家禽家畜類動物。

不同版本的〈百草蟲吊孝〉歌，所表達出的意義也不一樣：邳縣的〈百草蟲吊孝〉，主要是以昆蟲的特性模擬辦理喪事過程中，每一個細節的負責者所應注意的事項以及工作重點；〈百蟲吊孝〉則是側寫整個喪儀的流程，就連開光歌也包含在其中：

> 先開光，再路行，　　一路行程細叮嚀。

〔註465〕蘇北方言，不懈怠的意思。
〔註466〕見《邳縣歌謠集成》，頁79。

開眼光來看四方，　開鼻光，聞菜香，

開耳光來聽八方。　開嘴光，吃豬羊，

開手光，拿錢准，　開腳光來扎地穩。

在人情世故方面，〈百蟲吊孝〉也順帶提及小螞蚱的眾親朋們所表現出不同層次的哀慟之情，反映出社會上的人情冷暖，切中而實際：無論是哭得真心（癩蛤蟆，趴靈棚，哭得兩眼通溜紅／「念經蟲」，來吊孝，哭得渾身冒金星／蛐蟮姨娘手捂臉，彎彎曲曲不成行／親舅舅，是「螻蜂」，哭天拂淚一窩蜂／親姑娘，「哑不都」，跑來急喊一百聲）、嚎得假意（閨女婿，「放屁蟲」，嚎嚎幾聲假）；又或是依輩論份、照章行事（孫女婿，磕頭蟲，擺上豬頭共三牲），全都包含在其中。甚至連不同身份者所致送不同口氣的輓聯、輓幛都一一唱出，藉以顯露出歌者的文采：

屎殼螂，當櫃書，　一副輓聯篆得精：

「蹦來蹦去終得去，　撒手西歸兩袖風。」

至於姻親的輓辭則是

蝙蝠連襟敞懷喘，　高挑孝幛進靈棚。

上書「痛念大喬去」，　下墜「連襟泣拜敬」

雖然在〈百草蟲吊孝〉的結尾處，歌者唱著「這本是百草蟲吊孝一段，也不過略取笑聊作閑情」，不過這首歌謠卻同時具備了娛樂性於教育性功能。蘇北民俗忌論喪儀，本歌藉由以蟲代人的方式教導大眾喪儀中的諸多細節及儀式意義、同時也破除了相關的忌諱，堪稱是一舉數得、巧意變通的一首故事歌。

（四）李存孝大戰王彥章

此歌單寫五代時期後唐李克用的義子十三太保李存孝、與後梁將領王彥章對戰的經過。本歌中的人物在歷史上皆真有其人；但是故事的內容與史實不符，因此僅可當作歷史傳說看待。

全歌從李克用結識李存孝並收為義子唱起，主要講述李王兩人相互比試的過程，最後王彥章不敵李存孝，拿手的武器鐵槍亦被李存孝奪來丟入湖裡，王彥章氣不過，大喊「老天爺，你既生了個李存孝，為何又生我王彥章？我發誓，清早死了他人一個，我晚上就興兵反大唐！」由於歌中主要情節，在於李存孝徒手捋修了原本屬於王彥章用以作篙的鐵槍，因此這個段子又名為

〈奪篙段〔註467〕〉。

〈新五代史·死節傳〔註468〕〉以王彥章為死節第一人，褒揚其忠君之心；更錄其名言：「臣受梁恩，非死不能報，豈有朝事梁而暮事晉〔註469〕，生何面目見天下之人乎！」以彰其忠義。據稱王彥章「持一鐵槍，騎而馳突，奮疾如飛，而佗人莫能舉也，軍中號王鐵槍」。這一點在歌中也有描述：

> ……
>
> 王彥章雙手才把篙遞去，
>
> 小豪傑接篙手不慌忙。
>
> （白）「喲，鐵篙重有八百六，
>
> 怪不得
>
> 天下英雄被他傷。」

王彥章生時從未正視後唐政權、即令妻子為李克用所擄亦不為所動，因此歌中所唱「清早死了他人一個，我晚上就興兵反大唐！」並非史實；此外歌中以水賊稱王彥章亦屬訛誤：

> 郡王爺收他（李存孝）太保十三郎。他們一起往前走，
>
> 前邊來到江岸上，來到岸邊抬頭看，
>
> 有一隻小船在江當央，郡王張口開言道：
>
> 「艄公，送俺人馬去過江。
>
> 單等平賊滅了寇，俺的銀子盡你裝。」
>
> 這時沒驚動哪一個，驚動了水賊王彥章；
>
> （白）「喲，這不是李敬王嗎？未必你國能出良將，
>
> 你選那能打的能蹦的，來到舟船比力量，
>
> 如果拳腳勝了我，我馬上渡你去過江，
>
> 要是不能勝了我，我叫你脫掉鞋子江裏趟。」

不過單就故事的娛樂性而言，〈李存孝大戰王彥章〉不失為一則精釆的故事歌：歌中有膂力奇大的小童子李存孝、也有不自量力的水賊王彥章；有瑜亮情節的怨天尤人，也有得饒人處且饒人的仁厚宅心：

> 我有心要把篙還他，恐怕他又把別人傷，

〔註467〕見《銅山縣歌謠集成》，頁169。

〔註468〕歐陽修編撰，http://www.guoxue123.com/shibu/0101/00xwds/031.htm。

〔註469〕李唐時封李克用為晉王，後李克用建後唐，多數政權不予承認，仍稱之為「晉」。

> 扔了吧，扔了吧，把它扔到江當央

以及

> 我有心要了你的命，這就能叫你見閻王，
>
> 我一不打你二不罵，把你也扔進江當央

　　多樣化的特色使得全歌充滿了高潮迭起的趣味，也對於兩位主角的心性有著相當程度的刻劃，這些優點，都使本歌可稱得上是一則俐落精彩的故事歌。

（五）王剛畫畫

　　這則故事歌有另一個版本：連雲港地區的〈扣子〉。不過兩歌的長短及切入主題，乃至於結局皆有出入，所以本文予以分別介紹。〈扣子〉一歌將於下一單元「長篇故事歌」中再加以討論。

　　本歌見於銅山縣歌謠集〔註470〕。內容敘述老畫師王剛受邀彩繪新建成的子孫堂（蘇北稱供奉送子娘娘的廟殿為「子孫堂」）；才畫完還未下屋樑，就見有一名尚未開懷的少婦〔註471〕進入子孫堂內求子。王剛躲在樑上聽罷少婦的求子禱詞、又看到少婦拿紅繩拴住送子娘娘身邊的娃娃泥偶後，對著娃娃喋喋不休；一陣胡禱告讓老王剛忍俊不住，失足摔落神桌上；卻被少婦誤以為是送子娘娘當下送來的嬌兒；等到一看王剛老兒鬚髮皆白，少婦忍不住抱怨怎麼得到一個小老兒當孩子。此時王剛再也忍不住，叱退了荒唐無知的少婦，也成就了這段有趣的〈王剛畫畫〉。

　　這首歌謠有幾項特色是長篇求子故事歌〈扣子〉中所沒有的：首先歌中藉由對於廟宇中的彩繪圖樣的描述，傳述了一回大家耳熟能詳的傳說故事：如三國人物、西廂故事、白蛇傳、趙匡胤千里送京娘等典故。其次再述蘇北地方向送子娘娘求子的供品（左手拿著元寶錁，右手拿著一把香。佳人飄飄廟門進，洗手金爐去焚香）及儀軌：祝禱過後，以紅線拴在神桌旁的泥孩兒上，要孩兒隨娘回家（佳人禱罷抬頭看，肥胖泥孩在台旁。腰裏掏根紅頭繩，拴在我兒脖子上。叫聲我兒跟娘走，咱家不少果子糖）。其三，歌中對於蘇北孩童的衣飾打扮略有敘述（給你做雙虎頭鞋，頂上釘個銀鈴鐺。給你縫頂虎頭帽，上面釘個金鈴鐺。我的兒，你搖搖頭叮鐺響，哚哚腳來響叮鐺），旁及逗弄孩童的童玩（給你買個花棒槌，還有木馬跟木槍）使人瞭解早期民間珍

〔註470〕見《銅山縣歌謠集成》，頁270。
〔註471〕蘇北俗稱婚後沒有生育的女性「沒開懷」。

愛孩童的情況。

　　以上種種，都是歌中所表現出的蘇北民間生活風情，使後人不但可以從歌裡體會到舊社會中婦女對孕育子嗣的重視、也可以看出求子習俗的進行方式，可謂是一部鮮活的民俗教材。

（六）袁小拖笆

　　這則故事是講述袁家的小孫子，發現父母（袁圖與李榮花）把祖父母用拖笆拉進山裡以待野獸吞食後，不但去山裡拉回了兩位老人，還故意留存父母用來拖走祖父母的拖笆；甚至告訴父親，日後也要用拖笆把父母拖到海邊任由魚蝦吞食。此語一出，警醒了不孝的袁父，從此洗心革面，善待父母至終。

　　這一則故事歌改編自二十四孝故事中的〈拖輿諫父〉，在潘重規先生所整理編著的《敦煌變文集新書》中可見，該書卷八裡，由句道興所撰的《搜神記》中，有以下文字：

> 孫元覺者，陳留人也。年始十五，心愛孝順。其父不孝，元覺祖父年老，病瘦漸弱，其父憎嫌，遂縛筐舁棄深山。元覺悲泣諫父。父曰：「阿翁年老，雖有人狀，悖耄如此，老而不死，化成狐魅。」遂即舁父棄之深山。元覺悲啼大哭，隨祖父俱去於深山，苦諫其父，父不從。元覺於是仰天大哭，又將輿歸來。父謂覺曰：「此凶物，更將何用？」覺曰：「此是成熟之物，後若送父，更不別造。」父得此語，甚大驚愕：「汝是吾子，何得棄我。」元覺曰：「父之化子，如水之下流，既承父訓，豈敢違之。」父便得感悟，遂即卻將祖父歸來，精勤孝養，倍於常日。孔子歎曰：「孝子不違其親，此之為也。」英才論云：「鄭弘仁義，與車馬衣物讓弟，不自著衣，名流天下，舉為郡〔孝〕，位至司徒也。」〔註472〕

據大陸學者魏文斌等人整理可知，這個故事最遲到了宋金時期，已經被列入「二十四孝」中的眾多孝子故事之一；甘肅地區多數墓室中皆以此系列故事為壁畫，可見當時二十四孝故事盛行之風〔註473〕。在臨夏地方金代的墓室中，

〔註472〕見潘重規先生編著《敦煌論文集新書》，http://gj.zdic.net/archive.php?aid-18059.html
〔註473〕見魏文斌、唐曉軍、師彥靈撰〈甘肅宋金墓「二十四孝」圖與敦煌遺書《孝子傳》〉，見《敦煌研究》1998 年第 3 期（蘭州：：敦煌研究院，1998 年 7 月），頁 75～90。

所刻出此故事的原圖如下：

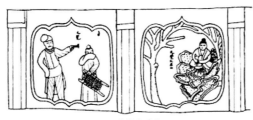

圖7　原谷拖輿諫父

　　蘇北歌謠〈袁小拖笆〉與變文有以下幾點差異：首先，歌謠中稱陳元覺
為「袁小」；其二，袁小的年齡從十五歲下修為七歲（七歲袁小放學轉回學。
袁小來到家裏面，不見爺奶老人家。袁小早已心有數，來到東家問西家），用
以強調孝乃天性，無論年紀大小皆然；三，稱袁圖用以拖走祖父母的工具稱
之為「笆子〔註474〕」或「拖笆」（就說雲台山上逢大會，編塊笆子把他拉。把
他拉到山頂上，狼豺虎豹吃了他）；同時，將袁圖遺棄雙親的行為歸咎於妻子
李榮花的唆使

> 天晚歸進廂房裏，咕咕噥噥撮夫家：
> 人家有那公和婆，哄哄孩子看看家。
> 我家也有公和婆，不哄孩子溜人家。
> 吃起飯來七八碗，飯碗一丟鍋門爬。
> 看起這等多模樣，想個主意害害他。

　　此外，故事歌中為了將七歲袁小能一次拖回祖父母的行為合理化，故事
歌裡還加入了山神及土地相助的橋段（七歲之人拉不動，山神土地幫著拉。
孝心感動天和地，不多一時拉到家），這些改變增加了故事歌的曲折性，也提
高了歌謠的娛樂性。為了強調孝子必有天助及善報，故事歌的結尾，袁小被
點為探花，成為孝親故事的最佳典範。

（七）朱溫殺母

　　見於連雲港市歌謠〔註475〕。此歌主旨亦在講述孝子善報、不孝子惡報。
　　主人翁朱溫為海州雲台地方人，在妻子張翠花的唆使及威脅之下，同意
殺死辛苦撫養自己長大的老寡母。朱母驚恐之中，跪求兒子饒命，這才逃過

〔註474〕竹編品，形似舢舨。
〔註475〕見《連雲港市歌謠集成》，頁1288。

一死。朱母逃命途中遇到女子梁英，聽聞朱母遭遇深感同情。因家中上無親長，於是與夫婿商量後將朱母迎回家中視如生身之母孝養。

朱母初到梁英家即罹傷寒，但梁英仍盡心照顧，飲食醫藥、未曾懈怠。朱母大病痊癒後，到菜園挖菜散心，沒想到挖出馬蹄金，一時使得梁英家境大好；消息傳回朱溫夫妻耳中，為霸佔朱母挖出的財富，兩人於是前往梁府告梁英偷走朱母與馬蹄金。最後朱母親自作證，說明朱溫先要殺母後要奪金的惡行，讓朱溫夫妻得到懲治；最後朱母隨梁英夫婦回家，從此一家三口過著幸福的日子。

這則故事歌對於人物形象的刻劃令人印象深刻：如描述朱母含辛茹苦地撫養朱溫：

> 朱溫三歲那一年，他父一命歸了陰；
> 母子相依度年月，吞糠咽菜吃草根。
> 夜裏給兒焐尿汪，白天討飯抱出門。
> 討到好的下兒肚，要到差的自己吞

相對於老母的忍耐克己，兒媳張翠英則是張牙舞爪地嫌棄老人：

> 人家有個老奶奶，能帶孩子能看門。
> 我家這個老不死，什麼她也做不成。
> 頓飯吃它好幾碗，飯碗一推動哼聲。
> 冬天還有冷燒病，咳咳吐吐疹死人。
> 養個小豬能殺肉，養條小狗會看門，
> 這個老鬼沒有用，實在是個活死人。
> 若把老鬼來除害，家中日月有高升。

甚至撒潑威脅丈夫：

> 你今不聽我的話，我的門路很現成——
> 長是河來圓是井，上吊只用一根繩。
> 如果一命身亡故，我把利害說你聽：
> 大哥叫做攔路虎，二哥又叫混江龍。
> 兩個哥哥還不算，兩個嫂嫂不讓人。
> 大嫂名叫胡子〔註476〕賴，二嫂又叫棗核釘；
> 還有同胞小妹妹，外送綽號纏不清。

〔註476〕蘇北稱歹人為胡子。

　　兄弟兩個去告訴，姑嫂三人做死親。

　　重的逮到挖你眼，輕的要割吊腿筋。

　　在這首歌中，還有一些用來警喻世人的歌詞，如「世間確有忤逆子，娶了妻子忘了恩」；「可憐天下父母心，孝順子孫有幾人」……等句子，用以提醒並誡喻父母子女，各自深思、引以爲鑑。

（八）賭錢鬼

　　連雲港歌謠〔註477〕，描述賭錢鬼嗜賭如命、敗盡家產的經過及心態。

　　這首歌最特別的是，長達千餘字的歌謠中，完全沒有提及主人翁的名字，頂多以「他」稱呼這個賭錢鬼。不過雖然如此，歌中卻把賭錢鬼及身邊一干人等的神色描述得很傳神，如賭錢鬼輸錢與贏錢時就有不同的心態與作風，贏錢時：

　　　　如若是贏了錢如糞土一般，

　　　　有一班無賴鬼一齊來沾靠，

　　　　這個要喝二兩酒，

　　　　那個要吃一盒煙。

輸錢後則是：

　　　　如若輸了錢自己犯了難，

　　　　東撞西謀帳眼塡，

　　　　虧空多了無有法子來擋攔，

　　　　無奈何回到老龍店裏蹲幾天。

　　　　大被蒙頭睡幾天，

　　　　自己的酒飯也懶餐

寫賭鬼貪婪的心態：

　　　　小局你不賭，大局落不了

又如描摹要賭債的人來到家門口要錢的嘴臉：

　　　　有趙大、李二帶錢三。

　　　　趙大這裏往前走，李二、錢三隨後邊，

　　　　趙大這裏來問好，李二、錢三便開言。

　　　　老頭一見哈哈笑，驚動四鄰到這邊，

　　　　「小孩在外邊欠人家的帳，快打開箱子來還錢。」

────────────────

〔註477〕見《連雲港市歌謠集成》，頁1221。

老先生聞言後的驚訝與痛心：

> 老頭聽說還帳的話，張大老嘴喊黃天：
>
> 賣豆腐掙了二畝河淤地，這回他給我一場掀。
>
> 有心給他還輸帳，敞開後門沒法關，
>
> 有心不給他還帳，當兵扛槍到鬼門前。

還有述說掙得家業的不易與艱辛：

> 巴到熱天光頭曬，臉上淌汗用手攔；
>
> 四九寒天鍋門口睡，鋪了麥糠當床氈；
>
> 大米麥子不捨吃，吃些地瓜、胡蘿、青菜糰。
>
> 年年吃粗來攢細，巴到夜晚摸黑坐，
>
> 不捨點燈省洋油。

最後是賭場裡的現實與勢利：

> 有錢的進局屋，局頭老爺來恭敬，
>
> 先敬上大葉子茶，後敬上青條煙。
>
> 沒錢的進局屋三形兒站，
>
> 還惹的局頭老板心裏不煩耐：
>
> 「尊一聲小大爺，俺算怕了你了，
>
> 後退了，讓點空，讓人家好賭錢！」

一首〈賭錢鬼〉，唱盡世態炎涼與賭鬼惡相，讓世人引以為戒。

四、長篇故事歌

　　長篇故事歌指的是字數在兩千字以上的長篇敘事歌謠。蘇北的長篇故事歌共有六首，分別是〈胡打算〉、〈楊小姐出嫁〉、〈水漫金山〉、〈扣子〉、〈小貨郎〉、〈房四姐〉等。

　　這六首歌謠中，〈水漫金山〉為傳說故事〈白蛇傳〉中白蛇鬥法海的橋段；〈扣子〉處理了與中篇故事歌中〈王剛畫畫〉相同的求子題材；〈楊小姐出嫁〉則是另一種形式的〈孃孃教女〉歌；〈胡打算〉是蘇北版〈賣牛奶的女孩〉，唱出貪心的婦人不切實際地作著白日夢、卻差點連性命都不保的故事。最後〈房四姐〉是一個非常完整的長篇敘事歌，描述女子娘家貪圖彩禮埋下禍因、使女子遭遇坎坷命運的故事；六首歌中，〈小貨郎〉一曲歌詞中疑有脫漏，相

關內容，將於後文中逐一整理介紹〔註478〕。

（一）水漫金山

收錄於睢寧縣歌謠集〔註479〕。本歌取材自民間故事〈白蛇傳〉中白蛇大戰法海的橋段，內容敘述白蛇因不見去金山還願的許仙回家，於是派青蛇前去查訪，得知許仙已在金山寺落髮為僧，一時氣憤欲奪回許仙，因此調動東海中眾兵將前來助威。初時白蛇一度佔了上風，咒退了法海老和尚的法寶「寶蓮環」；法海眼看就要落敗，急忙請來師尊陳檀仙。陳檀仙應弟子之請，上天宮搬救兵。最後白蛇不敵天兵天將，本應伏法，卻因腹中懷有貴子得免於一死。歌末以預告下一段為白蛇與許仙相會斷橋前為結語，造成聽眾懸念之餘，顯得餘韻無窮。

本歌可分為幾個主要的部份來欣賞。其一，小青蛇傳令於東海眾水族，要求出兵；二為白蛇依五行方位及色彩調兵遣將的指令；三是陳檀仙上天宮請求協助時，眾天神將在玉帝點兵後如何對付白蛇的交戰過程。這些段落敘述精彩、音聲緊湊，每句歌詞的節奏搭配巧妙，以蘇北方言歌之，頗有「大珠小珠落玉盤」的流暢感。原歌者是徐州梆子戲劇團的樂師，因此對於節奏的掌握極有心得，也因此使得全歌節奏明快、語音俐落。

（二）扣子

本歌收錄於連雲港市歌謠〔註480〕，是一首同樣以求子為主題的故事歌。雖然主題一致、但是本歌除了篇幅較銅山縣的〈王剛畫畫〉長以外，內容的走向上也有差異。

本歌共與兩千三百餘字，歌謠雖長，結構卻清朗完整，大致可分為以下幾的段落：

1. 「扣子」的起因：小佳人婚後一年未孕，引來夫家眾人的嫌棄：

> 婆母娘娘力逼著俺要一個孫來抱，
>
> 活喳喳躁壞了沒出門的大閨娘。
>
> 大嫂子胡嚼嘴說奴家不能生長，
>
> 丈夫咕咕噥噥要說個二房，

幸賴他人指點，決定前往子孫廟扣子。

〔註478〕參見本文第捌章第四節。
〔註479〕見《睢寧縣歌謠集成》，頁104。
〔註480〕見《連雲港市歌謠集成》，頁1183。

2. **出門前的準備**：小佳人出門前精心打扮，穿戴整齊不說、妝容也十分用心。此段可看出清末民初富室女子的穿著打扮風格。打扮停妥，小佳人悄悄從後門出發，不敢驚動任何人（未從臨走，稍帶幾吊銅文。前門她不敢走，偷走了後門。）

3. **辦置供品香燭**：出門之後，小佳人先往香燭鋪置辦香燭供品，其內容如下：

> 長燭一對，線香一封，
>
> 百子鞭一掛，一把高升，
>
> 兩刀火紙，點上蘇金，
>
> 五色糕果，裝點現成

掌櫃從中一聽便可知曉來人將前往子孫廟祝拜，忙亂點交一陣之後，開始唱出打算盤時的口訣：

> 一上一，二上二，
>
> 三下五去二、五去五進一，
>
> 六上一去五進一。七上二去五進一……

小佳人好不容易離開了香燭鋪，眼前卻又來了一群輕浮子弟，對著美人兒滿嘴胡嗖：

> 就遇著一幫溜街猴問一聲，
>
> 這個說潘金蓮上街來趕集，
>
> 那個說帶到酒館裏賠她喝上幾盅，
>
> 她如若能跟俺過上一晚，
>
> 明早晨只送她一吊銅文，

一番波折，終於來到了子孫廟中。

4. **子孫廟求子**：到廟中一看，迎面壁上畫的麒麟送子與牧童放牛（迎面牆面的是麒麟來送子，有牧童橫在牛背鞭子來揚）；正堂坐著送子娘娘及身旁神明（觀見了子孫奶奶當中落坐，兩旁邊神台奉上二位娘娘，痘二哥嘴含著二尺大煙袋，卡子神頭頂透上靈光）。小佳人祝願一番，細細稟明想要求得的後代條件（俺不要牆角裏那些討債鬼。還不要皮箱裏那些個女兒郎，禿頭的傻眼為奴可不要，俺就偏偏的單單的要你奶奶身子旁）；然後起身燒紙拴子，邊拴邊向小娃說明來當自己兒子的好處。

5. **誇耀家業**：小佳人為了讓娃娃樂於來當自己的孩兒、過著有福同享的

日子，開始向娃娃誇耀家業富足。先是自陳家有良田無數、廩有陳糧；使婢用僕、騾馬成行：

> 你要問家裏的日月怎麼樣，
>
> 年年子燒陳草也都吃陳糧，
>
> 黃板子也有七八十頃，
>
> 俺家裏頭騾和馬都串成行，……
>
> 家公院奴無有數丫環小童也都成雙

除此之外，小佳人的私房錢項裡還有許多現代化的商業經營項目：

> 這邊雞鴨還都不算，還有幾座銀行，
>
> 上海南京爲娘有店面，青島淮陰還有銀錢莊。
>
> 黃花船爲娘也有幾十隻，還有那幾個伙計整天跑外洋。

如此家業，小佳人一句「要叫我看這個日月也算罷的了」，足以看出她的自滿與驕傲。夫家的宅第如何呢？別的不說，光看門前的擺設也就足以想見其府門風了：

> 俺家裏大門上新修一對老獅狗，
>
> 二門上洗就了石虎一雙。
>
> 叫一聲我的兒你不要害怕，
>
> 那石虎光張嘴不能把人傷

　　6. 指示迷孩兒投胎路徑：爲了怕孩兒投錯母胎，小佳人將家宅的配置仔細交代給孩子聽：

> 叫一聲我的兒你投胎，
>
> 莫奔堂屋東房裏去，
>
> 那東房裏本住是你祖母二爹娘。
>
> 我的兒你投胎莫奔堂屋西房裏去，
>
> 西房裏本住是你沒出門大姑娘，
>
> 我的兒你投胎莫奔東屋裏去。
>
> 東屋裏本住是寡婦你李大娘。
>
> 我的兒你投胎要奔西屋裏去，
>
> 你的娘我住在西屋緊靠那一北房

爲了怕孩子認錯，她再清楚說明自己房裡的陳設，唯恐稍有不慎，機會盡失：

> 記住啊，頂山靠沿支上你娘象牙床，

> 梳頭桌攔的是爲娘大煙袋。
>
> 　　上攔的是爲娘換腳鞋一雙

唱罷又開始炫耀起自己豐厚的嫁妝、以及家人爲迎接小娃兒所做的準備：

> 出色嫁妝爲娘也都有，
>
> 好一些綾羅緞還有七八皮箱，
>
> 床頭上綠瓷罐子也有七八個。
>
> 那裏頭都盛著酸楂焦紅對沖糖。
>
> 還有那你大姑特爲你購就虎頭帽，
>
> 你大姨特爲你虎頭鞋購有好幾雙。
>
> 你老爹白日黑夜天天跑上海，
>
> 買來了小皮球小鳴哇小皮箱。

7. **畫匠之怒**：這一段與〈王剛畫畫〉類似，同樣是說當小佳人祝禱至此，畫匠老兒因爲禱詞可笑而忍不住失足從梁上跌下，使小佳人誤以爲這就是上天賜下的孩子；急忙上前抱住時卻招來畫匠一頓怒叱，引得一場沒意思之後，小佳人怏怏而歸。

8. **進門**：小佳人返家時在門口向門神祝禱，請求門神放孩兒通行，讓他能順利進入自己房中投胎；卻不小心撞著婆母，惹來一場排揎。

9. **小佳人開飯**：小佳人終於順利懷孕，孕期中常有嘴饞，於是帶出〈十月懷胎〉歌，最後順利產下一子，闔家歡喜。婆母大樂之下，命伙計四方蒐購雞蛋、到各地去送喜蛋報喜並還願。

與〈王剛畫畫〉相較，本歌情節及經過更爲完整；串場的歌詞文藻華麗，呈現出一派大家氣象。最後幸而一舉得子，終於解除了小佳人的心頭大患；從這一點也可以看出舊時代中，婦女能否順利孕育子嗣，其實承受了極大的壓力與心酸。

（三）小貨郎

收錄於連雲港市歌謠〔註481〕，是一場單相思惹來的糊塗笑話。全歌描述一位堪稱爲美少年的小貨郎，迷上了顧客中的某位富家小姐，導致相思成疾；母親卻錯請了一位獸醫來診治，最後被醫生發現他是因爲對美女有非份之想才罹病，忍不住破口大罵貨郎「癩蛤蟆想吃天鵝肉」。

歌謠內容大致可分爲以下段落：

〔註481〕見《連雲港市歌謠集成》，頁 1169。

1. **楔子**：貨郎上場。

    樓門子閃開，把竹簾子放將下來，

    繡樓裏有位小二姐，手拿鋼針描繡花鞋，

    耳聽得樓門外，

    叮鈴叮，當郎當，叮鈴當郎貨郎子來。

2. **介紹貨郎**：是一位打扮入時又稱頭的十八歲男子：

    頭上戴的小金邊的帽子，身上穿的二藍的袍子，

    袍子頂上套的古銅緞背心子，腰間勒的是九股絲套子，

    荷花色的套褲素白裏子，上扣的是蝴蝶子

論起身上的行頭也不馬虎：

    雪白的竹標一燭香的襪子，肩膀上扛的是花妖籃子，

    手指戴的是赤金的戒餾子，膀子上戴的是漢玉的埂子，

    手上掌著貨郎鼓子

3. **相遇**：姑娘派丫環下樓叫住貨郎，要向他購買針線布匹

    前行來到西門裏，驚動樓上小姑娘。

    姑娘這裏開言叫。叫聲丫環小梅香，

    今天要買五色布，你上大街喊貨郎。

4. **開列貨單**：姑娘開出清單，包括日常用品如梳子鏡子；胭脂花粉；現成衣料；針線飾品……等，要貨郎一一揀出。

5. **一見傾心**：姑娘付錢時，貨郎才有機會看清姑娘容貌，登時傾心，

    說什麼吳國裏西施女俊，美貂嬋難比這位女佳人；

    說什麼楊貴妃宮門醉過酒，有一面玉琵琶亞賽個王昭君。

小貨郎一時情迷，連站都站不住：

    貨郎一見魂不在，臘月的蘿蔔花了他的個心，……

    貨郎一見魂不在，咣噹跌倒地埃塵。

6. **相思成疾**：小貨郎回家後相思成疾，母親卻錯請獸醫來治療，荒唐斷出病名，

    一個先生請錯了，把個獸醫先生請進門，

    提著大腿來診脈，屁股盤子下火針，

    你兒病，甚出奇，不是中風就是漏蹄。

還開出一大堆找也找不來的稀世珍藥，擺明想要胡混過自己無法診治的窘況：

> 我要你東海東的靈芝草，西海西的芍藥根。
>
> 南海要的觀音面前瓶中水，北海老龍王要他三根筋，
>
> 山東小棗子要的笆斗大，山西要你萬年的老蔥根。
>
> 寧波府的生薑要四排簍子樣大，
>
> 旗杆粗的燈草要一擔稱一根，
>
> 冰凍燒灰要四兩，曬乾了的雪花要半斤，
>
> 孫大聖猴毛要撕下兩大把，捎帶著豬八戒的下嘴唇，……

7. **大夫怒叱**：（本段前疑有脫漏）醫生發現貨郎的病原來只是出於他自己對富家小姐的癡心妄想，忍不住破口大罵：

> 罵聲貨郎你不算個人，
>
> 癩蛤蟆想吃天鵝肉，烏鴉怎入鳳凰群哪嗯。

故事至此，戛然而止，是為〈小貨郎〉。

（四）楊小姐出嫁

本歌收錄於連雲港市歌謠集成之中〔註482〕。全歌主要在敘述楊氏女玉春臨嫁之前的點點滴滴；內容與〈孃孃教女〉近似，主題都在於教導女子要如何因應婚後的生活。

本歌可分為若干段落：

1. **楔子**：全歌應為為王母娘娘賀壽時所唱的堂戲，以其歌謠一開頭的楔子中唱道：

> 王母蟠桃會八仙，福祿喜神下南天。
>
> 壽星老爺臨壇降，永保長生壽百年。
>
> 金爐中燒寶香香煙彩起，有香煙成花界照滿乾坤。
>
> 高堂上設神壇香火侍奉，有一本十字韻奉請娘娘。

2. **家世與少年時期**：敘述楊玉春幼年在父母的嬌寵中長大，不但知書達禮、也會刺繡女紅。

3. **說媒訂親**：楊玉春十六歲時，媒人上門說親予東庄鄭家（鄭大郎請媒婆前來說合，有媒婆人兩個來到高莊），楊父歡喜應允（說三番和五次員外歡喜，楊員外許下親匹配鄭郎）。到了佳期，鄭家派出鼓樂隊伍熱鬧迎親（九月裏重陽節迎婚嫁娶，鄭大郎領人馬迎娶新娘）。

4. **鄭家迎娶、泰山設宴**：楊父見到東床快婿十分滿意（往前走沒多遠岳

〔註482〕見《連雲港市歌謠集成》，頁1276。

父門到，一連連投三帖報進廳房。老員外一見帖心中歡喜，叫諸親和六眷迎接新郎），設宴款待（勸賢婿飲乾酒居膳餐飯，承你情謝不盡重旗舉章）。

5. **楊玉春拒嫁**：楊玉春以為父親定親時未曾知會自己（我本是二爹娘親生之女，討的兒抱的女也要商量），如今臨到婚期，面對自己一切嫁妝未曾備妥就要出嫁深感恐懼（你要孩兒去梳妝，多少嫁妝未停當），不由得對母親抱怨拒婚（好親娘將鄭家人馬辭去，你的兒年紀小依靠爹娘）。楊母於是百般勸慰，讓楊玉春安心。

6. **延請各路工匠助製嫁妝**：楊母為了不擔誤女兒婚期，派人四處詢請工匠，打造嫁妝及繡品（吃過茶飯收盅盞，安人一旁開了腔。我兒喜期已臨近，請來大家幫幫忙）。總算在迎娶之前完成了所有的準備。

7. **老安人臨嫁教女**：楊母面對女兒的激烈反抗，只得好聲勸慰女兒：只要好好出嫁，日後每逢佳節，母親都會前往鄭家帶女兒出來散心玩耍。不過前題是楊玉春出嫁後要守禮守份、不可做出有辱門風的事（到人家孝公婆丈夫歡喜，你丈夫也孝敬你的爹娘。你到婆家不學好，你被打來罵你娘）。如果不然，楊玉春永遠別再進娘家門（你到他家不學好，大閨女錯腳莫踏我門上）。

8. **楊玉春立志為賢妻**：楊玉春接受婚事，也請母親放心，承諾將會努力調整自己，成為一名好媳婦（老人家我請你寬心來放，你的兒到婆家定學賢良）；也請母親不必操勞，逢年過節，她都會自己打點，不用母親來陪。

9. **老安人臨嫁再教女**：老安人見女兒應允要嫁，再度教導女兒與婆家人的相處之道：

> 我兒早起有三光，每天晚起有三慌。
> 有三光來有三慌，抹桌掃地和燒香。
> 掃地先掃婆房地，莫使灰塵染家堂。
> 端湯先端婆房去，不要先敬丈夫郎。
> 見你大伯低頭走，小姑小叔笑洋洋。
> 莫與小姑淘閒氣，她在家中過不長。
> 小姑小叔讓他強，他是公婆大人養。
> 消閒無事房中坐，莫站大門二門旁。
> 看見生人休答話，避免是非遭禍殃。
> 粗細針線學著做，不要抱布跑滿莊。
> ……

> 　　人常說自古要看家妻房，出門要看郎衣裳。
>
> 　　衣服好來妻室才好，衣服不整妻子也不排場。

　　10. **梳妝打扮**：楊玉春以花為飾，打扮梳妝準備出門。老安人最後以花為喻，教導女兒夫妻相處之間應有的行止。

> 　　我的兒長春花姣生慣養，一時間木梨花離開娘房。
>
> 　　兒只學牡丹花素素扮扮，切莫學石榴花引動夫郎。
>
> 　　香燭花在堂前無人敢採，枕頭花兩頭開莫出香房。
>
> 　　夫妻倆恩愛花香房敘話，切莫像菠菜花亂去彈裂。
>
> 　　恩愛花在房中按時開放，不逢時莫亂開引動夫郎。

　　11. **撒玉米上花轎**：上轎前撒穀米的儀式中，遇到了為難之處：

> 　　老安人比花名把兒勸過，有一把花玉米由兒承當。
>
> 　　楊小姐看玉米心中暗想，自己思自己想自拿主張。
>
> 　　往前一撒婆家好，望後一撒富爹娘。
>
> 　　伶俐不過楊氏女，前後都撒兩沾光。

撒完後終於坐上花轎、前往鄭家。

　　全歌將待嫁女兒面臨婚事時的恐懼及緊張描摹得合乎情理，讓人們能夠體會到新娘在婚前的心境起伏。

（五）胡打算

　　這是一首在徐州地區廣為流傳的歌謠，故事的發生地點在邳州（邳縣舊稱）。全歌六千六百六十三字；通篇以七言型式、押ㄢ韻為之。是蘇北重要的故事長歌之一。

　　故事敘述婦人胡打算，與夫婿木德茂過著寅吃卯糧的日子。一日胡打算在湖邊看到一窩小雞，順手偷了一隻回家飼養；沒想到小雞長成後下了一窩蛋，讓胡氏驚喜之餘，開始盤算要如何運用這一窩蛋：首先以蛋孵雞、等一窩雞都長大之後、再以賣雞的錢買隻小豬來養；當小豬成了大豬、屠殺販賣後再增養小驢；驢大賣錢後，以所得的價金更可以轉置田產。

　　胡氏又盤算著，只要善用地力多元栽植，田地裡的出息可以富家；之後營收足可以起屋造房、享受娛樂；……，甚至要成為地方上的富室名人屆時都不是難事。

　　不想正當胡氏沉迷在自己的富豪白日夢裡滿足得吃吃而笑時，吵醒了睡在身邊的丈夫木茂德。木茂德一氣之下不由分說，把胡氏放在床上的雞蛋全

部打破，登時擊碎了胡氏的富貴夢。胡打算痛苦之際上吊自盡；到了地獄才發現自己陽壽未盡，被判官發回陽間；還陽後仍舊得面對現實，照樣過著艱困的日子。

依故事內容，試將全歌區分為以下段落：

1. **楔子——偷雞**：胡氏本就是個歪攪胡纏的女子，在地方上的評價並不好；丈夫木茂德也是一名無賴，夫妻兩人過著窮困的日子。

> 取個媳婦胡氏女，乳名就叫胡打算。
>
> 命犯桃花不行正，偷生挖熟太不賢。
>
> 男人在外行搶劫，胡氏家中倒貼錢。
>
> 親戚鄰居都不理，窮得少吃又沒穿。

一日胡氏回家途中，看到湖邊一窩小雞，順手偷了一隻回家養。

2. **雞蛋引發胡打算**：偷回來的小雞長大後下了一窩蛋，胡氏看著雞蛋，開始盤算要如何靠這一窩雞蛋發家富戶：

> 這蛋再抱雞一個，一對小雞利更寬。
>
> 來年再把雞來抱，雞多蛋多多賣錢。
>
> 大錢賣到七百五，大小不就犯著難。

3. **進養小豬**：用賣雞蛋的錢轉買小豬回家、順便買豆子磨豆漿作豆腐。豆腐豆漿可以賣錢，豆渣還可以養豬，一舉數得，省錢又有好出息：

> 貓大小豬買兩個，糟糠剩飯餵得歡。
>
> 拾著豆子做生意，豆腐做得白又鮮，
>
> 渣漿餵豬多長肉，豆腐賺錢人吃穿。

4. **賣豬買驢**：驢可以推磨磨麵，又是一項收入；此外驢子日後生下騾子，吃重耐用，可以當作座騎、載著木茂德四處作生意：

> 買頭草驢推麵磨，糧船上來賺大錢。
>
> 草驢又把騾子下，不用一年搭上鞍。
>
> ……
>
> 軟屜硬屜玉花屜，麩料杆草餵的歡。
>
> 鑾鈴一串鞍橋掛，二龍吐須藤子鞭。

5. **協助丈夫打點行頭、外出經商**：銀錢寬裕之後，胡氏盤算著要如何讓丈夫看起來稱頭時興；要如何為丈夫添購行頭、然後讓丈夫騎著騾子去經商：

> 兒夫衣裳多不襯，到了外面惹人嫌。

益美毛寶買幾對，做件衣服身上穿。

……

打扮完畢就要走，騾子遷到大門前。

裕裡裝上錢幾串，預備天晚把飯餐。

行囊裝上被和褥，夜間睡覺好擋寒

6. **趕集作生意**：木茂德牽著家中繁殖出的家禽家畜四處趕集販售，依照時序把蘇北各地重要的集市趕遍。得到的銀錢足夠置田買地：

張王李趙都要買，不如寶家肯出錢。

紋銀賣到二百五，拿到家中置田產。

7. **買田置地，精細計較**：有錢之後可以延請中人仲介田地，不過一分一寸都要精細打算，毫釐不可失差：

多少中人來說地，東坡「西埠」和「南灘」。

「北墩」黑土皆不要，窪下存水似深淵。

田地置到五十畝，接了草契要發錢。

未從坐地先治菜，酬謝中人抬丈竿。

一弓一尺皆要算，釐毫絲乎不須瞞。

成了大契要投稅，石概埋在地界邊。

8. **酬傭擺酒**：購地之後，胡氏打算好好酬謝中人，以便日後再央中人仲介田園。胡氏掌起一派精明持家的派頭，斤斤計較起如何在酒宴中刻扣材料，好能擺出一桌看似豐盛、實則七零八落的席面：

成契要把桌席擺，酒席不必妄花錢。

蘿蔔大蒜拌海蟄，菠菜薑炒豆腐乾。

苔干蝦米多加醋，蔥煎雞蛋四個盤。

木耳香蕈燴母雞，臘月鹹肉不用鹽。

葷湯燴碗蘑菇菜，山藥粉皮留後添。

之後還要茶煙相待

飯罷又把茶來獻，茶盅淡描魚戲蓮。

武彝松羅全不用，磚茶大葉也值錢。

……

火筒煙筐皆全備，火石火刀共火鐮。

麒麟香菸稱上品，青絲蘭花子弟煙。

重要的是，

> 席雖不美要恭敬，好叫中人說田園。
>
> 田地到手多收穫，年年添地增家產。

9. **田地之中廣植果木**：買了田園還得僱請園戶負責打理，「招個園戶把園種，各樣果木要栽全」。胡氏盤算著園內要遍植各式鮮果及經濟作物（簸箕柳條壓幾畝，高地也立毛竹園。要結蓑衣種黃草，種上棉花能擋寒），在「田地雖多莫叫閒」的前題下，再於園中栽種各類菜蔬，以便「天天趕集好賣錢」。

10. **菜園之內依時種瓜**：「各樣瓜兒要多種，瓜地留在菜園南。上好西瓜種幾畝，自吃送人又賣錢。南瓜北瓜好燒菜，冬瓜醬豆裝在罈。絲瓜爛瓜瓜瓢子，絞瓜絲瓜樹上纏。葫蘆瓜秧搭上架，結果歇涼又賣錢。」

11. **六畜興旺、農具齊全**：「農具傢伙件件有，莊稼長得勝從前。車輛牛棋無其數，雞婆鵝鴨鬧聲喧。」

12. **穀米豐收、倉廩充足**：「小麥揚了八百石，大麥揚了八百三，笆斗扒來撮箕使，祅口布袋扛得歡。……拿著簸箕把糠簸，穀糠殼亮惹人嫌。升石斗斛量不盡，家中銀錢聚成山。」

13. **起屋造樓**：有了錢糧，就要起屋造樓了。不過胡氏認為，造樓前要先蓋上瓦窯，一應瓦片磚塊都要由自家燒製，才可省下銀錢。還要預製下不同的瓦當，等著兒孫當官時好替換。

14. **購置擺設**：蓋好房子之後，室內擺設也不可隨便，一定要精緻華麗；室內的娛樂用品也要先備下，就連烹茶的火爐也馬虎不得：

> 閒來無事把棋下，要打骨牌四人看；
>
> 擲骰斗牌非正品，至親好友共笑談。
>
> 要喝茶來也便宜，水火爐子大廳前

15. **賞養百禽**：花園裡要養上各式大小鳥禽，各有不同的賞用途：有用來聽鳥鳴的（畫眉百靈叫得好，鸚鵡八哥學人言）；有用以賞羽豔的（孔雀鴛鴦色五彩，雉雞水翠羽毛鮮）；有用以討吉兆的（喜鵲報喜可人意，黃鸝天絲叫得歡）；有用於狩獵的（無事又把鷹犬放，黃鶯兔乎養幾千）；也有用來展奇現寶的（乎子鵮子紅眼鷙，鴉乎鵬鵰樣樣全）。

16. **蒔花植草**：花園裡要依四季時序栽上各式名花，隨時可供賞玩。

17. **園林內造山挖池**：花園裡除了要有假山池塘，塘中還要養上各式賞玩及食用魚類。

18. **家河產魚**：家裡備下各種網罟，供人隨時在家河中捕魚取樂：

> 有客不把池魚取，河中又有打漁船。
>
> 罟網霸網共鰲網，竹箸鉤浮與釣竿。
>
> 湖水下去籠河鱯，河水長流張大采。
>
> 無力無才使端網，懶漢拿魚使罶搬。
>
> 深水有魚使網撒，罶罩罶罶也要全。

19. **飲食精細、美饌不斷**：「山珍海味家中有，飲酒有肴用小鮮……兔腦羊腰全不用，俗菜腥膳惹人嫌。……糖糕蒸酥與面果，不用上集樣樣全。饊子饅頭與蒸卷，早改晚換吃不全。粉糕糖包肉餡餃，扁食餛飩揀口餐。」

20. **廚下用心、處處省錢**：「丫頭媽媽裡外跑，刷鍋洗碗不得閒。缸破又請扒鍋匠，竹篾竹箍也延年。硾磨不動也吃飯，焦炭爐子不淌煙。木炭爐子好烤火，省下柴草好賣錢。」

21. **積財有餘、放養牲畜**：「居家謹守全用鎖，鑰匙繫在腰帶間。……家中地窄無處放，牲口多了惹人嫌。駱馬湖裡把豬放，羊群趕上廟佛山，費盡心血把家治，而今田地上了千。」

22. **享受人生，快意裝扮**：忙了這麼一番，終於打理出花團一般的家業，到了那時，胡氏就可以放心地享受人生了。不但要抽最好的煙（掃帚掃地堂前淨，我可歇歇吃袋煙。鴉片洋煙不可用，鄉間用的是旱煙；……旱煙水煙也要用，玉萍銀盆在面前。吃袋煙來把乏解，喝杯香茶潤心田），一應用具也都是最精最美的；至於平日裡的打扮，四時衣物件件訂做，各式皮料也不能缺：

> 紫貂外套洋貂襖，灰鼠海留藏獺全；
>
> 團花斷面也可觀，虎紋面子花洋藍。
>
> 獅子馬褂黑羔皮，二毛剪刀也擋寒。
>
> 北京皮帽杭州帽，氈襪棉鞋腳上穿。
>
> 粗皮皮襖家常用，留著美衣好會官。

23. **教子嫁女**：此時兒女也應長成，該延師開館時，就為兒子請先生，並備下最好的文房四寶伺候（閨女打發出了嫁，兒子學中念詩篇。湖筆徽墨端川硯，筆架筆筒共仿圍）；至於女兒則是打製最好的嫁妝、風光大嫁。

24. **風光省親**：有了錢與勢，就該回娘家接濟兄弟家親了。胡氏打算備下娘家所有人等的禮物，從大到小，一應俱全，屆時以船隻車馬裝載，風光地

回娘家省親：

> 一心要把娘家走，車拉東西船裝錢。
>
> 大車套上七八輛，銀錢裝上七八船。
>
> 幾車拉的大小米，幾車拉的雪白麵。
>
> 風雞風鴨并火腿，鹹魚鹹肉不用鹽。
>
> 江玉果子買幾擔，濟寧州的上好煙。
>
> 紅糖洋糖多多買，冰糖也裝四五船；
>
> 甘蔗荸芥也要買，碟器碗盤裝一船；

25. **厚葬先人、名人襄贊**：有錢之後，胡氏打算風光大葬原本無錢辦理後事的公婆。此時可以請來各方名人，襄贊一應殯儀大事。如此熱鬧地風光大葬，一定會引來人群四處圍觀。到時候還要記得讓廚房隨時擺下流水席，讓來吊孝及工作的人都能飽餐而歸。還要延請高僧念誦經懺，爲先人祈祝冥福。

26. **經商入仕，光宗耀祖**：一旦人生到了這個地步，闔家大小已是富不可言了。到時候四處都有木家的店面、子婿也會在朝中爲官，出門時前後儀仗聲勢驚人，稱得上是光宗耀祖、福祿雙全了（八抬大轎當中走，多少官員來拜參。宅子蓋上狀元府，門前豎起大旗杆）。到了那時，胡氏與丈夫可就要「老子喜得拍打腔，他娘喜得光吃煙，老爺喜得呼呼喘，胡氏喜得身發酸。」

27. **得意忘形、富貴夢碎**：胡氏沉浸美夢之中，卻沒發現自己「越說越講越高興，被單蹬去大半邊」，這下子惹來丈夫不悅，「德茂氣得紅了臉，大罵胡氏太不閒」，「因爲雞蛋搭上被，哪賤哪貴哪值錢」！木茂德一氣之下，「越說越想越生氣，一拳打倒地平川。抬起火棍把蛋打，黃子淌了一大灘」。

28. **美夢落空，尋短自盡**：「胡氏一見咧了嘴，扭著鼻子喊黃天。哭著她又心暗想，薄命女子是紅顏。越說越想越氣腦，拿條麻繩把樑懸」。

29. **陽壽未盡、發還陽間**：來到了陰曹地府，胡氏看遍了各種刑罰，這才發現自己眞的是一時淘氣，錯失性命。所幸：「判官展開生死簿，胡氏陽壽還有年。牛頭馬面往前走，叫聲胡氏且聽言：送你家去回陽轉，莫要富貴疑心間。」

30. **眾鬼搶親、偷空還陽**：沒想到正要回陽間的路上，胡氏竟引來眾鬼的覬覦，要把她強來爲妻，長留陰間。正當眾鬼打成一片時，胡氏趁亂逃跑，好不容易終於回到了陽間。

31. **結語**：「才知妄想終無益，仍然不免受饑寒。聽天由命是正理。痴心妄想實枉然」；如此一場白日夢，「留於後人做笑談」。

（六）房四姐

此歌見於連雲港市歌謠〔註483〕。

故事敘述河南地方的房四姐，因為父母貪圖彩禮，使她在婚後遭到婆家凌虐。房四娘一忍再忍、接受夫家一切的惡待。不過最後在小姑誣陷、婆母毒打之下，房四姐還是一身傷痕累累地上吊自盡。

房四姐下葬後，因為陪葬豐厚，早已引來賊人覬覦，葬後數日，當盜墓賊撬開房四姐的棺木時，意外撞脫了卡住房四姐氣管的黏痰，使她還陽復活；也嚇跑了盜墓賊。爬出墳後的她悄悄回到婆家找出丈夫，兩人再見，恍如隔世；於是攜手連夜逃離婆家，發誓今生再不回還。此後房四姐刻苦度日、丈夫于克久用功苦讀，終於得到狀元頭銜；房四姐的賢良美名也從此傳開。

全歌總計九千五百零二字，是一篇極長的故事歌。原歌分為十二個單元，每一個單元都有子標題，將房四姐一生的遭遇清楚陳敘，簡單明瞭。其十二個子標分別是：一、巧姑；二、提親；三、出嫁；四、成親；五、磨難；六、回娘家；七、遭禍；八、薄命；九、凶信；十、鬥邪；十一、哀怨；十二、重逢。

這首長篇故事歌與前述的故事歌最大不同在於，歌中以對話的方式表現出每個角色不同的性格；尤其是房四姐的柔順及丈夫于克久的懦弱最明顯；此外，就算是歌中配角，歌謠也能在三言兩語之間傳神地摹擬出其心境神態，令人印象深刻。

以媒婆為例，當房家的人大肆開列聘禮清單、無所顧忌時，媒婆與房家大嫂是這麼說的：

> 她個嫂子轉過來：
> 「叫聲媒婆你聽真，
> 俺妹妹不使花絨線喲連哩羅，癩蛤蟆眉毛要九根。
> 俺妹妹不穿綾羅緞，蜻蜓的翅膀做羅裙。
> 俺妹妹不吃肥豬肉喲連哩羅，蚊子的肝腑要半斤。
> 俺妹妹不搽好官粉，曬乾的雪花要半斤，

〔註483〕見《連雲港市歌謠集成》，頁1228。

俺妹妹不點好胭脂喲連哩羅，螞蟻殺血要兩盆。

兩家相隔十五里，紅氈鋪地三尺深。

一步一棵搖錢樹喲連哩羅，一步一個聚寶盆。

上床扶著月光樹，下床踩著聚寶盆。

步步都把金磚踏喲連哩羅，金磚一塊要五斤。」

沒想到媒婆不但不發愁、不勸說，反而應承如舊：

老媒婆嘴會說，未曾開口笑哈哈：

「這些東西人家有喲連哩羅，這些東西能買著。」

聽聞媒婆如此應承，房家大嫂索性故意為難起媒婆來：

她嫂子笑盈盈，輕聲慢語又開聲：

「有了這些還不算喲連哩羅，不應個條件不成親。

八大金鋼來抬轎，九條仙女來迎親。

金童玉女抱的斗喲連哩羅，王母道喜上俺門。」

如此刻意作做，本是要媒婆誠意相對，不想媒婆如是回應：

老媒婆笑連聲，點頭答應：「行、行、行！

于家後門通天上喲連哩羅，

神仙府上也沾親。」

蘇北俗話說：「會說的兩頭瞞，不會說的兩頭傳」，老媒婆一張嘴，死的都能說回還。也因為如此，彩禮一事就為房四姐日後的苦難埋下了導火線。

　　其實房四姐自己也對於娘家的貪求財禮感到擔心，上轎之前她抱著母親，哭道：「勸聲親娘別哭吧喲連哩羅，你使禮錢俺受煎熬」，預言了日後的磨難。果不其然，房四姐一嫁到于家第二天，婆婆就這麼罵著：「你娘家使俺的禮錢多！進門就是于家人，叫你咋著就咋著。要是與我來違拗喲連哩羅，一打二罵莫怨我！」

　　從此之後，房四姐在于家受盡排揎與折磨，對於這些痛苦，房四姐也忍不住抱怨：「拿起扁擔罵媒人，拎起磨棍把爹娘怨。得了錢財得酒飯喲連哩羅，俺苦海何時才是邊」。

　　歌中還有一個特別的情節，是房四姐的大嫂助她完成婆家要求的過程。

　　在〈回娘家〉一節中，老于婆眼見房家大哥來接房四娘回娘家省親，竟當著房家大哥的面，開出這樣的條件：

你早上去晚上來

> 七雙襪子八雙鞋。
>
> 做完這些兩拉倒喲連哩羅，
>
> 做不出針線就鞭子排

此外公公、小姑姪女、大哥大嫂、甚至是家中的廚房下人、雜工伙計都來要求房四姐要為他們辦置物品，一時之間，絕望的房四姐幾乎是用逃的奔回娘家。不過眼看著這些物品沒辦齊全、再回夫家時免不了又要受到一場打罵，房家大嫂於是回到房中取出信香悄悄施法，「拔下金釵關住太陽。一關太陽兩月整，二關太陽六十天」，然後趁機讓房四姐在娘家好好休息、自己則與家中女眷全力趕製于家開出的要求，以幫助小姑不再受苦。

〈房四姐〉故事雖然是以順序的方式進行，但是歌中卻善於製造橋段，使閱聽人處於「欲之後事如何、且待下回分解」的懸念之中，最明顯的還是房四姐遭禍的過程：當房四姐從娘家帶回趕製好的鞋襪衣物時，于家的惡小姑站在門口張望，並故意把其中一隻繡花鞋藏在豬食缸裡，害房四姐被婆母毒打一頓、事後更因此輕生。直到房家大嫂聽聞小姑被婆家虐待尋短、氣沖沖帶著人群衝到于家尋仇時，首先打砸了那隻門口的豬食缸，卻見一隻花鞋從中流出。如此一來，房家人不用逼問也能想像得到房四姐是為何而死，也終於讓房四姐所受到的不白之冤得以昭雪。

這樁重大的冤屈跨越了〈遭禍〉、〈薄命〉、〈凶信〉三節，直到〈鬥邪〉才得以真相大白，不但讓所有關心房四姐悲慘命運的人感到鬆一口氣，也使人不斷期待著故事的發展，從而提高了故事的懸疑度及娛樂性。

這首歌謠的情節豐富、敘說明快，字數雖多，卻處處引人注意；不像其他故事歌耗用大量篇幅與文藻，在對於物品的誇張描述與形容上，令人易生厭煩。〈房四姐〉大量以對話方式表現人物性格與動作，同時也交代著故事的進展。這些特色一方面緊緊抓住閱聽人的注意力，另一方面也使歌謠節奏簡單俐落，更突顯出蘇北歌謠常有的爽俐風格。是一首極具代表性的蘇北故事長歌。

綜觀蘇北地方的傳說故事歌，雖然長短各異、型式不一；但是整體而言，這些歌謠具有以下共通的特點：

1. **擅於以擬人法表達故事**：蘇北故事歌中，大量使用花卉、菜蔬、動物、昆蟲等等生物，以擬人法的方式傳達出故事內容。至於應用的方式與狀態，

或藉名發揮（如〈百花爭鬪〉中，「罌粟花帶著麥花、稻花、豆花、發花、黍稷花，一眾花友前去摧糧」）；或以外形決定（如〈蜻蜓搶親〉中，爲了要搶回被帶走的新娘，「螳螂拿來兩把鋸，蠍子拖出獨齒耙」；〈水漫金山〉中水族們整軍備戰，要爲白蛇討回公道：「崴蚌精好似一隊銅牌手，蝦蝦精手使長槍一片明。」）。也有以聲音爲準，（如〈百草蟲吊孝〉中，「『山草驢』，來得晚，噢噢喇叫放悲聲」）；或以特徵取勝：（〈茱園大戰〉中，「攪瓜掉進熱水鍋，燙出滿肚黃絲繩」）。這些不勝枚舉的例子，凸顯出蘇北百姓豐富的創造力與生命力，造就了鮮活有趣的民間文化。

2. **型式整齊、幽默輕快**：蘇北故事歌另一項重要的特色，是型式整齊、語調輕快。多數的故事歌，使用七言或十言的句型表達，如〈百草蟲釣孝〉、〈楊小姐出嫁〉、〈胡打算〉、〈胡迪留詩〉、〈王剛畫畫〉……等。即使是十言歌，也應用正、反十字韻的變化，使歌句流暢、節奏明快。或如〈房四姐〉，以「蓮花落」歌調一曲唱到終，型式整齊，易於傳唱。至於歷史傳說歌謠，更是將大量的歷史人物與事件凝鍊在固定的型式之中，形成千變萬化的豐富內容，令人目不暇給。

3. **敘事清楚，結構完整**：如前文中的逐篇分析，蘇北故事歌具有完整的故事結構與情節，起承轉合，樣樣不缺。故事內容合情合理，容易使人接受。無論是夢想著發家富戶的〈胡打算〉，還是從訂婚起就埋下禍端的〈房四姐〉；或者是〈百草蟲吊孝〉中依時生死、照章辦事的昆蟲們，甚至是從小到大、從頭黑到尾的〈一窩黑〉，……這些故事歌都有著流暢的情節轉換，讓閱聽人隨著故事的發展不斷前進。

4. **用字精準，語音俐落**：蘇北傳說故事歌在語言文字上的另一項特色，就是展現了蘇北方言獨有的俐落與爽快，無論是歷史故事歌中的「十杯酒」系列、故事歌中的〈喬媽媽罵貓〉、或是〈一窩黑〉，這些蘇北的傳說故事歌，只要套用方言朗讀，立刻會顯現出道地的原汁原味，表現出蘇北語音裡獨有的俐落韻味，字字珠璣、鏗鏘有力。如以「大珠小珠落玉盤」來形容蘇北故事歌徒歌時的音響效果，則毫不爲過。此外，蘇北歌謠中同時大量使用地方方言，利用了獨有的用法與讀音，極爲傳神地表現出歌謠裡所要傳達的意涵。

5. **大量反映出清末民初時期的社會風俗與民情**：從歌謠的內容中，不難發現多數的歌謠產生於清末民初。無論食衣住行、或是吉凶慶吊、乃至於廟會趕集，……一切民間生活、信仰、習俗、生計等等活動及資訊，都在故事

歌中完整呈現，使人能對當時的民間風情有著清楚完整的認識。

6. **情節豐富、娛樂性高**：無論故事歌的篇幅長短，精彩的情節都能透過精準凝鍊的文字，傳達出豐富的情節與意涵。短篇故事歌如〈捨梨〉；長篇故事歌如〈房四姐〉、〈胡打算〉，無一拖泥帶水；情節或是曲折懸奇、或是急轉直下，戛然而止，在在都表現出故事發展的不落俗套、精彩可期，不但吸引了閱聽人的注意力，以增加了不少的娛樂效果，令人回味再三。

7. **寓教於樂、注重教化功能**：蘇北傳說故事歌中，用以陳述孝道的歌謠就有〈吃黃梨〉、〈袁小拖笆〉、〈糊塗官斷案〉、〈檀香哭瓜〉、〈朱溫殺母〉；如果把「不孝有三、無後為大」的觀念也視為是孝道的延伸，那麼〈王剛畫畫〉及〈扣子〉也都能入列。

此外，教導時人注重倫理、端正德性的，則有〈捨梨〉、〈賭錢鬼〉、〈楊小姐出嫁〉等歌謠。至於〈百草蟲吊孝〉與〈蜻蜓搶親〉等歌謠，雖是擬人化的內容，卻藉以教導相關的殯葬禮俗，與善惡報應觀念，與〈胡迪留詩〉、〈胡打算〉等歌同樣具有社會教化的意義及功能存在。

故事歌如此，歷史傳說歌亦然：無論是孝子忠臣、文官武將，甚至是烈女節婦，只要德行高超，都會在歌謠中被一再傳唱，徒歌不輟，除了彰顯他們高貴的情操，也在朗朗上口間達到了社會教育的效果。

8. **想像豐富、描繪細膩**：蘇北故事歌中，對於物品的描繪極其細膩，令人一聽之下，如在目前。例如〈水漫金山〉中，白蛇號令水族擺陣對峙的橋段，不但借助方位、同時配合五行、顏色，最後套上符合條件的水族動物為將帥，負責領兵進攻。這些安排結合固有的經驗與知識，詳細描繪出戰場上的情狀。再例如〈房四姐〉及〈胡打算〉、〈小貨郎〉……等歌謠中，對於嫁妝及日用什貨的精細描摹，無論是花草、紋飾、顏色、材質……，都以豐富的想像力配合精準的文字細膩說明，使人如見其情、如聞其聲。

9. **幽默風趣、直率坦然**：蘇北的故事歌有一項很重要的特色，就是保有著蘇北民間一貫的獷直與喜感；即便在最悲情的內容裡，也找得到一絲令人搖頭卻又哭笑不得的黑色幽默；就更甭提那些熱烈烈的大戰中，一針見血的嘲諷與針砭了。這種特質反映出蘇北民間長期以來，在天災人禍的磨礪之下，已經學會如何坦然面對人生與世情，並且樂觀風趣地創造生命。

是為蘇北傳說故事歌。

第陸章　蘇北歌謠分類與探討（三）

本章上承肆、伍兩章，繼續介紹蘇北歌謠中的雜歌及兒歌。

第一節　雜　歌

　　蘇北歌謠中的雜歌，主要在於描述日常生活中的各種層面：包括氣候變化、地理環境、人文景觀、民俗特色等。看似品類繁多，實則亂中有序。經耙梳整理，本文將雜歌分為「水土風候」、「傳說軼事」及「人文景觀」等三類歌謠，並於後文中介紹。

一、水土風候歌

　　蘇北的水土風候歌，主要內容在於呈現蘇北地區的地理氣候特色與變化。

　　蘇北地處於溫帶大陸性季風氣候區，一年四季景觀變化分明，百姓以景入歌，使人可以從歌謠中了解蘇北氣候的遞嬗與特色。此外，蘇北地理雖以平原為主；但仍有少部分地區的地理條件特殊，這些情況也在歌謠中述及。本單元因此將「水土風候歌」再細分為「季節氣候歌」、「地景風物歌」，以便於介紹說明。

（一）季節氣候歌

　　正如睢寧縣〈四季歌〔註1〕〉所唱的：「正二三月桃花紅，四五六月火炎

─────────────────
〔註1〕見《睢寧縣歌謠集成》，頁188。

生；七八九月金風起，十一二月水成冰」，蘇北的氣候變化明顯，全年四季分明，這些改變在歌謠裡也都看得見，以銅山縣的〈唱十二月〔註2〕〉爲例：

> 正月迎春花兒笑，二月花開顯碧桃。
>
> 三月燕穿池塘柳，四月櫻桃掛滿條。
>
> 五月石榴紅似火，六月荷花水上漂。
>
> 七月蟬聲報秋到，八月鴻雁雲外遙。
>
> 九月菊花重陽站，十月寒衣墓前繞，
>
> 十一月雪馬攔天道，十二月行人踏冰橋。

還有〈十二月小調〔註3〕〉、〈二十四節氣歌〔註4〕〉、〈八過歌〔註5〕〉……等，也都是側寫蘇北地方依季節景物遞嬗改變的歌謠。另外，蘇北也針對氣候上不同的徵兆及其代表的意義入歌，以傳遞相關的生活常識。如新沂縣的〈十二月雷〉與〈十二月霧〉，就分別唱出每個月的雷或霧所代來的意義，足以作爲日常生活中對氣候狀況變化的重要參考。如〈十二月雷〔註6〕〉，歌中就唱道：「……二月雷，蛇使攤木堆（指驚蟄使爬蟲類結束冬眠）；三月雷，稀麥變厚麥（春雷帶來雨水，此時麥子成長正需要充足的水份）；四月雷，蠶姑倒了楣（潮濕會使蠶死亡、亦無法順利結繭）；五月雷，麥粒霉；六月雷，水裡魚成堆；七月雷，放牧人歡睡。八月雷，秋收有阻隔。九月雷，就怕存糧霉。十月雷，爛草聚成堆，十一月雷，雨裡加上白。十二月雷，棉被蓋麥睡。閏年閏月雷，年晚再打雷。國號必換出奸賊」等狀況，用以提醒並預告世人注意。

至於〈十二月霧〔註7〕〉也具有同樣的效果：「正月霧，梨花苦果、無子不相顧；二月霧，蘭花苦無訴；三月霧，桃花投滿樹；四月霧，採桑有苦處；五月霧，農夫有憂慮；六月霧，塘內藕魚富；七月霧，菱角豐滿庫；八月霧，桂花無香味；九月霧，同似春氣度。十月霧，同似春氣度。十一月霧，樹上白凌珠。臘月霧，緊襯梅花樹」。

我國民間有所謂的九九消寒圖，是以填色的方式，將「亭前垂柳珍重待

〔註2〕 見《銅山縣歌謠集成》，頁262。
〔註3〕 見《銅山縣歌謠集成》，頁304。
〔註4〕 見《徐州市歌謠集成》，頁114。
〔註5〕 見《徐州市歌謠集成》，頁114。
〔註6〕 見《新沂縣歌謠集成》，頁207。
〔註7〕 同上註。

春風」九個九劃的字，每天塗滿一筆，每九天完成一個字，待到九九八十一天之後，九字塗滿、春回大地。以此作爲打發寒日的消遣活動；至於全國各地皆可見的〈數九歌〉在蘇北也可見到，如海州地區唱著〈數九歌〔註8〕〉，描述從初冬、隆冬到殘冬的氣候變化狀況，藉由歌謠一代代傳遞著關於冬季的常識：

> 一九二九難出手；
>
> 三九四九冰上走；
>
> 五九六九，河邊插柳；
>
> 七九凍河開，八九燕子來；
>
> 九九加一九，耕牛滿地走。

徐州地區也有〈冬九九歌〔註9〕〉，不過由於徐州地區的春季氣溫回升時間略早於海州及北方的冀魯地區，因此在六九以後的內容上與週邊地區有所不同：

> ……
>
> 七九六十三，路上行人把衣單；（換穿春衣）
>
> 八九七十二，貓狗尋陰地；（找陰涼地乘涼）
>
> 九九八十一，家裡做飯地裡吃。

從歌裡可以看出，當其他地區還在九九消寒中等待春季來臨時，徐州氣溫早已回升到了可以在地裡（農田中或戶外）享受陽光了。這是民謠所反映出的實際民生狀況，因地而異，各處不同。

徐州在〈冬九九歌〉以外，還有〈夏九九歌〔註10〕〉，雖然流傳的情況不及〈冬九九歌〉普遍，但是也足以反映夏季的變化：

> 一九至二九，扇子不離手。
>
> 三九二十七，冰水甜如蜜。
>
> 四九三十六，市上牛羊臭。
>
> 五九四十五，樹頭秋葉舞。
>
> 六九五十四，乘涼不入寺；
>
> 七九六十三，上床尋被單；

〔註8〕見頁245。

〔註9〕見姚克明、沈瑞等編：《徐州民間諺語集成》，（江蘇‧江蘇文藝出版社，1991年12月），頁170。

〔註10〕見《徐州民間諺語集成》，頁171。

八九七十二，被單換夾被；

九九八十一，家家打炭墼〔註11〕。

除了可以數數兒唱出氣候的變化，星象的改變也可以用來觀察季節的轉換。如〈三星歌〔註12〕〉中，就以三星〔註13〕的變化，提醒人們氣候的轉變：

三星夜晚出，凍得小孩哭，

三星夜晚響，小麥騰騰長；

三星夜晚落，睡覺不蓋腳。

氣候變化對物產的影響極大。在連雲港地區，因為季節變化，所捕獲的魚種也各各不同，因此出現〈吃魚謠〔註14〕〉這樣的民歌，將季節變化與民生食品密切連結在一起：

正月沙光賽羊湯，

二月鯔魚不平常。

三月大蟹頂殼黃，

四月對蝦肉嫩肥，

五月墨魚鮮又脆，

六月鰻灘秋鯽勾。

十月帶魚油滿口。

加吉魚頭，馬交魚尾，

鱸魚肚皮，享享魚嘴〔註15〕

這些與季節氣候相關的歌謠，將對於季節的知識以歌謠的形式一代代傳遞下來，易記易唱，成為最實用的生活教材。

（二）地景風物歌

季節氣候有歌、地景風物也有歌。蘇北的地理景觀雖以平原為主，但仍有部分地區的地形有些許不同。透過歌謠，我們可以認識到蘇北地方在百姓眼中的真實風貌。如連雲港地區的孫家山，該地地勢崎嶇不平、行走不易，

〔註11〕用炭末和泥土搗緊所製成的塊狀燃料，可用來燃燒取暖。

〔註12〕見《海州童謠》，頁246。

〔註13〕三星，即「參星」，也就是獵戶座腰間的三顆星，古代也被稱為「參宿」。

〔註14〕見《中國民間歌謠集成・江蘇卷》，頁400。

〔註15〕沙光、鯔魚、蟹、墨魚、鰻、鯽、帶魚、吉魚、馬交、鱸、享享……等，以上皆為魚名，有學名；亦有俗名。

於是連雲港有歌如下：

> 一到孫家山，雙腿就打顫。
>
> 道路彎又陡，行人把眼翻〔註16〕。

至於連雲港市區在三〇年代前後，則是表面繁華、實際上破敗不堪：

> 連雲港，好威風，
>
> 三條馬路幾盞燈，
>
> 洗澡堂裡臭烘烘，戲院頂上有個大窟窿〔註17〕！

徐州市裡銅山縣的漢王鄉本是山區，鄉內羊腸小徑崎嶇不平，因此出現俚俗卻眞實的〈漢王道〔註18〕〉一歌，以形容該處的行路難：

> 漢王道，羊腸道，
>
> 彎彎曲曲牛尿尿，
>
> 乾如狼牙濕如鰾（膠質物），
>
> 不乾不溼甩不掉。
>
>
> 漢王道，盤山道，
>
> 高高低低來回繞。
>
> 上山去汗如瓢潑，
>
> 下山來一蹓小跑。

蘇北還有一處特殊的地理景觀，就是位於邳州的八（義）集鎮。該地以風沙狂暴聞名。早期世居此地的百姓由於遍地滾滾黃沙、水源不豐，生活普遍困苦；不過據地方人士表示，直到今日，當地的生活品質依然落後，是出了名的窮鄉。此地風沙究竟有多大呢？歌謠裡作如是解：

> 微風三尺沙，黃土埋莊稼。
>
> 老頭活到八十八，吃的黃土能埋他〔註19〕。

在這樣的環境中，即使是「蛤蟆尿尿」都能「變成河〔註20〕」，可見其乾荒之甚。如此「風沙不把人情留，打罷麥穗打穀頭〔註21〕」的生活環境，逼

〔註16〕見《連雲港市歌謠集成》〈港口歌謠4〉，頁1036。
〔註17〕見《連雲港市歌謠集成》〈港口歌謠5〉，頁1036。
〔註18〕見《銅山縣歌謠集成》，頁307。
〔註19〕見《徐州市歌謠集成》〈沙荒民歌1〉，頁293。
〔註20〕見《徐州市歌謠集成》〈沙荒民歌2〉，頁293。
〔註21〕見《徐州市歌謠集成》〈沙荒民歌3〉，頁293。

得此地僅能以耐旱的紅芋爲作物，成天裡吃的是「紅芋飯、紅芋饃，離了紅芋不能活〔註22〕」；地方上「哥嫂逃荒鄆城去，爹娘吊死在梁頭〔註23〕」已非罕事，也難怪蘇北傳唱著「有女不嫁泡沙窩，茅草荒裡受折磨〔註24〕」的歌謠，令人從中深刻感受到此地百姓的生活不易。

在蘇北的季節氣候歌中，實際反映出地方上的氣候變化特色，也影響著地景及農業發展的時序，其中所蘊藏的生活智慧及眞實民情，足以作爲認識蘇北的眾多面相之一。

二、傳說軼事歌

雜歌中的傳說軼事歌不同於傳說故事歌，主要原因在於內容及形式上的差異。就內容來看，雜歌中的傳說軼事歌，反應了蘇北百姓的觀察力與想像力；形式上則以問答歌爲主。蘇北地方流行以〈小放牛〉歌調相互應唱，一問一答，並藉此呈現出地方特色。此外，與各地古跡相關的歌謠，反映出地方上的地景傳說與特色，也是瞭解蘇北古今的途徑之一。

（一）趣味問答歌

蘇北最常見的趣味問答歌，大多是以〈小放牛〉歌調所演唱。

據《海州民俗志》記載〔註25〕，「小放牛」與「秧歌」，是三〇年代風行於蘇北地區的民間娛樂活動。每逢春節或特殊慶典（如抗日期間國軍有所斬獲、或當日軍投降時），群眾會自發地上街頭跳起秧歌，以爲慶祝。「小放牛」是由男女兩人扮爲牧童與童女，男子手持牧鞭與短笛、頭紮一支朝天小辮；女子手提花籃走路。二人狹路相逢時，開始邊逗邊唱、相互應答的趣味活動。與「走花船」、「跑旱船」等活動一樣，都是在大庭廣眾之下表演的節目之一，具有高度的娛樂性，能爲眾人帶來一波波的歡笑。「小放牛」有其固定的歌調，茲轉錄簡譜配合銅山縣何橋鄉蔣均亮老師所唱的部分歌詞如下：

〔註22〕見《徐州市歌謠集成》〈沙荒民歌 6〉，頁 294。
〔註23〕見《徐州市歌謠集成》〈沙荒民歌 3〉，頁 293。
〔註24〕見《徐州市歌謠集成》〈沙荒民歌 5〉，頁 294。
〔註25〕參見《海州民俗志》「秧歌舞和小放牛」條，頁 354。

4) 　　　　　　　　　　小　放　牛

$$5\ 3\ 5\ 0\ |\ 1\ 6\ 5\ |\ 3\cdot\underset{\frown}{5}\ \underset{\frown}{6}\ 1\ |\ 5\ 3\ 2\ |\ 5\ 3\ 5\ 3\ 2\ 5\ 3\ 2\ |\ 1\cdot\underset{\frown}{2}\ 1\ 6\ \underset{\frown}{5}\ |\ 5\ -\ |$$

趙　州　橋　是　什　麼　人　修　，玉　石　(的)　欄　杆　是　　什　麼　人　留
趙　州　橋　是　魯　班　修　，玉　石　(的)　欄　杆　是　　聖　　人　　留。

$$1\ 6\ 1\ 0\ |\ 1\ 6\ 5\ |\ 6\cdot\underset{\frown}{5}\ \underset{\frown}{6}\ 1\ |\ 5\ 3\ 2\ |\ 5\ 3\ 5\ 3\cdot 5\ 3\ 2\ |\ 1\cdot\underset{\frown}{2}\ 3\ 5\ 2\ 1\ 6\ 1\ |\ 5\ -\ :||$$

什　麼　人　，(在　那)　橋　頭　站　？　什　麼　人　推　車　軋　道　溝　？依　呀　嗨
關　二　爺　騎　馬　橋　頭　站　，　柴　王　推　車　軋　道　溝　，依　呀　嗨

　　類似的徐海地區都可見到，內容大同小異，不外乎是將各類傳說或相關常識匯集而成，以銅山縣的歌詞為例：「什麼鳥穿青又穿白，什麼鳥身穿一錠墨？什麼鳥身穿十樣景，什麼鳥身穿綠羅色，依呀嗨？／喜鵲兒穿青又穿白，烏鴉兒身穿一錠墨。金雞兒穿的十樣景，小鸚哥穿的綠羅色，依呀嗨。」

　　常見的問題還包括了「天上的梭羅是什麼人栽？地上的黃河是什麼人開？什麼人鎮守三關口，什麼人出家一去沒回來？」這些問題中的答案，主要以常識與傳說織構而成，其中膾炙人口的片段甚至成為百姓們隨口吟唱的生活調劑之一。

　　除了「小放牛」以外，「牛郎織女」或是「小倆口」也都是這類娛樂活動不同的表演方式，這些題材的內容五花八門、無一不可入歌。短者如徐州市的〈天上銀河隔織女〔註26〕〉，以八句七言歌唱著：「什麼彎彎似個弓？什麼東西似火紅？什麼河水隔男女？什麼東西亮晶晶？月兒彎彎似個弓，日照晚霞火樣紅。天上銀河隔織女，天上星星亮晶晶」之類的問題；至於銅山縣的〈小倆口爭燈〉則以小夫妻倆的鬥嘴掀起一篇中長篇的問答歌，是蘇北類似歌謠中最具規模的一則。

　　〈小倆口爭燈〔註27〕〉是一場小書生與妻子晚飯後，因為爭論誰佔用了桌上光源而引起的一場機智問答大賽。歌中書生因為被妻子奚落而憤憤不平，索性提出一連串的問題想要考倒妻子；沒想到妻子一一解出不說，還在最後一題「先有的女先有的男？」問題上回答得令書生無話可說，使書生訕訕無語〔註28〕；最後在妻子的主動示好下，小倆口「床頭吵、床尾和」，結束了所謂的「爭燈段」。

〔註26〕見《徐州市歌謠集成》，頁192。
〔註27〕見《銅山縣歌謠集成》，頁157。
〔註28〕妻子回答：「沒有女來就沒有男，男孩都得女孩家添」，使書生無話可說。

歌中最精彩之處，當推一連串涵括天文地理、人文風景的問題，除了小放牛中常見的問題之外，還有如「什麼上山吱呀呀，什麼下山亂點頭？什麼上山一條線？什麼下山滾繡球？」、「什麼有頭沒有眼？什麼有眼沒有頭？什麼有腿家裡坐？什麼無腿逛九州？」、「天上銀河幾道灣？幾道窄來幾道寬？幾道有水幾道乾？幾道灣裡什麼來打唄？……」等等具有猜謎意味的有趣問題，充滿娛樂性與益智性，令人回味再三。

〈小倆口爭燈〉同樣以小放牛歌調唱出，內容千變萬化，隨歌者自行編排，趣味性十足。

（二）地方傳說歌

蘇北地區歷史悠久，各地都流傳著具有地方特色的地景傳說。這些傳說以歌謠的方式吟唱流播，突顯出地方的特色與風采。包括徐州市的〈花船對歌〉、〈彭城古跡歌〉以及邳縣的〈古邳城〉、〈占城歌〉，還有連雲港市的〈說海州〉……等，都屬於地方傳說歌謠。以下將逐篇蘇北歌謠中的古城風韻。

1、花船對歌

船夫老漢問：

何處倒有一神州？神州裡頭出石頭。

一塊石頭幾個眼？幾個眼裡出水火？

幾個眼裡出鐵牛？什麼人放何人收？

何人打個鐵籠頭？鐵牛哪裡去喝水？

撞倒何人百間樓？何人一見心生氣？

拿起枴杖打鐵牛？誰人凌霄去奏本？

何人准了他的本？差了何人逮鐵牛？

把牛壓在什麼州？起名叫做什麼樓？

乘舟女子答：

西南倒有一神州，神州裡頭出石頭。

一塊石頭三個眼，兩個眼裡出水火。

一個眼裡出鐵牛。

牛郎去放織女收，魯班打個鐵籠頭。

鐵牛東海去喝水，龍王一見心生氣，

撞倒仙山百間樓。手拿枴杖打鐵牛。

　　玉帝准了他的本，只差哪吒逮鐵牛。

　　他把鐵牛來逮住，把牛壓在北徐州。

　　北門城上擋水頭，起名叫做北牌樓。

　　這是一首藉由船夫老漢與乘舟女子對答，傳唱著徐州黃河故道旁鎮河鐵牛的來歷：據徐州傳說，黃河故道大牌樓旁的鐵鑄臥牛，原來是由牛郎織女所看管；因為兩人約會時只顧著談情說愛，一時疏忽、卻讓鐵牛跑到東海去喝水，撞倒了龍王的樓閣無數，龍王心急之下，以拐杖責打鐵牛；卻被鐵牛回頂了七八下，氣得龍王上天宮上奏。玉帝聞奏，命哪吒下凡收伏鐵牛，哪吒並將之鎮壓在徐州北門之外，是為徐州鐵牛的來歷。

　　實際上，徐州的確有鐵牛臥於黃河故道旁的古牌樓下。古牌樓原址在今日徐州市牌樓市場內，是清嘉慶二十三（西元 1818）年，由河道總督黎世序所建。牌樓上兩面各有一匾，面河的一匾上書「大河前橫」，面市集的一面則大書「五省通衢」，氣勢磅礡宏達，令人印象深刻。

　　這隻鎮河鐵牛負有艱鉅的任務：負責抵禦滾滾黃河。這隻鐵牛的歷史比它頭上的牌樓更早，建於嘉慶四（西元 1799）年〔註29〕，外觀作跪臥狀，同時用牠幾近奪眶的雙眼緊盯住黃河河水，以守護徐州城。黃河自宋代至清流經徐州，前後達六百餘年，其間氾濫潰堤時有所聞，造成生命財產損失無數，直到咸豐五（西元 1855）年才改道由山東入黃海。對於徐州人來說，黃河之害使地方年年不得安生，所以特鑄此牛，以鎮河水。舊牛牛腹原有銘文〔註30〕，用以表達鑄牛的時間與目的；清代有人作詩讚牛，詩曰：

　　武寧門外水悠悠，萬里長堤臥古牛。

　　春草繞前難下口，長鞭任打不回頭。

　　風吹遍體無毛動，雨潤周身似汗流。

　　莫向函關誇老子，國朝賴爾鎮徐州〔註31〕。

此牛今日已改為立姿，凝視黃河故道，追憶今昔之變。〈花船對歌〉從民間傳說的角度，將鐵牛的身世趣味化，令人莞爾於百姓活潑生動的想像力。

〔註29〕此鐵牛於文革時被列為四舊，拖出鎔化。今所見者，為西元 1985 年重鑄之牛。
〔註30〕其銘文如下：「太歲在巳土德盛，月唯庚午金作鎮。鑄犀利水乘吉命，蛟龍虬伏水波靜。天所照惟順兮，安流永寶。歲在嘉慶己未年庚午月庚辰日庚辰時鑄。」通篇文字顯示出鐵牛取五行相剋之義，以為鎮水的鑄造目的。
〔註31〕見夏凱晨、劉玉芝等編《徐州歷史文化叢書‧徐州景觀》，（北京：中華書局，2005 年），頁 183。

2、彭城古蹟歌

歌謠如下：

> 自古彭城列九州，古蹟相傳幾千秋。
>
> 綠柳煙鎖黃茅崗，紅杏花飛燕子樓。
>
> 戲馬台前練兵地，子房山上聲幽幽。
>
> 雲龍山景傳四海，黃河橫穿整徐州。
>
> 韓信九里山前活埋母，萬里長堤臥鐵牛。
>
> 楚漢英雄今何在？唯有古蹟在傳流。

歌中提及幾處徐州的名勝古蹟，包括：

（1）**燕子樓**：位於今日徐州市雲龍湖濱的知春島上。此樓原建於唐代，為武寧節度使張愔為愛妾關盼盼所建。由於小樓有著雙層飛簷，如同燕子展翅，故名燕子樓。

燕子樓因關盼盼的殉情而流傳千古。

關盼盼，彭城人，唐代名妓，生於唐貞元三（西元 787）年、卒於元和十（西元 815）年，得年二十八歲。關盼盼於張愔病故後，因恐世人責張愔因沈湎自己姿色傷身而死，所以不敢以死相隨、更獨守燕子樓十一年以悼夫婿。不想白居易得知此事，竟以「見說白楊堪作柱，爭教紅粉不成灰」、「歌舞教成心力盡，一朝身去不相隨〔註32〕」等詩句譏諷關，使關憤然絕食十一日而亡；關盼盼臨終前諷誦「兒童不識衝天物，漫把青泥汙雪毫」，流露出對白居易的輕蔑與怨懟。

關盼盼死後，燕子樓成為歷代文人雅士憑弔其愛情故事的重要憑藉，雖幾經損害，但仍在歷代在原址上屢毀屢建。今日所見的燕子樓，重建於西元 1980 年代，周邊更因此樓而改雲龍公園為燕子樓公園〔註33〕。

（2）**戲馬台**：位於徐州市舊城外的戶部山上。戶部山在明代以前稱為南山，因明天啟年間戶部分司署於此山，遂名戶部山〔註34〕。

西元前 206 年，項羽大會諸侯，自封西楚霸王，在南山築戲馬台，此臺因「以山為臺，以觀戲馬」得名。實際上，由於南山位於當時彭城城牆之外，

〔註32〕見《白氏長慶集》。

〔註33〕見夏凱晨・劉玉芝編《徐州歷史文化叢書——徐州景觀》，（北京：中華書局，2005 年），頁 192。

〔註34〕見民國八（西元 1919）年之《銅山縣志》。因當時黃河決堤，戶部分司於是遷移至山上以避氾濫。

「距城南一里」，是一個居高臨下的制高點，可同時掌控城內外局勢。北宋蘇軾知徐州時，就曾於其〈徐州上皇帝書〉中提及：「其城三面阻水，樓堞之下，以汴、泗爲池，獨其南可通車馬，而戲馬臺在焉。其高十仞，廣袤百步，若用武之世，屯千人其上，聚櫑木砲石，凡戰守之具，以與城相表裏，而積三年糧於城中，雖用十萬人，不易取也〔註35〕」。可知戲馬臺在戰略上的重要性。所謂「戲馬」，實爲練兵；也因此戲馬台成爲徐州最具代表性的古蹟之一。

今日所見的戲馬臺，爲西元 1987 年於原址重建而成，門額上的「戲馬臺」三字，由一代大師李可染所書。

（3）**子房山**：位於徐州東郊，原名雞鳴山，因張良於此吹簫（一說吹鐵笛）散楚兵而被稱爲子房山。

張良，字子房，始皇二十九（西元前218）年因擊殺秦始皇失敗，避走下邳（今邳縣），後遇劉邦而爲其謀士。相傳楚漢相爭時，劉邦屢攻楚兵不克，張良於是命人於雞鳴山上以簫吹楚調，引發楚兵思鄉之情，紛紛逃亡；漢王因此奠定勝基，建立大漢天下。

歌謠中所唱「子房山上聲幽幽」，指的正是當年張良命人在山上吹奏幽幽楚歌，令楚兵渙散的傳說。

（4）**雲龍山**：是徐州著名的名勝之一。位於徐州城南二里許，自北魏以來，山的東坡因有工匠鑿石爲佛頭而聞名，又名石佛山。其後直到唐宋，陸續都有開鑿佛像的工程進行著。由於巨大的佛頭石雕長期暴露於露天之下，風吹雨淋再加上天災人禍致使屢有毀損，明洪武三十一（西元（1398）年，由住持勝吉開始以大佛爲中心，造大殿以遮蓋大佛，於是形成所謂「三磚殿覆三丈佛」的造殿傳奇，並以此聞名於世。

雲台山東坡以石鑿佛像聞名；西坡則是有計劃地鑿刻與觀音大士相關的造像，因此西坡又名爲「大士岩」。每年農曆二月十九日雲龍山廟會，就是爲慶祝觀世音菩薩聖誕所舉行的。

（5）**韓信埋母**：徐州傳說，韓信之母原是一隻馬猴，因其父家貧無妻，在財主家爲長工，因與財主所豢養的馬猴有私而生韓信。韓信長成後，得知自己竟是馬猴所生，深以爲恥，於是偷偷勒死馬猴後埋在九里山，故而有「九

里山韓信埋母」之說。

　　另一說是，韓信之母因被馬猴強暴而生下韓信，韓信長大後，趁著捉妖的機會，挖出被母親殺死的馬猴遺體，帶到九里山埋葬；卻巧遇一名地理先生，說他埋馬猴之處為寶地，如有「冷骨遇上熱殯」，必出大將。韓信於是騙母親至埋猴處，騙母親伸頭看地裡事先埋下的銀元寶時，一鍁打死母親並直接埋在該地，成就了出大將的風水〔註36〕，因此出現「韓信埋母」之說。

　　（6）鐵牛：即黃河故道旁的銅鑄臥牛。請參看〈花船對歌〉條。

　　此歌中提及多處徐州城內的名勝古蹟，除了表達徐州歷史悠久之外，更藉由「黃河」、「萬里長堤」、「楚漢相爭」……等宏闊的史地傳說與事件，傳達懷古的幽思、以及與時空對話的壯碩情懷。另一方面，歌中以古蹟的今昔之變，對襯出人生渺小如滄海一粟，並以「楚漢英雄今何在？唯有古蹟在傳流」作結，令人頗有時空流轉、世事無常的感慨。

3、占城歌

　　收錄於邳縣歌謠集〔註37〕，歌中主要以西晉石崇與范丹的雙孤墓故事為經緯，唱出兩人的墳「雙孤〔註38〕堆」在邳縣占城的傳說。

　　占城位於邳縣西南。當地傳說，范丹原為乞者、石崇〔註39〕鉅富，范丹意外發現自己所用以行乞的捎馬子（布袋）是只寶物，永遠裝不滿、卻也永遠掏不盡，使范丹悄悄成為富戶。

　　石崇聽聞范丹行乞致富後極為好奇，於是邀范丹來家中一聚；席間兩人相談甚歡，於是結為異性兄弟。然石崇富而無子、范丹富而無貴，兩人交心對談後，范丹將一子讓予石崇為後；石崇感念范丹義氣，從此接范丹一家同住，打理范丹一家生計。兩人並相約，死後比鄰而葬，遂有今日占城的雙孤墳，歌中「城角十里雙孤堆」，指的正是此傳說〔註40〕。

4、古邳城

　　　　想當年，邳州城緊靠艾山前。

〔註36〕參見《中國民間故事全書‧新沂卷》〈韓信的傳說〉，頁46～50；《中國民間故事全書‧沛縣卷》，〈韓信埋母〉，頁41。

〔註37〕見《邳縣歌謠集成》，頁233。

〔註38〕邳縣集成原歌中作「雙谷堆」，疑為音誤，以蘇北方言中，谷、孤同音之故。

〔註39〕石崇在西晉時曾為徐州監軍，以豪奢殘忍著稱。也因此常出現在徐州的故事傳說之中。

〔註40〕參見白庚勝總主編《中國民間故事全書‧江蘇徐州市分卷‧睢寧卷》，共七冊，（北京：知識產權，2007年6月），，頁181～184。

東門口靠河道，南門口水連關；

西門口殺人場，生意買賣在北關。

邳城到官湖八里路，一條大路上窰灣，

說到窰灣到窰灣，抹過皂河到宿遷。

想當年，東城西湖看花船。

大花船小花船，七十二只靠一聯。

大船以裡裝白米，小船以裡裝私鹽；

裝糧米國家用，裝了私鹽天下傳；

船底船幫黃香木，珍珠瑪瑙玉欄杆；

王母娘娘掌著舵，九條仙女把嵩攪。

　　本歌收錄於《邳縣歌謠集》〔註41〕。歌中傳唱著古邳城生活富庶、交通便利，中有大運河流經，往來船舶多不勝數的熱鬧場景及傳說。

　　古邳城於康熙七（西元 1668）年農曆七月間因地震沉陷、隨逢大雨而成一湖。地方上因此出現許多與沉城有關的傳說故事。至今仍流傳著「下邳城六十年一觀〔註42〕」等傳說，傳聞古城中滿是金銀珠寶，每六十年才會浮上地面一次；只有得到特殊鑰匙的人能進入取寶。該傳說一方面傳達了古邳城的神秘感、另一方面則反應出古邳下陷時，多數人民身家財產來不及攜出逃離、只得隨沉城沒入水中的慘狀；所以才會有古邳城滿是金銀珠寶之說〔註43〕。

5、說海州

　　這是一首介紹海州城名勝古蹟的歌謠，見於連雲港市歌謠集成〔註44〕。

　　歌謠首先介紹古海州城內外的人文景觀，包括雄偉的城牆「城垛子三千三百六十三個半，六個城門雄赳赳」；城內的五大富戶「城裡殷葛沈楊謝，五家財主把威抖」……等人文景觀。此外，歌中還唱出連雲港的知名景點：

　　　　……

白虎山根園林寺，蒼松翠柏鑽雲頭。

廟門口兩棵白果樹，孫臏老祖拴過牛。

東門外有座孔望山，孔子觀海有來由。

〔註41〕見《邳縣歌謠集成》集，頁 233。
〔註42〕見《中國民間故事全書·睢寧卷》，頁 154。
〔註43〕見《中國民間故事全書·睢寧卷》，頁 147～150；
〔註44〕頁 1226。

孔望山上石刻多，樣樣石刻記春秋。

……

南門外有口雙龍井，二龍搶珠結了仇。

多虧石匠鑿龍井，困住雙龍水長流。

……

石鵬山，小姐洞，魁星閣，大鼓樓。

城裡城外轉一轉，滿眼景致看不夠……。

這些名勝包括：

（1）白虎山：傳說秦朝時，海州的胸山來了隻專門吃人的白虎。因為傷人無數卻無法可治，使皇帝頗為苦惱。後來瑯琊來了一位方士表示，只要在胸山下修一座刀形的城池、再遷一村丁姓人家去該城池居住，就可以制住白虎。白虎果然因此被刀城震攝、又被丁庄「釘」住，化為一座小山，就是白虎山〔註45〕。

（2）孔望山：傳說孔子周遊七十二國期間，來到海州，因孔子從小生長在齊魯大地，從未見過海洋，所以初次聽聞轟隆隆的聲音時感到驚恐；後經顏淵解釋是海浪聲後方得釋然。顏淵並帶的孔子登上附近的胸陽山觀海，從此胸陽山就改名為孔望山，以孔子於此遠望海景之故〔註46〕。

（3）雙龍井：傳說海州某次大旱，州官下令鑿井取水。鑿到一半，一位平日看似邋遢的男子高瑾，突然跑來阻止繼續開鑿。州官大怒之下責問原因，高瑾才說出鑿井地點的下方，原是兩隻老龍龍口所在地，龍口因有兩塊白泥堵住，所以才沒冒出泉水；否則老龍泉一出，整個海州都將被淹沒在水中。解決的辦法是拿兩大團棉花，在挖出白泥的當下立刻塞入棉花，好讓泉水慢慢滲出，既可解旱、又不致因為出水過多而毀了整個海州城。該井從此被稱為雙龍井，位於海州古城的南門之外〔註47〕。

（4）石棚山：位於孔望山西側，以山上的佛手岩聞名。傳說佛手岩是如來佛在雲台山區講經說法之後、要返歸西天；恐眾生迷失成佛之路，於是在石棚山上留下手印，指向西方之路；那塊留有佛手之岩就被稱為是佛手岩

〔註45〕見崔月明‧朱守和主編《連雲港風物傳說》，（瀋陽：瀋陽出版社，2001 年 7 月），頁 29。

〔註46〕見《連雲港風物傳說》，頁 16。

〔註47〕見《連雲港風物傳說》，頁 140。

〔註 48〕。

（5）小姐洞：傳說此洞原有內外兩區，內洞中住著一位仙女，當地人家凡有紅白喜事需用碗盤者，只要在洞口離留下竹筐並上香祝禱，隔日再來時，筐內已備妥所需數量的金杯玉碗。借用免費，且只要用畢之後歸還即可。不過後來有一缸姓的人家，蓄意詐騙神仙的金杯玉碗，用畢不還，使得神仙再無杯盤可借，女仙一氣之下以「天天死人」處罰缸家，缸家嚇得討饒，必須從「歸還金杯玉碗」、或「改『缸』姓為『盆』姓」中擇一遵守才能免災。

沒想到缸家情願改姓也不歸還金杯玉碗，如此厚顏薄恥之人令女仙氣極，索性從此關閉內洞門，再不接受人間香火與請求。只留下小姐洞這個景致與外洞供後人遊覽〔註 49〕。

（6）大鼓樓：指建於東海縣房山天仙廟五層寶塔中的鐘鼓樓，相傳於民國十一年由地方善人王萬同道士募化蓋成。傳說王道士花了十二年的時間募資，集資完成後，委請地方人士以牛車運建材上山蓋樓，但是山路陡峭牛車難行，王道士於是化符念咒後輕拍牛臀，頓時間牛車如履平地，健步如飛，不多時就將建材全部運送至山頂，順利蓋成鐘鼓樓。完工後的鐘鼓樓，聲響可傳二十里遠，是為海州一奇。

鐘鼓樓後毀於戰火，再不聞暮鼓晨鐘之聲〔註 50〕。

三、人文景觀歌

蘇北雜歌中，有一大類以人文景觀為主的歌謠，傳唱著各種民俗活動及與日常生活相關的歌謠，本文將之歸為人文景觀歌。

本類之中，又以叫花子的所唱的歌謠最多。這類歌謠在銅山縣有一系列的「千家贊」；在邳縣則有「唱花項」。慶典活動方面，連雲港大溝南的〈花會〉及睢寧縣的〈觀燈〉，則是與民俗活動相生相成的人文景觀歌謠。至於〈自在人〉、〈小黑驢〉等，則以賦歌的方式傳達出地方百姓所追求的理想生活的典型。這些歌謠反映出蘇北民間多樣化的生活方式及趣味，呈現出庶民生活中活潑靈動的生機。

〔註 48〕 見《連雲港風物傳說》，頁 19。
〔註 49〕 見《連雲港風物傳說》，頁 98。
〔註 50〕 見《連雲港風物傳說》，頁 236。

（一）千家贊

早期蘇北的叫花子討飯，靠的不是屈膝磕頭、哀哀求告，而是憑恃著自己的機智反應，隨時臨機應變，以便給的口才與不卑不亢的態度，贏得眾人的喝采與賞金。這些乞者行乞的活動被稱之爲「打蓮花澇〔註51〕」，討乞者被稱之爲「要貧嘴的〔註52〕」。乞者則自稱「游春」，以取「游春人」之意。

據《海州民俗志》記載，打蓮花落的人是「窮好佬」，意即無論貧富貴賤之門都敢闖入討乞；唯獨不敢輕上藥舖與剃頭店。因爲藥舖中藥材眾多，若無幾分見識往往唱不出個所以然來，更難討得錢銀；另一方面，傳說剃頭匠的祖師爺羅祖也是唱蓮花落出身者，所以剃頭師傅見到唱蓮花落者來到門前，往往不待開口便會主動上前，施捨並道句「大師兄請自便」之類的話，以免要貧嘴的流連不去，影響了工作〔註53〕。

從要貧嘴的口中隨機應變唱出的討飯歌，又稱之爲「唱花項」或「千家贊〔註54〕」，其中的內容大有可觀，足以做爲了解蘇北民間各地生活狀況的另一項參考指標。整體而言，蘇北地區的打蓮花落的歌詞依其內容，大致可分爲以下幾類：

1、商業類贊歌

這類贊歌大多是乞者在市集或街上沿門走唱所留下的歌詞，由於是臨機應變，視所到的店家操何營生而唱，所以品項繁多。

這些商業類贊歌有其一定的形式：先唱該行業的起源及祖師爺；再唱該行業的特色與優點。以木匠爲例：「木匠師傅請你聽，你是魯班一門生，鋸子斧頭兩件寶，墨斗是你聚寶盆。左手拿簽右拿尺，必是雕樑畫棟人」；又如見到鐵匠：「一進門來抬頭望，喜見老板是鐵匠。太上老君供在上，老板生意好興旺。……能工巧匠不簡單，全是老君來指教。老君師高弟子強，崑崙山上樂逍遙……」；又如編製竹器的篾匠，在歌中是以西漢張良爲祖師爺〔註55〕：「七匠師父眞正行，張良弟子天下聞……」；屠夫的祖師是三國時代張飛：「屠

〔註51〕 就是「打蓮花落」，因蘇北方言，「落」讀爲「澇」。
〔註52〕 蘇北方言中的「貧嘴」，意指賣弄口舌之快。
〔註53〕 參見《海州民俗志》「打蓮花落」條，頁353。
〔註54〕 《銅山縣歌謠集成》及《徐州市歌謠集成》中都有收錄，銅山縣爲頁315～351。「千家贊」中共有長短贊共四十四首，此處不另行一一註記頁數。
〔註55〕 根據《海州民俗志》記載，篾匠的祖師爺是「篾衣老祖」，只是時隔久遠，再加上少有人爲之祝壽，久而久之就被人遺忘了。見《海州民俗志》「柳匠」條。頁474。

坊說來有來歷，聽我游春來贊起：三檜殺豬不用說，後來又傳張翼德。張飛昔日曾開屠，皇上封他為武侯……」；至於來到了藥店，不免要贊起製藥的祖師爺來：「一進寶號香噴噴，彎腰施禮拜藥王。藥王爺，本姓孫，家是山西華原人。華原人遭黃旱，逃荒逃到考城縣。考城縣，街道長，七十二家切藥行，還有兩家烤牛黃」。此外還有油坊供的稽燈師傅、製衣製鞋業供黃帝、理髮業供羅祖（或作螺祖）……等，都是循此規則下開唱的贊歌。

除了行業祖師外，唱蓮花落的同時也會旁述及各種生財功具製作者的祖師爺，例如裁縫及剃頭匠所持的刀剪、熨斗及烙鐵都是由太上老君所傳；理髮匠有水可用要謝龍王……等等，充滿細膩的趣味。

各行各業的在民間生活中的重要性，也常是游春人所歌贊的重點：例如篾匠所編織的器物，對一般家庭的日常生活助益甚廣：「一打捧盒二打篩，雙打簸箕和蒸蓋。打的家什和蒸格，人人都說滿要得。婦女同志打米篩，米中穀子盡攏來。……」。

商業贊歌裡最常見的歌詞，當推贊美業主手藝高強，以及好產品會帶來暢旺業績：如對在織機上織花的機匠，就讚美其為劇團織繡戲服的工藝精美：「織得龍袍氣龍爪，織出鳳來鳳朝陽。織成一條袞龍袍，個個演員都說好。」又如看見打毛線的：「你們毛線不簡單，打的式樣好新鮮，貨又真來價又廉，二十幾塊一大卷。……」；還有贊美粉坊：「早就聽得世人講，你的粉坊第一強：一架磨子在中央，四腳牲口轉忙忙。先過縷來後過缸，出的粉絲細又長；曬在架上白如霜……」；贊油坊：「油匠賽過楚霸王，管事好比諸葛亮。水油皮油似白血，棉麻菜油噴噴香」……等。這些良言吉語，非常切合生意人求財的心理，常讓主東們聽得心花怒放、自然也就樂於包封打賞了。

等到該贊的都唱完，就到了最後請賞的時刻了。請賞的歌詞不外乎祝福業主生意興隆、財源廣進，並請賞予封包，打發乞者起身。如：

> 俺今來到貴府上，還望主東來獎賞。
> 打發我們出門廊，角角票子賜幾張，
> 年年生意大興旺，游春早日還家鄉。

或是：

> 師傅本是有能人，四路主東都來請；
> 不要我來巧奏承，大五大十不離身；
> 我們今天初相會，打發盤纏好動身。

若是主東不見動靜，游春自然在歌詞裡纏得緊些：

> 豐衣足食幸福長，明年再把拜紡娘。
>
> 車轉頭來到過去，又把紡娘尊幾句；
>
> 一粒胡椒轉口氣，轉過彎來我好去；
>
> 你不轉彎我就等，看看日頭上了頂；
>
> 下坡日頭如瓜滾，一天能有幾時長。
>
> 一戶空來二戶空，出門之人喝北風。
>
> 紡織娘子拿包封，只怪游春無人情。

歌已至此，如果再不包封，就不是要貧嘴的不盡人情，而是主東太過慳吝了。

2、生活類贊歌

所謂生活類贊歌，是指游春人四處行乞、不拘對象地唱贊。如見到吃飯的誇贊飯菜香甜（左手端的青龍碗，右手拿的楠木筷；一口肉來一口飯，美好生活多香甜）；見人喝茶，對於茶葉的來由也有一番唱詞：

> ……
>
> 西天佛祖把種下，茶葉開的隔年花；
>
> 只等清明三月八，個個上山去採茶。
>
> 往日細茶並不多，如今茶業很發達；
>
> 東山坪裡出香茶，每年作的貢獻大。……

見人抽煙，那麼要貧嘴的也能道出煙的長短來由：

> 前朝末年興抽煙，外國洋人往內傳；
>
> 古時興的長煙杆，坐著點火不轉彎。
>
> 發汗竹子又美觀，中間懸吊荷包蛋；

接著還會詳述煙袋的用途與種類、當今煙品的類別及香煙的社交功能等，就連見人玩撲克牌，游春人都對撲克牌有一番研究：

> 紙牌本是外國興，國際交往傳進來；
>
> 撲克它有大小王，共計五十又四張。
>
> 它分梅花方塊牌，黑桃紅桃四門開；
>
> 四門各樣多少點，我今給你算出來。

不僅如此，融合了中英文，唱蓮花落的依舊能把貧嘴耍得流利靈暢：

> 以 K 數起直到 A，共計九十一點牌，
>
> 再將四種合一算，三百六十四點圓。

> 大小王來算半點，三百六十五天還；
>
> 大王小王算一點，三六六天是潤年。
>
> 每塊邊上有兩點，一百零四是附件……

游春人如此左右逢源、出口成章的本事，反映出多元的社會風氣與生活面，也展現出其便給口才與機智。

至於如果要討乞的對象一時之見並無特色，無從贊起，那麼要貧嘴的也只好見男稱哥哥：

> 尊聲哥哥你且聽，你是一個聰明人。
>
> 可比宋朝包文拯，就像一個文曲星。……

見女贊姑娘：

> 風吹湖水起波紋，遇見姑娘討包封。
>
> 你的包封不用討，只要游春讚的好。
>
> 姑娘本是娘家女，你在娘邊學規矩，
>
> 一在娘邊學紡紗，二在娘邊學當家。
>
> 聰明伶俐不用說，當家立事都曉得；
>
> 算寫俱全都不差，拖麻積線會繡花。……

要是當面見到抱小孩的女性，也就對著人贊起孩子來：

> 尊聲大姐你且聽，懷中報個小學生。
>
> 出門之人眼不清，不知男生是女生。
>
> 是女生來聽我論，桃花秀朵自生成。
>
> 繡來龍來龍現爪，繡得牡丹哄蜜蜂；
>
> 繡起虎來虎翻身，繡了童子拜觀音。
>
> 是男生來聽我論，會讀書來會作文；
>
> 腳踐雲梯步步升，長大之後定成名。

還有像是見到老者贊福氣高（有福有祿壽高齡，鬍子頭髮白如銀。兩鬢蒼蒼白如雪，好比宋朝楊繼業；楊繼業來功勞大，七個兒子在當身）；遇到上了年紀的婦人，則口角春風地尊聲嫂子：

> ……
>
> 頭上青絲放豪光，才貌雙全世無雙。
>
> 八字眉毛如柳葉，一口牙齒白如雪；
>
> 不擦粉來自己白；不擦胭脂桃紅色；

胭脂水粉都不擦，賢嫂勝過牡丹花。

妻子賢良丈夫愛，賢良解得金腰帶；

夫妻恩愛真正好，穆桂英配楊宗保。……

　　如此唱讚，把一個普通婦女讚成了既有美貌、氣慨又不輸鬚眉的不世英雌，怎不令人眉開眼笑、樂於打賞！至於見有大腹便便的孕婦、嘻笑害羞的小姑娘，游春自然也能唱出十月懷胎歌之類的歌謠，讓聽者服氣、樂意包封。俗話說，「狗掀門簾，靠的全是一張嘴」，雖然俚俗，不過用在唱蓮花落的人身上，可是半點也不爲過啊。

　　如果正好遇到了有人起造新屋，對著新房唱起吉語讚歌是免不了的。整體說來，游春唱讚全憑反應與本事，不但要懂得察言觀色，更要能夠眼觀四面、耳聽八方。要是進得門來，無事可讚，那麼就算進人宅院門洞，也能唱上幾句，必定可以博得主東歡喜。所以讚歌裡有〈讚門洞〉、〈讚進門〉等歌詞。這些生活類讚歌，反應出五花八門的生活特色與情趣，足可作爲時代的見證，令人玩賞回味。

3、主題類讚歌

　　有游春人來唱讚，常常會爲平凡的生活增添情趣與樂趣。有的主東一見游春人來，會主動指定題目請游春唱讚一番，要是接不下來，未免掃興。以下這首〈讚薛仁貴掃雪陣圖〉就是很好的例子。歌中的游春人一進門，主東就擺開圖陣要游春讚一回，游春人怎麼接招呢？

我今初到貴府來，主東就把陣圖擺；

老闆肯捨幾塊錢，擺各陣圖來砍俺。

識得破來錢歸我，識不破來拜老闆；

叫聲老闆聽我表，這個陣圖我知曉。

擺得仁貴掃雪陣，且聽我來從頭表；

周圍一哄而上，看來這個游春人有點本事，正在滿堂議論紛紛時，游春又唱了：

各位先生甭作聲，仁貴掃雪説你聽。

等到四周安靜下來，游春便接唱：

不提仁貴不打緊，可憐仁貴逃難人；

他一出生命不好，雙親大人死得早。

無兄無地無依靠，無奈只得把飯討：

> 各位先生聽端詳，這是好人多磨難；
> 一無族人來照看，二無兄弟和親眷；
> 因此討米出了門，討米來到道州城。
> 道州有一柳家村，柳家員外很出名；
> 他的家斯大得很，秤稱金來斗量銀。
> 所生一個女衩裙，取名叫做柳迎春；
> 年方二八女佳人，後與仁貴結成親。

然後呢？

> 這樣陣圖已說明，不到之處請批評。

就這麼唱完了。至於掃雪陣圖的特色與由來，可是一點兒也沒唱到。這次要貧嘴的踢著了鐵板，終於遇到了邁不過的砍兒了，可見蓮花落也不是那麼好唱，更不是人人都捧得這個叫花碗的。

4、謝賞歌

多數人遇到要貧嘴的，大多隨手丟幾個小錢打發游春人；卻也有少數主東宅心仁厚，除了包封施捨，也會請游春坐下喝杯茶再走。遇到這種慈心主東，游春人自然不吝功夫，大大謝賞一番：

> 多謝你來難為你，難為主東篩茶吃。
> 老闆為人多仁義，游春又要他家去。
> 一天只有一天長，遊山玩景易得完；
> 感謝老闆好心腸，你的好意我不忘。

不過這回謝過，下回還希望能再得到主東的美意，要貧嘴的難免有點得隴望蜀了起來：

> 二回相會認得你，接到屋裡美酒吃；
> 沒有肉就殺隻雞，賓客相待無悔意。

這樣的話不能唱太多，否則會引人反感，還是好好謝賞、祝福主東一番來得實在：

> 打一躬來施一禮，祝賀老闆福壽喜；
> 發財就從今年起，進前就像銀行裡。
> 一家大小穿新衣，上下都是毛華幾；
> 九冬臘月穿皮衣，五六月裡穿綢衣；
> 二四八月尼龍衣，吃的也是魚肉雞；
> 手表單車不稀奇，家中有人當官的。

游春人善於拿捏分寸、隨機應變的能力，由此可見一斑。

5、催賞歌

要貧嘴的人行走在外，也不見得時時受歡迎、處處吃得開。有時面對游春人來，被乞討的對象儘管嘴上拒絕不了，卻仍然被游春人追著唱花項，讓人頓時成為人群中的焦點；有時難免因而倍感羞赧，只得一逕臉紅傻笑。碰到這樣的情況，游春人嘴上唱著自己臉皮也薄，不過嘴上歌裡可沒有半點的不好意思：

> 不要笑來不要笑，今年才搞這一套；
> 我的臉皮薄的很，要是一笑臉就紅。
> 臉一紅來就發燒，把此詞來嚇跑了；
> 買得詞來難得搞，求個盤纏求不到。

看到對方還是笑個不停，游春人只好自我矮化、逗樂大家：

> 我又不差那一套，鼻子眼睛都長了；
> 想必生得不太好，你們才把我來笑。

不過笑歸笑，盤纏還是要給的。要貧嘴的在終極的目標上可是半點沒有放鬆的意思，纏著人不放：

> 你們要笑我不饒，不出盤纏那裡逃；
> 新年有錢來壓腰，打發我們別處跑。

像是看準了乞討對象害羞的特質，要貧嘴的索性更加變本加利地揶揄起來，也引來旁人的圍觀，以壯自己的場子：

> 我也是個粑粑膏，不出錢來跟你跑；
> 看你要往哪裡逃，拉著你們我硬要。

如此緊追不放的態勢，真讓人無可奈何，還是快把小錢打發了游春，落個清靜吧！

也有人家一見游春人來，心知嘴上鬥不過要貧嘴的，乾脆關上大門，拒絕往來。碰到這種尷尬場面，游春人怎麼化解呢？

> 走了一彎又一彎，卻見主東把門關，
> 不見關門尤自可，講起關門長根源。
> 何人做成門兩扇？何人制出兩道拴？
> 張良造的門兩扇，魯班加上兩邊拴。
> 只可開來不可關，如今是個發財年，

> 日裡關門關財寶，夜裡關門關賊盜，

開頭先唱起門贊，同時贊美主東家關門理所當然，不過討封賞總要開門才給得了，所以游春接著就要請主東家開門了：

> 主東為人情宜長，從不見人把門關。
> 哪個動手開門閂，榮華富貴福祿長；
> 眾人都會相信你，財源滾滾自進門。
> 哪個老闆來開門，可比唐朝程咬金；
> 提的將來調的兵，享受一百二十零。
> 哪個學生來開門，指日高昇把學進；
> 哪個大姐來開門，好比漢朝女昭君；
> 掌握山河管萬民，這是女中有能人。
> 那個姑兒來開門，賽過當日謝道溫，
> 年輕貌美又聰明，詩詞歌賦件件精。
> 百般講的仁和義，熱情款待出門人。

不管是誰，只要開門，都應了這些金言玉語。不過這家人似乎不領情，始終不肯開門，游春也只好先放軟身段、服小道欠了起來：

> 游春雖是出門人，冒要一千或八百，
> 一見就將門關到，錯於我們來遲了。

唱成這樣還不見動靜，游春也只能掉頭離開，不過嘴裡忍不住要咕噥起來：

> 開明人家講公道，進門就有包封到，
> 吝嗇人家眼光小，老遠就把門關了。
> 罷了罷了真罷了，小聲又往別處跑，
> 丟開你家別家到，背時人家開頭炮。

一句「背時人家開頭炮」，既嘲弄了對方的吝嗇、同時也打趣了自己上錯了門，一天的「頭炮」就落得如此下場，對游春來說，真不是好兆頭！這樣的催賞歌，真會讓人聽了哭笑不得。

也有的主東雖然不關門，卻採取冷處理的態度，對游春人的唱贊完全不理不睬。遇到這種主東，游春人只好耐起性子，權當這家主人是個不點不亮的蠟燭，必須得當面鑼、對面鼓地重重敲將起來：

> 並聲先生你是聽，你是一個明白人；
> 明人面前好說話，響鼓不用打重錘。

> 清官不用講苦情，只打魚鼓唱道情，

說是「響鼓不用打重錘」，其實重錘早就落下了。游春又接著軟硬兼施地威脅起來：

> 我的詞兒多的很，緊著打來會迷人。
> 不是唱戰講書文，未必先生硬了心，
> 傍晚黑了沒奈何，我的鼓皮會打破。
> 打破鼓皮尤自可，喊破喉嚨要吃藥；
> 我在外面將你說，說是老闆私房多。
> 腰中有錢把幾個，要個牌子又如何；
> 不騎驢子騎快馬，要個牌子俺就下。

不過出門在外，總不能老擺硬氣，有時還得再把身段放得更軟、低聲下氣地說苦道難，看看能不能惹人憐惜：

> 哪個願意這樣搞，大家幫忙求飯吃。
> 在家也有人拜我，今天出門拜別人；
> 拜的都是真君子，求的都是舍財人。
> 陽雀記得千年樹，出門記得舍財人。

偏偏今天遇到的就是個沒有同理心的主東，怎麼也不肯慷慨解囊；游春人於是又挺起腰桿兒，大方地以失時人自況，請對方發揮同情心：

> 叫聲先生你是聽，你是一個明白人。
> 那個男子不出門，那個和尚不化齋；
> 皇帝老子也出外，總督丈人上邊界。
> 當年劉備打草鞋，張飛昔日殺豬賣；
> 秦瓊當年賣快馬，宋江頭落昭文袋。
> 三人住在一條街，何人不是苦處來；
> ……
> 千里做官只為嘴，萬里當官只為財；
> 尊聲先生你是聽，把個幫助我動身。

銅山縣的「千家贊」內容豐富、語氣斯文，雖然難免有挖苦嘲諷，不過總不失於幽默詼諧，使人聞之莞爾。不過邳縣的「唱花項」系列，可又是另一番風味了。

邳縣的「唱花項」不若銅山縣的千家贊情味細膩；反倒耍起蠻賴，擺出

一副非討到不可的架勢。就像這首唱花項：

> 走一走，晃三晃，走路好像神仙樣。
>
> 老大娘，眞不孬，給塊煎餅乾不焦。
>
> 你不給，俺不走，睡在門口當死狗〔註56〕。

就算來到了店家門口，這個花子也強硬地唱：

> ……
>
> 財主財主眞正行，秤砣掛在秤杆頂。
>
> 財主會稱我會算，二十四兩夠斤半。
>
> 你不給，我不走。還是掌櫃沒得手。
>
> 沒有零票給整票，一百塊錢我也要！

如此強硬的態度難免惹人討厭、不肯打賞；於是叫花子又威脅道：

> 你會聽，我會唱，早晚唱到落太陽。
>
> 你也犟，我也犟，犟牛栓在牛橛上。
>
> 你犟好比三千歲，我犟好比楊二郎。

唱到這裡，生意人索性收拾包袱行當，準被打烊收攤了，沒想到叫花子還是不依不饒，甚至連詛咒恐嚇都出來了：

> 今年不賣明年賣，明年不賣有貨在。
>
> 挑著南集趕北集，壓得驢頭歪巴子。
>
> 你要走，我就躥〔註57〕，沿頭揍你兩車祥。

　　連叫花子都這麼強勢，也難怪蘇軾任徐州時，要說此地的人「其民皆長大，膽力絕人，喜爲剽掠，小不適意，則有飛揚跋扈之心，非止爲盜而已〔註58〕」了。

（二）民俗盛會歌

　　蘇北以人文景觀爲主題的雜歌中，有兩首以民俗盛會爲背景的歌謠，其一是連雲港市贛榆縣的〈花會〉；另一首則是徐州市睢寧縣的〈觀燈〉。這兩首歌謠的篇幅極長，反映的是地方上花會與燈會的盛況，以及蘇北民俗活動的熱鬧風采。

〔註56〕見《邳縣歌謠集成》〈唱花項1〉，頁255。

〔註57〕音「斷」，蘇北方言，追的意思。

〔註58〕見蘇軾〈徐州上皇帝書〉，出於《蘇軾文集・卷二十六》，http://140.138.172.55/ su_shih/su_thing/article/bin/all_body.asp?paper_id=00000806

1、觀　燈

此歌見於睢寧縣歌謠〔註59〕。蘇北民間風俗，元宵節又稱燈節，一般鄉村人家會自製小燈籠供孩童提燈遊玩；城鎮則會自發性地舉辦燈會或燈賽，俗稱「鬧花燈」或「鬧元宵」。

大型的燈會的參與者常以公司行號、家族或是地域為單位，製作不同主題的主題花燈，或是傳說故事中的人物、或是歷史故事中的場景；或有「抬閣」活動，讓燈會更形熱鬧。

「抬閣」是燈會上最令人期待的活動，但只有在年景好的時候才辦得起來。因為抬閣往往耗資甚鉅，一般百姓無法負擔、全由商家鉅賈出面製作。所謂「抬閣」，是以一丈見方、高三丈的框架組成立方體，旁飾以各種彩綢、彩燈以及花卉，再將真人演出者技巧地固定在框架上，由每班十六或二十四人抬起遊街。演出者打扮成不同的舞台造型，如西遊記、水滸傳、二十四孝、白骨精等等的主題在閣中遊街，使燈會充滿聲光娛樂的效果〔註60〕。

〈觀燈〉一歌所描述的，就是燈會中「抬閣」的情景；另外點綴以小規模的零散花燈，形成一片燦爛的燈海。歌中描述一對小夫妻參加燈會觀燈，眼見從各方湧來一座又一座的燈閣，夫妻倆人興奮得不時相互通知對方，以免錯過欣賞不同主題的燈閣。估計這次的燈會，共出現以下的主題燈閣：

（1）**百獸燈**：包括有龍燈、虎燈、魚龜鱉蟲、鳳凰仙鶴、孔雀百靈、以及駿馬燈……等：

> 叫老婆你望望，東邊來了老龍燈，
> 搖頭擺尾多威風。
> 閃將眨巴眼，雷公打哼聲，
> 龜鱉魚蟲後邊行。
> 叫丈夫你望望，西邊來了鳳凰燈，
> 五彩羽毛像彩虹，
> 仙鶴把頭點，孔雀喜開屏，
> 百靈鳥叫得真好聽。
> 叫老婆你望望，南邊來了駿馬燈，

〔註59〕見《睢寧縣歌謠集成》，頁150。
〔註60〕相關資料，參見《海州民俗志》「鬧元宵」、「抬閣」等條目，頁127～128。《徐州民俗》，「春節樂」條目，頁169。

四蹄蹬開祥雲升，

黑馬賽烏金，黃馬賽黃銅，

兩只大眼似銅鈴。

（2）**傳說故事燈**：一蓬一蓬的燈閣，抬來不同傳說故事中的英雄人物。
帝王將相、紅塵兒女，全在燈閣中相會：

一蓬燈，崔鶯鶯，虎丘寺，老尼僧，

紅娘傳柬求張生。二蓬燈，小羅成，

夜打登州救秦瓊，綠林兄弟恩情重。

三蓬燈，是賈政，打得寶玉屁股痛，

哭得黛玉眼泡紅。四蓬燈，老令公，

金沙灘上逞威名，七郎八虎喪性命。

五蓬燈，是武松，崗上打虎是英雄，

爲嫂殺了西門慶。六蓬燈，程士青（咬金）

拜了三十六弟兄，瓦崗寨上坐朝庭。

七蓬燈，趙子龍，長坂坡前逞威風，

懷抱阿斗鬥曹營。八蓬燈，穆桂英，

是個巾幗女英雄，大破天門留大名。

九蓬燈，諸孔明，陰陽八卦算得能，

火燒戰船借東風。十蓬燈，是乾隆，

下江南路過徐州城，喝了餖湯不知名。

（3）**菜園燈**：〈菜園大戰〉中的眾要角們，今日也來到了燈會現場：

胡蘿蔔燈坐天下，辣蘿蔔燈身披大紅坐正宮，

西宮娘娘老白芋，陣守元帥葫蘆燈，

國外反來了老蔥筒，一心要與胡蘿蔔燈排戰爭。

反來了萬戰不輸的獨頭蒜，後跟著震殿將軍洋角蔥，

梅豆燈手執大刀如門扇，韭菜燈手執一對劍鋼鋒，

瓠子燈擺開他的牛腿炮，只打得西紅柿燈滿肚子紅，

絲瓜燈怕打要上架，茳豆燈怕打擰成了繩，

辣椒燈怕打低下了頭，打得個茄子燈籠紫不楞青，

薺菜燈怕打趴地下，只打得芫荽燈籠亂哄哄。

（4）**瓜園燈**：〈胡打算〉睡裡夢裡、思思念念的瓜園眾瓜，也出來參加

燈會了，且看：

> 長長的吊瓜子燈，短短的梢瓜燈，
>
> 一身刺是黃瓜燈，軟不溜秋絲瓜燈，
>
> 黃各子脆，滿天星。九道筋，黑糖筒，
>
> 東瓜燈、南瓜燈、北瓜燈，就地滾滴溜溜亂轉的西瓜燈。

（5）**百花燈**：就著〈百花爭鬪〉的主題，歌中的眾花這次盛裝出席了，只見眼前

> 來了一陣百花燈，怎麼叫做百花燈，
>
> 迎春花燈對月菊，金桔緊接佛手燈，
>
> 百合花燈對玉簪，薔薇月季玫瑰燈，
>
> 櫻花燈兒對海棠，雞冠木槿對芙蓉，
>
> 石榴花燈紅似火，鴨子粉團梨花燈，
>
> 歲寒三友松竹梅，觀葉花燈一品紅。

（6）**西遊記燈**：這可是一組如卡通人物般逗趣的燈閣，故事裡大家耳熟能詳的主角們紛紛上場：

> 怎麼叫西游記燈，白龍馬、沙和尚，
>
> 豬八戒、老唐僧，後邊跟著孫悟空。
>
> 師徒五人去取經，路過九妖十八洞，
>
> 唯有猴子變化能，也曾三打白骨精，
>
> 保著師徒往西行，阿彌陀佛取真經。

（7）**各行各業燈**：各種古代現代常見的人物造型，也在燈會中一一呈現，包括有：

> 高子燈，矮子燈，胖子燈，瘦子燈，
>
> 頭帶道帽道士燈，身穿粉衣姑子燈，
>
> 披著袈裟和尚燈，背著書包學生燈，
>
> 九卿四相燈，八大朝臣燈，
>
> 太子太保燈，登閣首相燈，
>
> 瑤台玉池燈，十八學士燈，

（8）**飛禽走獸燈**：最前面的百獸燈才過，這會兒還有一場飛禽走獸上場，只見個個有特色，樣樣不含糊：

> 百鳥朝鳳燈，獸中王老虎燈，

　　　　鱗光閃閃鯉魚燈，紅眼睛的龜子燈，

　　　　兩角尖尖山羊燈，昂首挺立雄雞燈，

　　　　油光水滑肥豬燈，呆頭呆腦家鵝燈，

　　　　蹦蹦蹦蹦花燈燈，四蹄奔跑走馬燈，

　　　　白鷺燈嘴裏含著個靈芝草，

　　　　白鶴燈背上坐著個老壽星。

　　（9）**四化燈**：這場辦在二十世紀的燈會，是蘇北大地歷經了一次次政治風暴又歸於平靜之後，好不容易才又舉行起的大型燈會，社會上有感於政策所帶來的進步，於是別出心裁地製作四化燈，但見：

　　　　工業發展燈，農業豐收燈，

　　　　科學技術燈，國防建設燈，

　　　　戰士衛國燈，文明經商燈，

　　　　教育前景燈，文藝創新燈，

　　　　改革燈把路引，喚起工農奔前程，

　　（10）**數字吉語燈**：燈會的最後，是數字吉語燈，只見：

　　　　一輪紅日燈，二龍戲珠燈

　　　　三星高照燈，四季花開燈

　　　　五穀豐收燈，六畜興旺燈

　　　　七巧相會燈，八仙過海燈

　　　　九九連環燈，十十如意燈，

眾燈依序而過，真可說是一場熱鬧有趣的燈會。

2、花　會

　　連雲港贛榆縣的「花會」，指的並非「百花會」，而是如同臺灣地區的臺南鹽水鎮「烽炮」般的煙花會。據《中國歌謠集成‧江蘇卷》中的註記所言〔註61〕，贛榆地方幾乎家家戶戶都會製作鞭炮禮花，至今仍是蘇北主要煙火的產地之一。每年農曆二月初二龍抬頭的日子，贛榆就會舉辦盛大的煙火花會，供四鄉八方的民眾前來玩樂欣賞。

　　這首〈花會〉又名〈大溝南花會〉，收錄於《連雲港市歌謠集成》中〔註62〕。相傳最早是由清末時期贛榆縣殷庄鄉劉圩村中，一位人稱「劉五先

〔註61〕見《中國民間歌謠集成‧江蘇卷》，頁384。

〔註62〕見《連雲港市歌謠集成》，頁1162。

生」的前清秀才所作。歌中忠實記錄了大溝南地區花會的盛況，使今人得從中遙想花會的風采。

〈花會〉一歌共分爲八大段〔註63〕，包括：

（1）**楔子**：唱述大溝南庄花會的歷史及盛況，並說明花會舉行的時間爲二月初二。在大溝南地區可謂家家戶戶都參與：

> ……
> 大溝南莊鄉紳富戶多興旺，
> 士農工商各習一行，
> 做鞭炮家家戶戶他無其數，
> 做花火南北二京數著他強。
> 年年都有二月二，
> 大家小戶都要商量，
> 都說是最好不過把花放，
> 你看他多少的能人晝夜齊忙。

（2）**廣邀四方民眾前來參加花會**：大溝南庄四處發散請帖，邀請鄰近地區民眾前來同樂：

> 差人四鄉撒傳單，要看花上溝南。
> 定期是二月初二日，
> 黃昏以後黑燦燦，
> 花會到眼前。……
> 我不講四鄉得了信，再把本莊明一番，
> 窮富都把親戚搬。
> ……
> 有錢的搬親是車共馬，窮人家搬來是手拎籃，
> 小包裹背在肩。
> 過罷了一天又一天，黃昏以後黑燦燦，
> 花會到眼前。

（3）**四方群眾湧來**：

> 只因爲大溝南莊花會大有名，
> 驚動了四鄉里看花眾人等，

〔註63〕連雲港市所收錄的版本似有刪節，本文以所可見到的八大段爲主加以介紹。

四面八方得了個信，

收拾看花奔上路程。……

（4）妓院中的風塵女子也打扮入時前來看花會：

……

妹妹打扮停停當，叫聲車夫你莫消停。

行動好弄個大排場，坐上馬車掛上燈籠。

一眾妹妹把車上，趕車的人等也不消停。……

（5）花會開始：先有鼓吹樂班在旁助陣，

一班是仙鶴令，一班是十番，

一班是陽春歌，一班是滿家歡。

……

終於等到煙花上場了：

鑼鼓棚子過去，來了個花鞭，

飛花鞭開道，出路子亂鑽。

花鞭過去，來了個花船，

未從行動，拔錨起纜，

放出來的煙筒，波浪滔天。

花船過去，花傘又接連。

傘狀散開的煙火共有十把，一把接著一把照亮夜空：

第一把花傘，喜報三元，

三星落地，錚明耀眼；

一把過去，二把接連，

二把花傘，火焰一般，

千只火鴨，上下亂翻；

二把過去，三把又接連，

三把花傘，火龍來盤旋，

吐出來火焰，映紅了滿天；

三把過去，四把又接連，

四把花傘，火獸噴煙，

煙火齊出，迷漫坤乾；

四把過去，五把又接連，

五把花傘，火箭離弦，

萬箭齊發，直沖霄漢；

五把過去，六把又接連，

六把花傘，明燈萬盞，

放出了火光，明滿坤乾；

六把過去，七把又接連，

七把花傘，真正稀罕；

鐵樹開花，墜落了金錢；

七把過去，八把又接連，

八把花傘。松竹梅蘭，

枝葉茂盛，活靈鮮艷；

八把過去，九把又接連，

九把花傘，萬朵紅蓮，

一上一下，鳳穿牡丹；

九把過去，十把又接連，

十把花傘，花卉俱全，

十樣景開放，真正可觀。

花傘過後，是矩形煙火方陣，如花城般向夜空竄出：

花傘過去，花城又接連；

四門上緊閉，明燈高懸，

禿兵站城，各守一邊。

轟通一聲，南門上開扇，

萬箭齊發，直往外竄；

又打的二炮，東門上開扇，

滾木雷石，好似雨點；

又打三炮，北門上開扇，

子彈齊發，乒乓亂鑽；

又把四炮，西門上開扇，

灰瓶火藥，放出來狼煙。

接著是如衝天炮般的筒子砲一筒筒向天空飛竄：

花陣過去，大石花又接連；

頭筒子點火，眞正是稀罕，

支支亂叫，不敢近前；

頭筒過去，二筒接連，

二筒點火，誰敢近前，

火光亂炸，飛上滿天；

二筒過去，三筒接連，

三筒點火，不敢睜眼，

浪煙呼嘯，地動一般；

四筒更狠，誰敢近前，

山崩地裂，鰲魚把身翻。

大石子花過去，荷子花接連。

（6）**主題煙火**：具有故事性的主題煙火，一齣齣頒演著眾人耳熟能詳的
美景：

第一出，是天官，蟒袍玉帶身上穿，……

第二出，是妖仙，青青白娘站彩船，……

第三齣是君臣三，關張劉備義氣男，……

第四出，和北番，昭君娘娘心痛酸，……

第五出，女大賢，彩樓搭在王府前，……

第六出是女嬋娟，劉二姐趕會在陽關，……

第七出是妻共男，皮對怕老婆跪床前，……

第八出是偷情男，張生戲鶯在花園，……

第九出是火焰山，唐僧取經上西天，……

第十出是美少男，左金童子降下凡，……

（7）**其他各式煙火**：

十出美景觀過去，三朵蓮花落，

還有六出緊相連；九連燈花提籃，

又改變元寶山，綠葉扶持多好看，

三朵蓮花落，荷花出水藕芽尖；

六出過去他算完，西瓜葡萄更鮮艷，

和尚變驢他在後，散了花場放了鞭……

（8）**尾聲**：煙火施放完畢，眾人回味無窮，期待來年花會：

……

一刹時鑼鼓棚子皆散了，

你看那托兒攜女回家去了。

四路上齊説花會造的好，

名不虛傳眞正是不孬，

有幾位年老之人哈哈笑。

七巧花會造的好，

眾明公要看花會下年再來瞧。

這首〈花會〉最令人驚奇之處，在於以文字描寫煙火的視覺體驗，讓未參與者也得想見盛況，堪稱爲蘇北奇歌。

（三）理想生活歌

蘇北雜歌中的〈自在人〉與〈小黑驢〉是兩篇長篇賦歌，對於蘇北生活中的飲食起居、日常活動，以直陳鋪敘的筆法一一描摹介紹，傳達出蘇北百姓對理想生活的追求。

1、自在人

這是一篇以清末生活爲題的長歌，收錄於《睢寧縣歌謠集成》中〔註64〕。本歌中的主角以自在人爲名，全篇分就食衣住行育樂等各方面，直陳「自在人」的生活風貌，使人閱聽之後對世間的生活情趣有所瞭解與期待；也滿足了尋常人對豪門生活的好奇。全歌分爲若干段落，以下依序介紹。

（1）**楔子**：說明自在人的身世（大清一統太平民，既有珍珠也有銀。商家有位當地客，出在江南自在人。九輩祖宗做宰相，兩輩上人爲翰林。三輩他父爲尚書，單傳公子一個人）、處世觀（不騎馬不射箭，閒事閒非不掛心／學神仙，不配婚，少吃魚肉好東西）；以及無心仕途的原因（做高官，費心機，擔責任，不值得）。強調能成爲自在人才是福，以及有福要享的生活態度（誰能像我自在人，所以願當自在人）。

（2）**家居陳設**：先說明自在人家中的主要傢俱及陳設，應有盡有、華麗貴氣：

自在人，住房子。插花獸，滾龍脊。

大客屋，有意思。檀香木，打條几，

〔註64〕見《睢寧縣歌謠集成》，頁156。

> 古玩古董共文器。溫涼盞，聚龍盆。
> 珊瑚樹，夜明珠、水晶盤子嵌玉石。
> 自鳴鐘，報時刻。穿衣鏡，大花尊。
> 升冠筒，紫玉根。古花瓶，眞寶貝。
> 芍藥牡丹插幾根，春夏秋冬開四季。

再說主廳牆面的布置，陳列著名家書畫以供賞玩：

> 米家山水吳家畫，蘇子文章杜子詩。
> 四幅屏仙筆王羲之，唐寅駿馬畫八匹。……

臥房也有講究，四時果品、零食以及煙具樣樣齊備：

> 鋪棕床，紗帳子，呢毯子，小褥子；
> 床頭有個枕箱子，箱子裡面裝東西。
> 吃香蕉和蜂蜜，吃石榴，淨吃米。
> 廣東甘蔗田荸薺，沒核桃良多栗。
> 鋪上擺各赤金盤子。
> 銀斗把，金花圈，銀座子，
> 上面又放煙缸子。

（3）**休閒生活**：自在人家中的園林景致寫意、園中豢養珍禽，隨時供取樂賞玩。

（4）**四時之樂**：自在人一年四季，依時序打點衣飾，參加各種節慶活動，如上元節的燈會（看花燈，好玩藝。看龍燈，龍擺偉。獅子燈，好打滾。龍船燈，唱小曲）、二月二的煙火（鳴大炮，地老鼠。燕趕燕，滿天飛。火花樹，花籃子。炮打火燒小秦檜）、清明踏青、四月初八的佛誕；端午的賽龍舟（水中船賽快如飛，玩得眞是有意思。倒掛金鉤銜玉瓶，鯉魚竿上大挺脊）、中秋賞月拜月（有名娼妓叫幾位，唱的中秋賞月詩。半朝鑾駕兩邊排，月亮碼子掛上首。紅毯鋪地厚墩墩，香案桌子排正位。有桌圍供椅披，紫金香爐煙森森。金邊燭燭點兩根，上邊又擺供桌子）、重陽圍狩宴飲（九月重陽沒有事，興圍采獵散散心。……黃鷹細狗有意思……後邊備上馬幾匹，……捉著禽獸作酒席。）。

（5）**享受聲色之娛**：召妓行樂（到晚上飲幾杯，……，自斟自飲沒有趣。……喊條子帶幾個人。唱淫詞，逗逗趣。猜拳行令坐大腿，嘴含香煙笑嘻嘻。有時大爺高了興，板過臉來逗逗嘴）；梨園聽戲（唱漁鼓，打洋琴；說

相聲,講評詞。有話劇,柳琴戲,消愁解悶散散心)、賭博鬥智(打骨牌,來撲克,打麻將,擲骰子。四只寶,下象棋,不貪輸贏為過癮)。

(6)**佳餚美饌、四時嘗鮮**:各類山珍海味、米麵主食、涼盤小菜……,隨時供嘗。

(7)**娶妻生子**:尋找美貌佳人(龍長臉,雙眼皮。臉皮賽過雞蛋白。不大不小俊鼻子,紅紅馥馥小嘴唇),請來各方名人參加婚禮(陳彭年張明格,羅鍋子叫劉榮,有郭英和包黑。十大清官都請到,不請奸賊老和坤)。

(8)**尾聲**:「歡天喜地遂我心,逍遙自在說不盡……明公若問什麼唱,一名就叫自在人……」

原本不置妻房的自在人,最後也因「吃穿二字不費心,只恐閒來無事悶沈沈」而娶妻生子,傳達出家庭生活的充實,遠勝過一切華服美食。自在人至此,才算是「逍遙自在說不盡」。整首歌流露出大家生活的氣派與風華,具有高度理想性與藝術氣息;唯獨文末為配合於政治氛圍,天外飛來一句「世上原有地主派,本當揪出批鬥的」,難免顯得突梯怪異。

〈自在人〉雖在歌首表明是江南子弟,但是歌中遣詞用字,菜餚器物,多數皆為蘇北用語,足以反映出蘇北百姓心目中,對優渥自在的生活自有一套標準與想法。這些被融入賦歌之中的觀點,同時呈現出舊日生活條件下,對於物質與精神享受的追求與渴望,令閱聽人心生嚮往。

2、小黑驢

本歌見於《連雲港市歌謠集成》〔註65〕,是一首描述清末新婚夫妻回門過程的賦歌。歌曲藉由一位上街賞景的學生之眼,帶出新婚夫妻的行頭打扮、座騎以及禮品,傳遞出蘇北生活中細緻愜意的一面。

這篇賦歌一開始先交代學生的背景,再述學生因為放學無事,來到大街遊玩。無意間看見騎著小黑驢的美貌佳人從面前經過。只見佳人「杏核眼,柳葉眉。桃花面,賽銀盆」,「身穿時色銀紅青紗套,僅襯下面白邊鑲綠雪羅裙」,一時心動,於是在後尾隨,一路直到佳人進了家門口才罷休。

佳人所乘坐的小黑驢,經過學生的描述,顯得別具特色:「黑脊骨,白肚底,黑眼眶,狸眼珠,白嘴唇,黑腔門,拉的驢屎似栗子,僅襯下邊帶了四個雪裏蹄」,配上精緻的嚼彎:「銅嚼子,皮扯子,花鞍子,藍墊子,檀香木

〔註65〕 頁1178。

的驢肘棍」，顯得格外雅致。攥驢的是個十歲左右的小童，「頭帶瓜殼釘穗子，玉白褂，皮大襟。藍裹腳，絷著腿，單襪子，花後根。」「皂底鑲鞋添上二道眉」。

童子一邊攥驢，一邊還提著回門的禮品（鮮豬肉，活鯉魚，彎彎腰，是蝦皮，締流拖絡是細粉）以及路上的點心（雲南的甘蔗江南的桔，山東的棗子贛榆的栗）。

走在最後的是新女婿，只見他從頭到腳，打扮華麗入時。身穿「藍袍子，外邊套個青套子，釘個貢綢假領子；下身穿條綢褲子」、腳踩「踏青鞋，青緞幫，白皂底，玉白襪子繡主跟」，腰繫「大勒子，皮扣子，打底子，絲絨結個牙牌子」，外帶「屁股上攜了個小鵪鶉」以及「還別一把小扇子，扇囊子，吊死鬼，裏面盛把好扇子，黑股子，藍面子」。

這還不夠，新女婿左手「提個小籠子……，」裏面盛了個好玩藝：呱呱叫──小畫眉」；右手「提支小煙袋，南京打，四楞子，銅頭子，玉嘴子，烏木杆子，二尺七，雞嗦荷包哆羅蜜」，悠哉的嘴裡「咕咕喂濃念小曲，先念姐兒南京調，後唱姐兒金錢一扭心」。

一行人慢慢悠悠地來到了娘家門前，被「七大姑，八大姨，締流拖絡一小群」的一干親戚「接到後房去」，「後邊撇下看景的，得了個相思病」。

〈小黑驢〉，歌中主要著墨於紈綺子弟的打扮以及賞玩行頭的介紹；傳達出清末民初蘇北百姓所崇尚的男性服儀風格與品味標準。

如果說「生活歌」是從抽象的精神層面來側寫蘇北民間的人際互動、交誼往來；那麼「雜歌」就是從具象的物質層次來逐一拼貼出清末以來蘇北社會的城市風采。

蘇北的雜歌內容看似紛紜雜沓，實則具有強烈的秩序及指標性意義。整體而言，它表現出以下特色：

一、具體描繪出蘇北地方歷史悠久、內涵充裕的地理風貌與人文景觀：從氣候特色、溫度變化到物產及景物的遞嬗規則，蘇北大地的變化實貌都在雜歌裡一一呈現。至於歷史古蹟、名山勝景，也被傳說軼事賦予血肉生命，從不同的視角傳達出蘇北民間的思考模式與觀點。

二、傳遞生活經驗與智慧：雜歌中關於氣候的變化、地貌的描述，以及自然界不同徵候所帶來的意義，都是活生生的教材，務實且具體地教育百姓

如何觀察自然、運用自然，甚至如何與自然和諧共處。

三、表現蘇北民間豐富多元且活潑風趣的娛樂生活：無論〈小放牛〉、〈花會〉或是〈觀燈〉，這些歌謠都傳達出蘇北民間對於休閒生活的重視與投入。另一方面，這些充滿想像力與創造力的活動，也更進一步反映出蘇北民間旺盛的熱情與生命力，足可作爲認識蘇北民間生活的另一項重要指標。

四、充滿人情味的俠義風格及詼諧態度：一系列的千家贊及唱花項、搖倉龍等歌謠，表現出蘇北社會濃濃的人情味以及百姓不卑不亢的性格特色；在時而戲謔、時而莊重的歌詞中，更顯現出對各種行業歷史的重視及對執業者的尊重。

五、側寫出蘇北民眾所追求的理想生活模式及品味：中長篇具有賦歌性質的〈自在人〉及〈小黑驢〉，傳達出蘇北對生活品味的追求與看法，也讓人從食衣住行育樂等各方面切入當地百姓生活的核心，可作爲了解蘇北民間生活風貌時重要的參考指標。

是爲雜歌。

第二節　兒　歌

蘇北兒歌具有極大的數量及極廣的範疇。以本文所使用的文獻爲例，表列兒歌的總數超過五百首，於各類歌謠中居冠。

蘇北兒歌內容所覆蓋的範圍，幾乎可說是所有歌類的匯集，上自天文、下至地理；旁及家庭、社會、風土文化……等，形同是成人世界的縮影。不同的是，兒歌裡所使用的語彙在簡單明瞭之餘，還多了天馬行空的無邊想像，以及無從追究的突發異想。是以在欣賞時，往往必須跳離成人世界的規範與框架，隨著兒童的視角漫遊其中，才能體會出箇中的妙趣。

蘇北兒歌的型式多元，除了具有固定用途的遊戲歌、搖籃歌，以及作爲輔導語言及表達能力的顛倒歌、繞口令及頂眞歌以外，其餘歌謠或以童蒙角度介紹動植物常識、或以兒童口吻反映家庭及人際關係，或以調侃口吻打趣社會時事，在在顯示出兒歌與一般歌謠間密切的互動關係。有趣的是，若干膾炙人口的歌謠，在兒歌中也可見到，如〈我望槐花幾時開〉〔註66〕、〈丁頭屋〔註67〕〉、〈破房無人住〉〔註68〕、〈小扁擔〔註69〕〉……等歌謠，因爲篇幅

〔註66〕見《海州童謠》，頁51。同一首歌又可見於蘇北各地的情歌之中。
〔註67〕見《海州童謠》，頁12，同一首歌也可見於連雲港市的生活歌中。

短小、易記、易念、易傳等優勢，在民間的各年齡層中普遍流傳〔註70〕。

　　蘇北兒歌分爲搖籃歌、認知歌、情境歌、遊戲歌、頂眞歌、邏輯歌及繞口令等七類，下文中將分別介紹。

一、搖籃歌

　　「搖籃歌」又被稱「催眠曲」，主要用於誆哄孩童入睡之用。如「搖啊，搖，搖到外婆橋，外婆親，外婆好，乖乖是外婆的小棉襖〔註71〕」，就是一首眾人耳熟能詳的搖籃曲。

　　多數的搖籃歌總離不開吃食，在哄孩兒的同時，以簡單的吃食許諾著孩童：只要乖乖睡覺，醒來有得吃又有得玩，讓孩子夢想著香甜的吃食、滿懷期待地入睡。如「小乖睡了，媽舂碓了。小乖醒了，媽烙餅了」；「乖乖，乖乖，莫要哭，媽媽去做紅豆粥；乖乖，乖乖，莫要叫，睡醒帶你看花轎〔註72〕」；「啦啦呱呱，白麵疙瘩，給誰吃？給寶寶吃！……〔註73〕」等，都是這種以食物及玩樂誘發孩童入睡的甜蜜歌謠。

　　搖籃歌最大的特色是，語句簡短、節奏穩定，且語詞溫暖輕緩，適合作爲輕撫孩童入眠的輔助音聲，如徐州市的〈催眠歌〉，配合著搖孩入床的動作，傳達出哄孩時獨有的鬆軟氛圍：「啦啦，麥棵拾個娃娃；抱抱，喂喂；丟床，睡睡〔註74〕」；又如「嗷──嗷──，娃娃睡囉，娘蓋被囉……娃娃醒囉，娘跳井囉……娃娃哭囉，娘上屋囉……娃娃笑囉，娘心跳囉……娃娃尿囉，娘來到囉……娃娃抓囉，娘拍拍囉〔註75〕」等，都是具有穩定節奏的柔軟搖籃歌。

二、遊戲歌

　　遊戲歌是指在固定規則的遊戲進行時，兒童口中所唱念的歌謠。在蘇北

〔註68〕　見《海州童謠》，頁13，也可見於連雲港市的生活歌中。
〔註69〕　見《海州童謠》，頁8，同一首歌亦流傳於連雲港市的情歌集成中。
〔註70〕　也有少數歌謠中的段落，被截取成爲兒歌流傳，如〈百草蟲弔孝〉就是最常被截取的段子之一。
〔註71〕　見《海州童謠》〈乖乖莫要哭〉，頁237。
〔註72〕　見《海州童謠》，頁244。
〔註73〕　見《銅山縣歌謠集成》〈哄孩謠〉，頁249。
〔註74〕　見《徐州市歌謠集成》〈催眠歌（一）〉，頁388。
〔註75〕　見《徐州市歌謠集成》〈催眠歌〉，頁389。

兒歌中，有歌謠配合的遊戲主要有以下幾種，包括「對花瓶」、「諸葛亮挑兵」、「程咬金打瓦」、「老王要小狗」、「抓麻和」、「打梭」、「踢腳板」、及「城門城門幾丈高」等。以下將以介紹遊戲動作爲輔，概略介紹在蘇北常見的兒童遊戲歌謠。

（一）對花瓶歌

這是在進行「對花瓶」遊戲時所唱的兒歌。「對花瓶」又名「對花屏〔註76〕」、「打花帕〔註77〕」是一種流行在女童之間的團體遊戲。

對花瓶是由四位以上、且人數爲偶數的女童們所進行的遊戲。這種遊戲進行時，女童們手拉手圍成一個圓形；然後繞著圓圈一邊走，一邊唱開始唱起「對，對，對花瓶……」爲始的歌謠；同一時間，面對面的一對女童同時走進圓圈中心，碰到一起之後再退後。如此成對面的女童輪流靠近相碰之後，一直唱到歌謠每一段的最後一句，如「一對大姐跪下吧」或「一對大姐起來吧」時，圓中心相互靠近相碰的那對女童，就單腳跪在原地；等這對起身時，再開始唱起歌謠，依歌中的內容決定輪到哪一對站起或跪下。

〈對花瓶歌〉主要見錄於徐州地區；其中又以銅山及新沂地區爲主。茲轉錄銅山縣的兩首歌謠〔註78〕以供參考：

> 對，對，對花瓶，俺的花瓶十二層，
> 高高山上掛琉瓶。
> 琉瓶炸，金水掛，一對大姐跪下吧。
> 對，對，對花瓶，俺的花瓶十二層，
> 高高山上掛琉瓶。
> 琉瓶炸，金水掛，一對大姐起來吧。

其二：

> 呼，呼，對花瓶，趙家小姐站當中，
> 花瓶花，娘當家，趙家小姐坐下吧！
> 站得站，坐得坐，排起坐來吃果果。
> 果果甜，果果香，姐妹五人扯手唱。
> 一唱天，二唱地，三唱爹娘不生氣，

〔註76〕見《新沂縣歌謠集成》，頁 167。
〔註77〕見新沂縣歌謠，頁 187。
〔註78〕見《銅山縣歌謠集成》〈對花瓶 1〉及〈對花瓶 2〉，頁 182～183。

四唱小姐手兒巧，五唱小姐找個花女婿。

　　這種遊戲考驗著女孩們的反應及動作靈敏度；只要能夠配合得上，邊念邊轉、邊跪邊站，使整個遊戲呈現和諧優雅、如舞蹈般的美感。

（二）挑人歌

　　〈挑人歌〉是進行「諸葛亮挑兵」遊戲時所唱的歌謠。這是屬於男童們的遊戲，具有戰鬥意味，也考驗著孩子們的戰略思維及默契。

　　遊戲開始前，先將參與活動男童分成兩隊；每一隊各自選取一個象徵物（如老樹或大石頭）作為「老家」；另外各選一人作為首領。遊戲的規則是由甲乙兩方的首領猜拳；假設甲方贏拳，就以唱名方式指定要抓乙方的某一人（假設為張三）；語畢甲方的所有兵士立即遵令，盡全力要抓到張三；抓到之後，張三就變成甲方的一員；乙方的軍隊人數則會相對減少。在抓張三的同時，甲方也要防備著不讓乙方接近自己的「老家」；否則一旦乙方有人碰到「老家」，即使甲方抓到人也不算。抓完了張三，再重覆起「猜拳→點名→抓人」的過程，直到其中一方的人員先被抓盡、直到只剩下首領（老兵頭）為止。此時再重頭分組、重新開始另一輪的抓人大戰。

　　「挑人歌」隨著各地遊戲參與者的設定，而有不同的名稱。以新沂縣的〈大刀砍〔註79〕〉為例，在歌謠集中的內容如下：

　　　　大刀砍，碌磚眼，河南人，由你揀。

　　　　「揀大的？」「揀小說。」「單揀你那頭能跑說！」

實際上這是雙方在猜拳之後對話的內容，在甲方先挑兵的狀況下，整個對話的內容應是：

　　　　甲：大刀砍

　　　　乙：碌磚眼

　　　　甲：河南人

　　　　乙：由你揀。

　　　　甲：揀大的？

　　　　乙：揀小說。

　　　　甲：單揀＊＊＊能跑的！

〔註79〕見《新沂縣歌謠集成》，頁193。又，睢寧縣亦有大同小異的歌謠〈挑兵逗遊〉，頁120。

同樣的挑兵次序，在連雲港地區的歌謠內容爲〔註80〕：

> 乙：請挑兵。諸葛亮，
> 甲：亮大刀。
> 乙：大兵小兵隨你挑。
> 甲：就挑＊＊＊小猴妖。

徐州市則作：

> 乙：張伯亮
> 甲：挑大刀；您的人馬盡俺挑
> 乙：張伯亮不在家
> 甲：俺就挑張標
> 乙：張標有鬍子
> 甲：單挑兩頭的〔註81〕……

這項遊戲的重點在於，如何能同時保護己方的「老家」又能同時快速抓到點名的兵員，除了考驗著己方人員的默契，也同時考驗著點兵時的策略運用及平日對同伴的觀察力。可以說是一項既鬥智又鬥力的遊戲。

（三）要小巴狗歌

這首歌謠是進行同名遊戲「要小巴狗」時所唱的歌謠。「要小巴狗」又名「要小狗」或「老王要小狗」，男女童可以混合參與。

「要小巴狗」的遊戲開始前，先選出兩人，當做要小狗的「老王」、以及保護小狗的「老狗」或「王媽媽」；剩餘的人都當小狗。遊戲的源起如下：老王是一個愛吃狗肉的人，聽說王媽媽家養下了小狗，所以隔三差五地上王家要小狗；要小狗時與王媽媽或老狗的對話，就是〈要小巴狗〉歌。遊戲規則是，當老王上門要小狗時，小狗們都窩在一處安靜等候；待老王要了幾次小巴狗都沒要著，生了氣，老狗或王媽媽只好打開門放出小狗，這時小狗們可以群起攻擊老王。遊戲的趣味在於老王如何與王媽媽對話；以及王媽媽何時決定放出全部的小狗攻擊老王。

〈要小巴狗〉歌謠分前、後歌兩部分，前歌作爲楔子，由兒童全部一起唱；後歌則由老王與王媽（或老狗）對話。茲以連雲港市〈抱小狗〉歌爲例，轉錄於下以供參考：

〔註80〕見《海州民俗志》，頁371～372。
〔註81〕見《徐州市歌謠集成》〈小兒鬥遊歌〉，頁310。

前歌：

　　走這莊、到那莊，轉臉走到王媽莊〔註82〕。

（或作）

　　一撒糠，二撒糠，一撒撒到王家莊。

　　不吃王媽飯，不喝王媽酒，

　　單朝王媽要個小巴狗〔註83〕。

後歌：

　　老王：「王媽王媽開門喲！」

　　王媽（或老狗）：「做什麼的？」

　　老王：抱小狗的。

　　王媽：「小狗未睜眼」

　　老王：「喔！」

　　全體：格格喇，格格喇，格到王媽莊，

　　（或：一撒糠，二撒糠，一撒撒到王家莊。）

　　（此時老王作跑開狀，繞一圈再跑回到王媽面前）

　　老王：「王媽王媽開門喲！」

　　王媽：「做什麼的？」

　　老王：「抱小狗的」。

　　王媽：「當心小狗會咬人」（邊說邊打開門放出小狗）

　　小狗：「汪汪汪汪」（追著老王咬）

　　有的王媽會再三阻擋老王，用的理由不一，如說「小狗還不會吃飯〔註84〕」等，每一次老王來要小狗都考驗著王媽的機智；有時王媽只待老王問一次就放狗，殺得老王措手不及；也有時老王要了好幾次，突然問出脾氣來，王媽只得放狗；另一方面，小狗們被壓抑久了，突然衝出來追著老王咬時，也迸生出爆發力與樂趣。整個遊戲充滿緊張刺激感，樂趣的大小則端賴於全體參與者的專注度與反應。

（四）抓馬和歌

　　這是女童們在玩〈抓馬和〉時邊玩邊唱的歌謠，以為協調節奏與控制遊

〔註82〕見《海州童謠》，頁180。

〔註83〕見《海州童謠》，頁75。

〔註84〕見《海州風俗志》，頁386。

戲進度之用。

「抓馬和」又名「抓麻和」、「拾子」、「拾瓦蛋」或「拾石籽」。傳說隋煬帝派馬和開鑿運河，負責監工的馬和有一個不為人知的嗜好，就是每晚都要偷民間的小女孩來吃；當開鑿工作進行到邳縣時，邳縣的小女孩全被吃光了；馬和不得已，只好到海州去偷小女孩吃。當地人們發現之後有所警覺，此後只要夜裡有人家中傳來小孩哭聲，全庄就會一起大叫「抓馬和」，馬和會因此受到驚嚇而逃跑。久而久之，民間遂有〈抓馬和〉的歌謠與遊戲〔註85〕。

遊戲的規則是以五顆石頭為度，小女孩一邊唱著歌謠，一邊拋、接石子。不同的拋接組合有不同的名稱，例如拋出一顆石籽後、另外四顆放在地上，接住上拋的石子後，轉手立刻拾起地上的另一顆再往上拋，叫作「撒」；把五顆全拋過一輪之後留在手中，叫做「撒子」。

另外，將五顆分作兩堆分別拋接，稱之為「單子」；手持一子、餘四子分為兩堆，稱之為「對子」。撒、單、對三種都作過一輪，稱之為「一層」；單手進行為「抓子」；雙手同時進行為「等子」。遊戲中所使用的道具，稱之為「彈子」，有的女孩以石籽為彈子；也有的用黏土搓成圓球形、置入火中燒製定形，因此也被稱為「瓦蛋」；用布袋縫製，內填石籽或沙土者，稱之為「布籽袋」。又由於「馬和」音訛，「抓馬和」也被稱為「抓麻和」。

在蘇北各地，都可見到女童們一群群玩著這個遊戲；每一處所唱的〈抓馬和〉歌也大同小異〔註86〕；唯獨每一層開始時所念唱的起頭大多相同，如第一層時唱「我撒頭，頭頭，油頭」；第二層唱「我撒二」開始；三層則以「我撒三」為始……如此一層層的「撒、單、對」都打完，一直打到第十層。只要有人拋接時失敗，就得中止，讓另一人玩；等到另一人也中斷，前一個玩家再從自己剛才的中斷處接上來玩。茲以銅山縣的〈拾子歌1〔註87〕〉為例列舉於下：

> 我的一，燕子妻，從江南，到江西。
> 我的兩，兩娘娘，娘娘打水洗衣裳。
> 我的三，三彎彎，騎著毛驢接丫環。

〔註85〕見《海州民俗志》，頁379。
〔註86〕如銅山縣有〈拾子歌1〉、〈拾子歌2〉；邳縣〈拾子歌〉、〈女孩兒拾布籽袋〉；新沂縣〈拾石籽1〉～〈拾石籽3〉；連雲港《海州童謠》〈抓麻和〉、〈瓦蛋歌〉、〈拾麻和〉等，都是此類遊戲歌。
〔註87〕見《銅山縣歌謠集成》，頁192。

我的四，四嫂子，紅綠布的夾襖子。

我的五，小五叔，茅草葉子插豆腐。

我的六，小六舅，拾芝麻，換香油。

我的七，小七妮，喝口涼水過初一。

我的八，就要瞎，瞎到底，不來啦。

我的九，娘家有，豌豆開花俺就走。

我的十，十木犁，木犁開花一展齊。

打起家，桂花落，一對小燕來壘窩。

我的個，個個子，紅繡鞋，林底子。

我的對，喀嘣脆，咯嘣嘣，上秤稱，

稱四兩，賣古董。

我的小，小丁寶，丁寶的褲子改成襖。

又如〈拾子歌 2〔註88〕〉：

頭一年呢，不得閒呢。割完麥呢，辦完年呢。

頭頭，梳頭，梳的桂花熬油。

二靠二尺綾子，青緞小襖。

三三，月三，月機啊胡椒芽朝天。

四四，綠四，鹿家哥哥常寫字。

五難呢，賭錢呢。賭輸了，可憐呢。

六啦，放槍，槍打死鴛鴦，

鴛鴦起，攆上你，攆不上，跟二趟。

　　能把遊戲中每一種花樣都作到且石子不落地的小女孩，顯示具有極佳的手眼協調能力與反應，也能夠贏得同儕的尊敬。有的小女孩口袋裡總裝著彈子，準備隨時接受挑戰或挑戰高手，是一種非常普遍的女童遊戲。

（五）打瓦歌

　　「抓馬和」是女孩兒們的遊戲；「打瓦」則是另一種專屬於男孩兒們的娛樂。打瓦歌是在打瓦時所唱念的歌謠。

　　「打瓦」的遊戲規則大致如下：以半塊磚頭或大小相當的石塊做為「瓦椿」，固定在一個點上；然後從瓦椿的前後五步左右的距離各畫一條前界與後

〔註88〕見《銅山縣歌謠集成》，頁193。

界。參與遊戲的孩童手持自己的「瓦碑」，從不同的距離拋擊瓦樁。每一種距離打瓦樁都有特定的名稱。如果每次都打中，就能夠一路通關；但若其中有一次沒擊中，就要輪到另一方來打瓦。

　　玩打瓦時的「瓦碑」，關係到遊戲的輸贏，所以每個愛玩打瓦的男孩大都擁有自己專屬的「瓦碑」，有的是用瓦片磨到順手的重量及大小；有的是以鐵片磨成；每一個碑都務求「稱手」以致勝。這個遊戲在蘇北海、徐兩州的兒童圈中都有流行，玩時可歌也可無歌；今日所可見在文獻中的打瓦歌是以銅山縣所載為主。茲舉例如下〔註89〕：

（第一輪）

　　　　頭頂頂香，一溜缸，

　　　　打開鄭集開染坊，

　　　　染坊貴，掉顏色，

　　　　炮打小日本，

　　　　炮打小日本⋯⋯

（第二輪）

　　　　頭頂一饅盤，

　　　　身穿一裏圓，

　　　　小鬼下了鄉，

　　　　今天回不來，

　　　　今天回不來⋯⋯

（第三輪）

　　　　乾棒，硫磺，

　　　　焦酥，麻糖，

　　　　日本小鬼，

　　　　快見閻王，

　　　　快見閻王⋯⋯

　　打瓦歌本身是兒童隨口占念出來的歌謠，部分歌中會出現帶有時事的內容；以上述歌謠為例，明顯可看出形成歌謠的時間背景，正當抗日作戰期間，所以歌中會有以攻擊日軍為題材的打瓦歌。

　　打瓦是一種講求平衡感及手感的遊戲，對於工藝的講求也影響到打瓦的

〔註89〕見《銅山縣歌謠集成》，頁186。

成績。打瓦高手會贏得眾孩童的尊敬，是孩童間具有競爭性質的遊戲。

（六）踢腳板

是一種女孩兒們的遊戲，玩時一定要唱歌，以歌聲起落決定每一輪遊戲的開始與結束；〈踢腳板歌〉在蘇北各地都可見到。

踢腳板的玩法比較簡單，女孩兒們群坐圍成一圈，每人皆伸出兩腳，由其中一人站立圈中，以自己的腳尖輪流踢每個女兒的腳底；每唱一個字踢一隻腳底；或是全體皆坐，其中一人為始，輪流用手點每一個人的腳，邊點邊唱。歌唱到最後一個字，通常會加強語氣讓人知道；最後被點到的人，就縮起一隻腳；兩隻腳最早都被點到的人，就站起來擔認點唱者。如此一一輪過，直到每個人都當過點唱者才算遊戲結束。遊戲的名稱及實際進行方式各地大同小異，不過都是以點腳為數的遊戲。

各地所見的歌謠內容五花八門〔註90〕，如海州的〈踢腳班〔註91〕〉：

> 踢腳班，靠老山，
>
> 老山柳，踢古柳。
>
> 古柳垂，踢花梅；
>
> 梅花大，踢幾下：
>
> 踢你小腳，沒落出。

睢寧縣〈踢板腳，絆板腳〔註92〕〉：

> 踢板腳，板絆腳，亞兒壺，水兒波。
>
> 坡兒南，好種田。坡兒北，好種麥。
>
> 麥地裡帶蕎麥，蕎麥開花一遍白。
>
> 色色戒戒，騎馬賣菜。狗腿貓腿，伸只蜷只。

這種遊戲帶有期待性及策略性，讓參與遊戲的女童百玩不厭，在蘇北各地廣受歡迎。

（七）打梭歌

打梭歌是進行遊戲「打梭」時口中所唱的歌謠。「打梭」的由來源自於牛郎織女的傳說：當天帝發現織女私自下凡之後，命令織女立刻回到天宮；牛

〔註90〕除本文所舉例外，還有邳縣〈踢腳板〉、新沂〈拍板腳〉等。
〔註91〕見《海州童謠》，頁171。
〔註92〕見《睢寧縣歌謠集成》，頁120。

郎在後緊追不捨。織女為怕擔誤歸期，於是拿手中織布的梭子擲向牛郎；牛郎接到後回擲、更進一步用自己的牛索拋向織女。「打梭」遊戲就是由此而來，據說男童玩打梭，意在長大後能娶到永不分離的賢妻〔註93〕。

　　遊戲的規則是拿一段小圓木去擊打另一枝兩頭磨尖、形如梭子的「梭」。小圓木叫做「梭棍」；如果梭棍只能把梭打到跳起，就叫做「斬大繃」；當梭跳起的同時如果能接著打另一端使梭飛遠，則叫「接小羊」。有技術的人可以連續兩次接小羊，沒有能耐的人只能打大繃。

　　遊戲時在地上畫著三個同心圓，遊戲時競爭的雙方以猜拳決定發梭先後；贏者（設為甲方）先從最中間的圓內往外發梭；如果梭子掉落在任何一個同心圓中就算失敗；改由另一方（設為乙方）發梭。如果甲方發梭後，梭落在同心圓之外，則乙方必須從落梭處取梭往同心圓內打。只要打進同心圓就算勝利；否則就算甲方獲勝。如果乙方失敗，甲方可以從落梭處再往同心圓外連打三次梭，以最後落梭點為界，問乙方是否可以連跨十九大步回到最外圈的同心圓（俗稱「蹬」），如果乙方宣布要「蹬」，且真的如言在十九步內跨回外圈，則比賽結果形同雙方扯平；重新再來。

　　新沂縣的打梭歌以連打十梭為例，紀錄下新沂地區打梭的歌謠，茲節錄如下〔註94〕：

　　　　梭、梭！俺打一，白鴿掉在花園裡。

　　　　梭、梭！俺打兩，銅棒沒有銅棒響。

　　　　梭、梭！俺打參，三個燕子飛滿天。

　　　　梭、梭！俺打四，四個銅錢八個字。

　　　　梭、梭！俺打五，五郎上山打老虎，大虎打有十七八，小虎打

　　有十五六。

　　　　梭、梭！俺打六，六郎不吃肥膘肉。

　　　　梭、梭！俺打七，七郎磨刀殺野雞。

　　　　梭、梭！俺打八，八郎提刀朝裡殺。

　　　　梭、梭！俺打九，九郎提刀往裡走。

　　　　梭、梭！俺打十，十郎廟裡扯黃旗，扯三扯，落三落，還問小

　　姐說不說。

〔註93〕見《海州民俗志》，頁374。

〔註94〕見《新沂縣歌謠集成》，頁171。

打梭講求眼明手快的技巧與冒險的勇氣，如同牛郎將梭擲回織女身邊般反應機敏，是一種具有冒險性的娛樂活動。

（八）城門城門幾丈高

這是一種男女童可混玩的遊戲，邊玩邊唱念著歌訣；所唱歌訣種類極多，除〈城門城門幾丈高〉之外，也有〈龍門龍門幾丈高〉、〈拍豆角〉等。

這種遊戲，是由一群幼童以猜拳方式決定兩名最輸的人擔任城門。任城門者面對面互握雙手，把手高舉過頭，形成城門；同時讓其餘孩童雙手搭肩依序從「城門」下魚貫而過。當歌謠念完時，城門將四隻手放下，被攔圍住的人就是輸家，須要在旁等待下一個輸家出現後，一起組成城門，以增加城門的厚度、提高穿過城門的困難度。再念歌謠時，仍是以最先的城門所攔到的人爲輸家，一直玩到只剩一人或是全部抓光爲止。

遊戲進行時所唱念的兒歌，就是〈城門城門幾丈高〉；此外，銅山地區的〈月姥娘、八丈高〉等頂眞歌，也可用於這類遊戲中做爲唱念兒歌。以〈城門城門幾丈高〔註95〕〉爲例：

> 城門城門幾丈高？三十六丈高。
>
> 再高高，高不出；再低低，低不出。
>
> 借你城門串三串，
>
> 江尖渚上圍圍轉。
>
> 咚咣咚，咚咣咚。

這首歌謠在進行到尾聲時，視參與遊戲者的默契而加快或放慢歌速；穿過城門者則會加速通過，以免被抓到；最後突然之間歌謠結束，被抓到的人往往大呼意外；整個過程充滿緊張與刺激感，是一項百完不厭的遊戲。

（九）琉璃繃繃搭戲台

這是一項女童的遊戲。玩時一定要以歌謠作爲開始及結束的判定點，因此歌謠在此遊戲進行中也很重要。

「琉璃繃繃」是一種用玻璃吹製成的易碎的兒童玩具，用嘴吹能發出叭叭的聲音；如果以此搭戲台，可以想極容易垮掉。這種遊戲就是由幾個女童圍成一個圓圈，一隻腳著地、另一隻腳抬起互相交叉掤在一起，一面拍手一面唱；同時每個人著地的單隻腳不停繞圈跳著移動。誰在唱完歌之前鬆脫開

〔註95〕見《海州童謠》，頁193。

來，誰就算輸了。歌謠唱畢一次，可以換另一隻腳再搭、重新念唱一次。這個遊戲因為不能持續太久，就像琉璃蹦蹦一樣，所以叫做「琉璃繃繃搭戲台」。

其歌謠如下〔註96〕：

> 琉璃蹦蹦搭戲台，
> 搭的搭，玩的玩。
> 人家的客都來了，
> 咱的閨女還沒來。
> 說著看著來到了，
> 爹看清，接包袱，
> 娘看清，接娃娃。
> 嫂子看清一扭搭。
> 嫂子嫂子你別扭，
> 當天來的當天走。

其實多數的兒歌都可以當作是這個遊戲的念唱歌謠，端視小女童們自己協議。這個遊戲挑戰著女童們的體力與耐力，一邊唱一邊跳還要一邊繞，相當不容易，也因此是女孩們愛玩的、具有挑戰性的遊戲。

多數的遊戲歌由於語韻和諧，可使兒童朗朗上口，所以只要沒有特別的限定，大多可以相互流用。這些不需依賴聲光產品的兒童遊戲，由於簡單易學、隨時可開始，成為兒童們成長過程中不可或缺的一環；隨著遊戲而唱念的兒歌，常常會伴隨孩童一輩子，到老時仍舊記得當年所唱的內容，成為一生最甜蜜的記憶。

三、認知歌

認知歌謠是兒歌中具有特定目的的歌類。這類歌謠的主要作用在於透過歌謠的唱述，使兒童對事物產生認識與理解，具有明確的目的及教育性功能。

認知歌謠的範圍極廣，其介紹的內容包括動植物特性、社會風俗、人際互動、童蒙教育、倫理概念……等。不同面向的兒歌，除了可以讓孩童認識並熟悉自身所生長的環境之外，同時也建立起明確的人際認知及家庭倫常觀念，對於養成兒童日後優良品德及穩定性格，具有正面的作用。

本單元將區分蘇北兒歌中的認知歌謠為「動植物介紹」、「社會民俗」、「人

〔註96〕見《銅山縣歌謠集成》，頁193。

際關係」、「倫理教育」及「童蒙歌」等部分，以助於瞭解蘇北民間如何引導及進行兒童的認知教育。

（一）動植物歌

認知歌謠中，對動植物的介紹是最普遍且基本的內容，這類歌謠各地都有；其中又以動物歌謠為多。謹說明如下：

1、植物歌

蘇北介紹植物的兒歌，大多同時具有勞動歌的特性，例如銅山縣〈拾棉花〉，就把從採棉織布到裁衣製衣的過程編入兒歌，與邳縣的勞動歌〈種棉歌〉有異曲同工之妙。所不同之處在於兒歌的歌句簡短，明確易懂，便於兒童傳唱：

> 大姐二姐去拾棉，大藍滿，小籃按。
> 拾滿了，回家轉。鋪上簾子去曬棉，
> 棉花曬得嗰牙乾，找軋車，去軋棉。
> 這邊出的黑棉籽，那邊出的雪平毡。
> 木頭弓，牛皮弦，彈好了，去紡線。
> 紡線車子八個齒，扔扔紡個線穗兩頭尖。
> 找篗子，去絡線，絡好了，去經線。
> 經布的，跑快馬，刷布的，站兩邊。
> 織布小姐坐涼船，織成白、染成藍。
> 雖說不是綾羅緞，穿在身上也好看〔註97〕。

又如種植穀物的歌謠，或者教導兒童分辨作物的生長條件及特色：

> ⋯⋯
> 坡兒南好種田，坡兒北好種麥。
> 麥地裡種蕎麥，蕎麥開花一片白〔註98〕。

也有的兒歌目的在於說明植物的功用與效能：

> 黃豆黃，黃豆黃，
> 麥子是個糧食王。
> 綠豆綠，扁豆扁，生就的豌豆一個眼。
> 別看高粱長得醜，蒙磨麵來能蒸酒。

〔註97〕見《銅山縣歌謠集成》〈拾棉花〉，頁235。
〔註98〕見《新沂縣歌謠集成》〈坡兒南坡兒北〉，頁157。

別看芝麻禿子頭，不能磨面能煉油〔註99〕。

其他還有像是介紹桃樹：

小桃樹，三尺高，桃花從底開到梢。

開出桃花般般大，結出桃兒有大小〔註100〕。

以及微山湖畔常見的毛地梨：

毛地梨，一撮毛，好吃不好刨。

大人哭，小孩笑，小貓急得喵喵叫〔註101〕。

毛地梨是一種百合科的鱗莖類植物，中醫所稱的山慈菇即是此物〔註102〕：其
根部味如荸薺，甘甜香脆，生熟食皆可。不過由於外表有毛、其上有花，造
成刨出及去毛皮不易，因此歌謠裡才會有「大人哭，小孩笑」的說法。

當然植物的作用不僅止於食用而已。連雲港的〈椿樹王〔註103〕〉歌中，
就藉由不斷長高的小椿樹，唱出兒童期待與椿樹一起長大、各自發展的內容，
讓兒童在認識樹種之餘，也引導他們走向社會所期許的人生方向：

椿樹王，椿樹王，你長高，我長長。

你長高，好打床；我長長，當新郎。

椿樹王，椿樹王，你長高，我長長。

你長高，打嫁妝，我長長，做新娘。

這些以植物為主題的認知兒歌，同時具有教育及趣味性，讓闔家大小在
耳熟能詳之餘，也能增長兒童對植物的的認識。

2、動物歌

蘇北的動物認知兒歌與植物認知兒歌一樣，具有高度的實用性與趣味
性。這些動物認知歌謠，大多從日常生活中隨處可見的家禽、家畜開始介紹
起，最常見的歌謠莫過於這首蘇北各地皆可見的〈小火叉〉，歌中一一介紹了
家禽家畜的功用與特色：

小針扎，爛泥滑，

你問俺家來個誰，逮住小雞就要殺。

〔註99〕見《徐州市歌謠集成》〈黑豆豆〉，頁357。
〔註100〕見《新沂縣歌謠集成》〈小桃樹〉，頁201。
〔註101〕見《銅山縣歌謠集成》〈毛地梨〉，頁225。
〔註102〕據《本草綱目‧草部第十三卷》：「山慈菇氣味甘、微辛，有小毒；主治主疔
腫，攻毒破皮，解諸毒蠱毒，蛇蟲狂犬傷。」http://www.theqi.com/cmed/oldbook/
book132/b132_16.html
〔註103〕見《海州童謠》，頁98。

雞說：嘴又尖、脖子長，你怎麼不殺那個羊？

羊說：上山吃草點點頭，你怎麼不殺那個狗？

狗說：夜裡看門嗓子啞，你怎麼不殺那個馬？

馬說：四條金腿馱你走，你怎麼不殺那個牛？

牛說：白天耕地歇三歇，你怎麼不殺那個鱉？

鱉說：青石蓋、硬石壓，你怎麼不殺那個鴨？

鴨說：渾水摸，清水撈，你爲何不殺那個貓？

貓說：逮住老鼠扒層皮，你怎麼不殺那個驢？

驢說：又推麵、又磨麩，你怎麼不殺那個豬？

豬說：你殺豬，俺不怪，俺是娘家一道菜。

這類型的兒歌中所提及的家禽家畜，隨各地傳唱人的需求與情況調整：除了上述例歌中所強調的特性以外，有的歌謠通篇都由動物自己強調著對家庭的貢獻，如〈哄寶寶〔註104〕〉中的蘆花雞「我下蛋兒油亮亮」、馬「糧食滿車我拉走」、鴨「下蛋請去窩裡掏」……等；而這類歌謠的最後總會以豬爲結，豬則大多認份受死，因爲「我是你家裡養的一刀菜〔註105〕」或「俺是陽間一刀菜〔註106〕」，對兒童充分說明了各種家禽家畜在家庭中的功用及特色。

在這些家中所豢養的動物中，家雞不但肉可食、蛋可吃，還肩負起「雞鳴一聲天下白」的重責大任。在農村裡，公雞的啼叫正是展開人們一天工作的重要晨喚，因此在兒歌中對於雞的這項貢獻也有所介紹〔註107〕：

雞嘎嘎，天明了。

老頭出放來放牛了，

老媽出來擰繩了。

除了有貢獻的家禽家畜，在日常生活中最常見的動物，當推老鼠莫屬。這個灰噗噗、鬼頭鬼腦的小動物，常會神不知鬼不覺地出現在每一個蘇北家庭中，因此描述老鼠的認知兒歌也在各地都可見到，最讓人耳熟能詳的，莫過於與這首〈小老鼠〔註108〕〉（小老鼠，上燈台，偷油吃，下不來，媽呀媽呀

〔註104〕見《海州童謠》，頁239。
〔註105〕見《邳縣歌謠集成》〈小火叉〉，頁238。
〔註106〕見《銅山縣歌謠集成》〈黃毛丫去賣花〉，頁200。
〔註107〕見《新沂縣歌謠集成》〈雞嘎嘎〉，頁157。
〔註108〕見《海州童謠》，頁54。

你快來）互爲同宗兒歌的相關內容，這首歌在銅山〔註109〕、新沂〔註110〕、睢寧〔註111〕等地都可見到，可見其內容靈活逗趣、引人喜愛的程度。

雖然在〈小老鼠〉裡，把小老鼠寫成了貪吃頑皮、上得去下不來的小淘氣，不過兒歌裡並沒有忘記順便讓孩童了解老鼠對生活的危害，以及對治老鼠的辦法，於是徐州市的兒歌裡這麼唱著〔註112〕：

> 小老鼠，白肚皮，從小養成壞脾氣。
> 咬箱子、咬櫃子，又咬大娘的棉穗子。
> 叫貍貓，你快來，咬住這個小禍害。

雖然貓是老鼠的天敵，不過大多數的時候，貓的慵懶與嬌縱似乎已經成爲牠的特色，銅山與邳縣的兒歌是這樣描述可愛小花貓的：

> 小花貓，尾巴拉著，
> 拾點柴禾夾著，擔點水甩著，
> 打點米兜著，到鍋裡煮著。
> 盛在碗裡冰著、吃飽肚子挺著，
> 東家西家串著，口裡喵喵叫著。

連雲港則是以白描的方式介紹這個愛玩的小動物：

> 小花貓，上高橋，伸伸腿，彎彎腰。
> 張開嘴，吃櫻桃，吃飽了，玩累了，
> 呼嚕呼嚕睡著了。

唱完了家裡的小動物，再看看戶外的小昆蟲。蘇北由於有精彩的〈百草蟲弔孝〔註113〕〉，把各種昆蟲的神氣與模樣都描寫得維妙維肖，所以兒歌裡與昆蟲相關的部分，也就順其自然地節錄起歌中片段作爲兒童的認知歌謠，如〈螞蚱算命〔註114〕〉、〈小螞蚱歌〔註115〕〉。此外像是描述磕頭蟲（磕頭蟲，把肉吃，風來了，雨來了，磕頭蟲，飛來了）、蜻蜓（〈捕蜻蜓〔註116〕〉）、打趣草螂婆（草螂婆，去包煙，包不好，打三千。千千萬，萬萬千，白鬍老

〔註109〕 〈小老鼠、爬燈橛〉，頁207。
〔註110〕 〈小老鼠〉，頁196。
〔註111〕 〈小老鼠，上燈台〉，頁132。
〔註112〕 見《徐州市歌謠集成》〈小老鼠、白肚皮〉，頁381。
〔註113〕 參見本文第伍章第三節〈短篇故事歌〉。
〔註114〕 見《新沂縣歌謠集成》，頁205。
〔註115〕 見《銅山縣歌謠集成》，頁229。
〔註116〕 見《徐州市歌謠集成》，頁315。

頭飛上天）、屎殼螂〔註117〕（屎殼螂，心裡詭，一心想給蝴蝶配。蝴蝶說：
『你長得黑，俺長得白，咱兩配合不般配。推車打蛋你走啦，誰跟你受這個
活漢子罪』）、以及知了（〈南園一棵麻〔註118〕〉）……等等的歌謠，都是用
來介紹戶外隨處可見的小昆蟲的兒歌。

　　在這些簡單介紹昆蟲的認知兒歌中，最有深意的當屬〈小蝸牛〔註119〕〉。
這首以蝸牛的慢動作為特徵所唱念的兒歌，把時光一去不回的感傷，融入在
簡單的兒歌裡，讓人陡興「天上三日、人間三年」的感慨，是一首融合抽象
與具象的認知兒歌：

> 小蝸牛，慢慢走，走到南京去打酒。
>
> 走過春，走過秋，爬過綠樹上高樓。
>
> 打一瓶酒回到家，走了九百九十天，
>
> 等白了我的少年頭。

　　蘇北的認知兒歌對天上飛的大雁也有介紹。通常這樣的歌謠與大雁本身
並沒有絕對關係，頂多是用以強調大雁以「人」字形的隊伍飛在空中；但是
如果沒有看到大雁在天上飛，兒童們是不會想起要唱這首歌的〔註120〕：

> 大雁大雁擺不齊，到家死您小二姨。
>
> 大雁大雁擺不開，到家死您小乖乖。
>
> 大雁大雁不般高，到家死您小牢牢〔註121〕。

　　以鳥類習性為題材入歌的認知歌謠不只這首，還有像是以布穀鳥叫聲為
興的〈呱呱呱咕〔註122〕〉，在一問一答之際，也讓兒童熟悉了布穀鳥的叫聲；
連雲港〈什麼做窩做得高〉更是以生物的築巢特色為主題，用問答歌的方式
帶領孩子們認識不同動物的生存本能：

> 什麼做窩做得高？什麼做窩半截腰？
>
> 什麼做窩蓮花碗？什麼做窩一條槽？
>
> 喜鵲做窩做得高，斑鳩做窩半截腰。

〔註117〕見《徐州市歌謠集成》，頁352。
〔註118〕見《海州童謠》，頁92。
〔註119〕見《海州童謠》，頁55。
〔註120〕見《銅山縣歌謠集成》〈大雁往南飛〉，頁247。相似的歌謠還有睢寧縣的〈大
　　　　雁大雁擺不齊〉，頁127。
〔註121〕小牢牢，指家裡養的小豬。
〔註122〕見《銅山縣歌謠集成》，頁261。

燕子做窩蓮花碗，兔子做窩一條槽。

這些有趣的動物認知兒歌，同時在知性及感性上有所發揮，使蘇北兒童在認識動物的同時，多方面地培養了各種不同的常識及情懷。

（二）社會民俗歌

這一類的認知兒歌，主要針對於社會中的不同行業、風俗以及當時的社會環境提出介紹。例如以鐵匠為主題的歌謠，在介紹其工作性質及貢獻時，同時帶入鐵匠有節奏的打鐵聲，讓兒童在唱念的同時，也可以隨手取材，模仿鐵匠有節奏的敲打動作。此外，描述乞丐的要飯歌，也帶給孩子們模仿乞討時敲擊飯碗唱蓮花落動作的樂趣。這些帶有動作的歌謠，具有鮮明的節奏性，便於傳唱與記憶。

此外，兒歌對於社會民俗的向下傳遞，也具有顯著的貢獻。蘇北兒歌中，有多首是描述剪紙工藝的歌謠；至於在婚儀中也有專屬於兒童的歌謠，藉由激怒新娘來達到唱出喜話的效果，這些部分都是本單元所要介紹重點。

1、行業歌

蘇北兒歌中所介紹的行業不多，主要以鐵匠為主；旁及富商、商人，以及乞丐。

鐵匠是最受兒歌歡迎的行業。主要原因在於小鐵匠叮叮噹噹的打鐵動作，讓孩童可以用敲打的動作模仿；配合上具有節奏感的兒歌，格外使得小鐵匠們具有臨場感的體驗。這些鐵匠的工作歌，大多以數數的方式，介紹鐵匠的工作內容與製作的產品種類。以這首〈小打鐵〔註123〕〉為例：

> 一打釘，二打鐵，三打鉸鍊，四打槍。
> 五打鋤、六打缸，七打刀子，八打鐮。
> 九打鍋鏟，十打劍。十一打雙簧鎖，
> 十二打金剛鑽。
> 十八大姐來點火，叫你躲你不躲，
> 燒你裙子不怪我！

類似的歌謠在銅山〔註124〕也見到；除此之外，關於鐵匠的歌謠還有新沂的〈張鐵匠〔註125〕〉（張鐵匠，李鐵匠，打把鐮刀月牙樣。割了麥，擺成趟，

〔註123〕見《海州童謠》，頁146。
〔註124〕《銅山縣歌謠集成》〈一打鐵，二打鋼〉，頁199。
〔註125〕見《新沂縣歌謠集成》，頁197。

大車拉，小車扛……）；〈小鐵匠〔註126〕〉（小鐵匠，敲叮噹，一打鐵，二打鋼，三打金銀冒金花。日進銀錢千萬兩）。至於連雲港的〈小大姐2〔註127〕〉：「小大姐，歇一歇，你拉風箱我打鐵，掙幾個錢給你爹、你爹愛戴紅纓帽，你娘愛穿咯噔鞋……」則是另一種鐵匠兒歌的系列，在新沂也可見到〔註128〕。這幾類以鐵匠為主題的歌謠，在蘇北各地都有流傳，可見鐵匠這個行業應該稱得上是兒童對社會行業認知的起步。

　　兒歌中對行業的描述有時不見得全然是正面的。例如連雲港的〈小板凳〔註129〕〉，以小板凳起興，唱的是坐在板凳上富商苛毒的神氣：

　　　　小板凳、四條腿，上面坐個吸血鬼。

　　　　逼著長工做苦活，自己喝著茶葉水。

　　　　叼著大煙袋，翹著二郎腿。

　　　　睒眼哼著小曲兒，翻眼朝人罵兩嘴。

又如〈推豆腐〉，則唱出了製豆腐人家付出與收入不成正比的辛勞：

　　　　你推磨，我推磨，豆腐娘娘點鹵水。

　　　　做出豆腐割幾塊，豆腐不值錢，活受罪。

不過雖說辛勞，但是只要能平平穩穩地過日子，就足堪告慰了；不像這位賣煙酒的小大姐，一旦「公子王孫耍無賴」，也只能「罵他三夜共三天」了。

　　上述的這些小生意人再怎麼辛苦，終歸是正正當當地作生意；不像〈賣豆芽〔註130〕〉裡的商人，偷斤減兩讓人給抓著了：

　　　　牙子牙，賣豆芽，少人秤，挨人刮。

　　　　大爺大爺你莫刮，我還你二斤老豆芽。

　　這些描寫社會上各種行業點點滴滴的歌謠，帶給孩童對社會各行各業最初步的認知，也讓他們略略領會到商業經營的表象。只是還有一類行業歌在兒歌中也有描述，那就是描述乞丐生活的〈討飯謠〔註131〕〉：

　　　　要飯的，真難熬，手裡拿根彎柳條。

　　　　要到一口吃一口，要到一瓢吃一瓢。

〔註126〕見《海州童謠》，頁141。

〔註127〕見海州歌謠，頁108。

〔註128〕如新沂縣〈小大姐、小二姐〉，頁191。新沂縣這首歌謠的後半段變成一首連環兒歌，具有繞口令般的趣味。

〔註129〕見《海州童謠》，頁43。

〔註130〕見《海州童謠》，頁47。

〔註131〕見《海州童謠》，頁42。

以及提示乞者注意應有禮貌的歌謠：

> 小要飯，門口站，不喊大娘不給飯。
>
> 只要大娘給你吃，下回千萬莫來站〔註132〕。

這兩首歌謠寫出了乞者生活的實況；不過從下一首〈小要飯〔註133〕〉來看，乞丐也有自己的尊嚴，頗有「不食嗟來食」的風骨：

> 小要飯，把門站，要包打到桃花澗。
>
> 鍋也攢，碗也攢，不吃你家倒頭飯。

歌謠中的「倒頭飯」，原是指放在亡者腳邊讓亡者填飽肚子好上陰間路的飯。在這首歌裡，小要飯對於扔出來的食物，憤憤地稱之為「倒頭飯」，可知雖然身為乞丐，仍有身為「人」所應有的尊嚴。這樣的兒歌，除了帶給孩童對於不同行業的認知之外，同時也從人性尊嚴的角度，讓孩童認識並學習對己對人的尊重，可以說是非常具有啟發性的認知童謠。

2、工藝歌

蘇北最具代表性的民間工藝，當推剪紙莫屬。這樣的工藝特色歌，在兒歌中以名為〈小火筒〉或〈張家娶個小巧人〉為名的同宗兒歌為主，在海州及徐州地區都可見到〔註134〕，茲以邳縣歌謠為例：

> 小火筒，引火媒，張家娶個小巧人。
>
> 腳又巧，手又巧，兩把剪子一起鉸。
>
> 先鉸牡丹花，後鉸靈芝草。
>
> 靈芝草，一滴油，鉸一個大姐梳油頭，
>
> 大姐梳個盤龍髻，二姐梳個蓋花樓。
>
> 落個三姐沒得梳，梳個獅子滾繡球。
>
> 大姐戴墜子，二姐戴環子。
>
> 落個三姐沒得戴，一戴戴個竹籃子。
>
> 大姐騎金馬，二姐騎銀馬，
>
> 落個三姐沒得騎，一騎騎上樹嗽杈。

在這樣的剪紙歌裡，傳達出無不可剪的精巧工藝技術，也對於變化多端的剪紙造型有所描述。在兒歌中如此唱念著剪紙歌，既帶給兒童對鄉土工藝特色

〔註132〕見《海州童謠》〈小要飯〉，頁149。

〔註133〕見《海州童謠》〈小要飯〉，頁133。

〔註134〕邳縣〈張家娶個小巧人〉，頁243；銅山縣〈小棗枝，搭拉枝〉，頁206；新沂〈小火筒〉，頁195；《海州童謠》〈小火筒〉，頁19。

的認知，也帶給他們傳承的自信與驕傲。

3、風俗歌

兒童對家鄉的認知，除了對環境的熟悉以外，地方上的各類風俗儀式也是建立家鄉認同的重要方向之一。以蘇北兒歌來說，在邳睢銅一帶有一首〈小白雞〔註135〕〉類的同宗兒歌，就是蘇北地方專屬於兒童的喜慶歌〔註136〕。這首歌是在鬧洞房時，由兒童群體大聲唱出以嘲笑新娘的身材及長相，或羞辱她長得醜、或嘲笑她乳房太大，目的就是要激怒新娘。當新娘面帶慍意時，兒童立刻會不留情面地對她大喊：「你生氣啦？生啊！你生啊！拼命生啊！」，以寓「生育」的「生」於「生氣」的「生」之中，博得早生貴子的好彩頭。茲以銅山縣歌謠〈花老鴰，白脖子〔註137〕〉為例：

> 花老鴰，白脖子，張三娶個老婆子。
>
> 腳又小，臉又白，兩個媽媽〔註138〕打油錘。
>
> 抬抬腿，撐撐腰，可把張三喜極了。

從上面這首歌謠可以看出來，歌中刻意以醜惡的形容描述新娘子，的確很難不教被蒙在鼓裡的新娘生氣；有時甚至連新郎也被牽連在其中。不過一旦生氣，就達到了討口彩的目的；這正是蘇北兒歌中，特殊的民俗歌謠，對於幫助認知地方風俗特色，具有代表性的意義。

蘇北兒歌中還可以作為認知地方特色的兒歌，還包括與信仰活動有關的兒歌，這一類歌謠皆出現於新沂縣，包括〈打金鼓〔註139〕〉、〈觀音老母要吃桃〔註140〕〉、〈小扁什彎又彎〔註141〕〉、〈小餃子兩頭尖〔註142〕〉等，都是與信仰活動有關的歌謠。

這四首歌謠最大的特色在於傳達出虔敬天地的心意，無論對象是老天爺、觀世音菩薩或是王母娘娘，歌謠中都教導了孩童先敬天地以謝天恩、並祈來年保佑的觀念。茲以〈小餃子兩頭尖〉為例轉錄如下：

> 小餃子兩頭尖，擱鍋裡亂翻番。

〔註135〕見《邳縣歌謠集成》，頁 244；《睢寧縣歌謠集成》〈小白雞，刨穩子〉，頁 126。
〔註136〕詳情請參見本文第肆章第三節〈儀式歌〉之「婚儀歌」。
〔註137〕見《銅山縣歌謠集成》，頁 227。
〔註138〕指女性的乳房。
〔註139〕見《新沂縣歌謠集成》，頁 157。
〔註140〕見《新沂縣歌謠集成》，頁 222。
〔註141〕見《新沂縣歌謠集成》，頁 194。
〔註142〕見《新沂縣歌謠集成》，頁 223。

　　　　金碗盛銀碗端，端到外邊敬老天。

　　　　老天敬得心歡喜，一年四季保平安。

　　這種帶有儀式歌性質的認知童謠，將地方上敬天的習俗及民風清楚的交代出來，也讓兒童從小就學習到如何敬天法祖、表達心意，是另一種反映地方特色的認知童謠之一。

4、時事歌

　　兒童與大人一樣，隨時要面對外在政治時局的變化。當日本侵華時，藉由兒歌可以讓兒童建立起對家國概念的認知、以及保家衛國的責任感。

　　蘇北的認知兒歌中以抗日為主題的歌謠，一方面教導兒童如何面對日軍侵華的時局態勢，（如〈老母豬溜河涯〔註143〕〉，就是警示大家暗中注意日軍的活動情況）；一方面也藉讚頌八路軍英勇抗日的歌謠、或是以劉胡蘭等游擊隊英雄為楷模，建立起兒童見賢思齊的心理、培養愛國意識：如邳縣的〈專打敵人司令部〔註144〕〉、徐州市〈月姥娘圓又圓〉都是此類歌謠，茲以〈月姥娘圓又圓〔註145〕〉為例，轉錄如下：

　　　　月姥娘圓又圓，裡頭坐著劉胡蘭。

　　　　劉胡蘭挎著槍，把它交給黃繼光；

　　　　黃繼光不怕累，把它交給董存瑞；

　　　　董存瑞炸碉堡，一個敵人沒跑了。

也有兒歌內容是以激起兒童同仇敵愾之心，號召兒童關心局勢為目的，如：

　　　　日本人呀真可惡，殺我同胞奪我地。

　　　　小朋友，快快來，打倒日本出口氣〔註146〕！

　　整體而言，兒歌中關於社會民俗的內容，正是建立起兒童對家鄉基本認知的重要工具及媒介。蘇北兒歌中的社會民俗認知歌，從不同的層面引介整個蘇北民風給孩童，除了具有時代及地方意義之外，也紀錄下了歌謠產生當時的時空背景，成為古往今來想要認識蘇北者，一條便捷的路徑。

（三）人際關係歌

　　蘇北兒歌中對於人際關係的認知歌謠，都是以母系血親為主題，包括妗

〔註143〕見《銅山縣歌謠集成》，頁213。
〔註144〕見《邳縣歌謠集成》，頁246。
〔註145〕見《徐州市歌謠集成》，頁397。
〔註146〕演唱者：馮惠民，採錄者：馮翠珍，採錄地點：台北縣，2006年4月24日。

甥情結、姥孫關係，以及無母孤兒的生活等。主要原因在於母親是兒童的主要照顧者，所以童謠也延伸反映出母親（及兒童）與娘家之間的關係。

　　以甥妗情結為例：蘇北兒歌中，常可見到打趣妗子（舅媽）的內容。這類歌謠大多從兒童的角度，鄙夷著不歡迎自己回外婆家的小氣妗子。有的歌謠中，兒童會對妗子大聲宣告自己不屑久留的打算，如連雲港的〈小喜鵲 1〔註 147〕〉：

　　　　……

　　　　大舅母，你莫瞅，鐵樹開花我就走。

　　　　哪條河溝沒石頭，哪家小孩沒有舅！

說是要走，可是「鐵樹開花」又豈是隨時都有！此歌的同宗兒歌中，也有將鐵樹開花換成「蕎麥開花〔註 148〕」或是「豌豆開花〔註 149〕」，不過都只是用來氣妗子的一種說法而已。也有的歌謠是以打趣妗子的小心眼或生氣為樂，如徐州市的〈篩籮籮〔註 150〕〉：

　　　　……

　　　　姥娘沒在家，氣的妗子吱哇哇。

　　　　吱哇鍋屋裡，變個老母雞，

　　　　吱哇門後頭，變個老兕牛。

　　這些充滿了孩子氣的要賴與玩笑，凸顯出外甥存心要與妗子作對的心態，可見兒童與妗子的對立頗深。問題是年幼的兒童為何會與妗子有這麼深的對立？仔細探究之後不難發現，原來甥妗情結源自於中國社會長久以來的姑嫂對立：在兒童的生活裡，母親就是孩童一切認知觀點的直接來源；母親與妗子之間的戰爭透過親子互動，自然而然地直接向下延伸至兒童身上，使得兒童成為母親的代言人，繼續著未完的姑嫂戰爭，也因此出現了這類以妗甥情結為主題的兒歌。

　　這種姑嫂對立的人際關係，除了可以從上述的歌謠裡嗅出端倪以外，也可以從兒歌中的描述、以及姑嫂雙方對彼此的直接攻擊看出來：例如〈小小笤把短短粗〉就是唱著小姑的委屈：「……哪有嫂嫂打小姑？小姑生了氣，背

〔註 147〕見《海州童謠》，頁 56。

〔註 148〕見《海州童謠》〈花喜鵲 3〉，頁 60。

〔註 149〕見《銅山縣歌謠集成》〈小豆芽，彎彎鉤〉，頁 205；《邳縣歌謠集成》〈小豆芽〉，頁 242。

〔註 150〕見《徐州市歌謠集成》，頁 361

起包袱找丈夫。找個丈夫實可憐，結巴結巴好幾年〔註151〕」；而銅山縣兒歌〈小豆芽，彎彎鉤〔註152〕〉的歌末則作如是唱：「騎著驢，唱著風，到家學給俺娘聽（指妗子見俺剃眼瞅一事），俺娘說你理不通」；甚至有的地方把最後一句改為「俺娘罵妗子：妗子老婆養漢精」之類屬於人身攻擊的歌詞〔註153〕。

還有一個可以看出因母親與娘家關係不諧而造成妗甥情結的指標。蘇北兒歌裡有一類以出嫁女兒歸寧為主題的歌謠，歌中女子對於娘家兄嫂待自己的不友善態度感到心寒，於是直言：「哥哥哥哥你莫瞅，騎上騾馬俺就走〔註154〕」，或是大聲宣告著「有咱娘，來兩趟；無咱娘，永不來〔註155〕」；「有俺爹娘來一趟，無俺爹娘不占來〔註156〕」之類的內容；也有的歌謠從娘家的角度打趣著出嫁女子歸寧別有居心：「有錢來幾遍，無錢永不來〔註157〕」。無論如何，這些歌謠都使人感受到出嫁女兒與娘家之間漸行漸遠的關係；也因此衍生出反映世事人情的兒歌〔註158〕。

無論姑嫂對立再怎麼激烈、妗甥情結再怎麼緊張，都影響不了姥姥與外孫之間甜蜜的互動。多數的兒歌中提起姥姥，總會流露出無以倫比的親暱與嬌寵之情，讓兒童從小就認知到姥孫關係的緊密，就算是被舅姥（外婆）打罵了，也依舊是舅姥的心肝寶貝，於是會有「打不夠，疼不夠，外孫是舅奶心頭肉〔註159〕」、「我給舅奶打一頓，還是舅奶小外孫〔註160〕」之類的歌詞在兒歌中出現。有的小外孫實在是皮透了，讓舅姥忍不住發大脾氣，如這首〈拉豆踏〔註161〕〉裡，這個造反上了天的小外孫，不但沒挨打，反而回過頭來拉砸東西，更足以看出小外孫在舅姥家得寵的程度：

> 吱哽吱，拉豆踏，拉下來，沒有柴燒。
>
> 抽姥姥屋檐燒。
>
> 姥姥抱棍打，小舅來說情，饒了小外甥。

〔註151〕見《海州童謠》，頁6。
〔註152〕見《銅山縣歌謠集成》，頁205。
〔註153〕見《銅山縣歌謠集成》〈小豆芽，彎彎弓〉歌末附注，頁205。
〔註154〕見《海州童謠》〈開門望望〉，頁121。
〔註155〕見《銅山縣歌謠集成》〈小馬杌，十二層〉，頁212。
〔註156〕見《睢寧縣歌謠集成》〈小瓦屋，十二層〉，頁131。
〔註157〕見《海州童謠》〈小白菜2〉，頁84。
〔註158〕相關的內容，請參見本文第伍章第二節〈生活歌〉之「家庭生活歌」。
〔註159〕見《海州童謠》〈小黑驢〉，頁67。
〔註160〕見《海州童謠》〈還是舅姥小外孫〉，頁177。
〔註161〕見《新沂縣歌謠集成》，頁193。

摔姥鍋，砸姥盆，從今不進姥姥門。

這些環繞著母系家族所衍生而出的兒歌，是兒童們認知家族關係及人際運作的開始。不過一旦失去了母親，這些人際關係都會隨之產生變化。兒歌中對於繼母的認知，大多流於負面，像是連雲港的〈小白菜〔註162〕〉、〈小花雞下雞蛋〔註163〕〉、銅山縣的〈小白雞 2〔註164〕〉等，都是在訴說著無娘子的淒苦可憐，讓孩子更加珍惜有母親在身邊的幸福。以銅山縣的〈小白雞 2〉為例，這首歌就敘述著孩子一旦失去了母親，連家裡的畜牲都會來欺負他：

小白雞，撬草垛，沒娘孩，真難過。

跟雞睡，雞叨我；跟狗睡，狗咬我。

跟貓睡，貓抓我，跟驢睡，驢踢我。

做夢見媽媽，媽媽抱我又親我。

這類歌謠中，沒有母親的孩子完全沒有依靠；讓孩子體會到失去母親的孤苦。徐州市的〈小白雞〔註165〕〉，則是更進一步敘述無母孤兒長大娶妻生子後，格外能體會到「養兒方知報娘恩」的感受：當孤兒的妻子為了照顧生病的兒子而烹製餛湯時，也順便遞給孤兒一碗；此情此景，使得孤兒回憶起有娘疼愛的幸福，「端起碗來淚汪汪，拿起筷子哭親娘。一哭哭到娘墳上」。如此令人鼻酸的情境，撼動的豈止是兒童的孝親之心；恐怕連帶唱的大人們也會因此低頭思親恩了吧。

不過失去母親保護的，還不只是孤兒。童養媳也是另一種必須獨自面對生活的可憐孩童。在蘇北兒歌的認知歌謠中，兒童從兒歌裡認識到何謂童養媳，讓孩子們在日常生活中看見童養媳時，能體會並了解她們的處境。

認知兒歌中關於童養媳的描述，大多是從照顧小丈夫們尿床後的工作為題材來發揮。對一般兒童來說，夜裡尿床時，前來照料他們的大多是母親或奶媽；但是對於有童養媳的家庭而言，這就是童養媳的工作。徐州市的〈小女婿尿床〉可以做為蘇北以童養媳為主題的同宗兒歌代表：

丫頭十八本姓黃，七歲女婿會尿床。

一更天尿溼紅綾被，二更天弄髒象牙床。

三更大姐氣極了，提起花鞋打新郎。

〔註162〕見《海州童謠》，頁83。
〔註163〕見《海州童謠》，頁64。
〔註164〕見《銅山縣歌謠集成》，頁202。
〔註165〕見《徐州市歌謠集成》，頁352。

　　　　先打一下喊大姐，再打一下喊親娘。

　　　　大姐親娘饒了吧，從今以後不尿床〔註166〕……

這些歌謠的內容中所描述情境，對童養媳而言既寫實又嘲弄；透過這樣的兒歌，讓兒童體會到各種身份的人在不同家庭中所扮演的角色並認識所身處的世界。

（四）倫理教育歌

　　蘇北社會對於倫常觀念的重視，可以從歌謠中略知一二。此處所指的倫常觀念，是以孝親與尊師為主；其中又以孝親歌謠流傳最廣、類型最多。蘇北歌謠中，不但〈生活歌〉會勸人行孝〔註167〕、〈傳說故事歌〉中也屢有孝親〔註168〕的典範；就連兒童的認知歌謠裡，也不斷地教導著孩童孝親的可貴與意義。

　　蘇北兒歌裡的孝親歌謠，當推以〈花喜鵲尾巴長〉為題的同宗兒歌。這首廣為人知的兒歌，在蘇北各地大同小異，無論如何刪添，總不離「娶妻忘娘」的主題，從小就藉著歌謠告誡著兒童：日後為人子媳時千萬不要重蹈覆轍、不知報恩。茲以徐州市歌謠〔註169〕為例：

　　　　小喜鵲，尾巴長，娶了媳婦忘了娘。

　　　　老娘喝的稀米粥，媳婦喝的母雞湯。

　　　　老娘穿件破棉襖，媳婦穿的花衣裳。

　　　　老娘睡張光光板，媳婦睡張雕花床。

類似的同宗兒歌最後，會以各地不同的民風表達對為人子者娶妻忘娘行逕的鄙夷，無論是「媳婦抱在牙床上，老娘丟在大路旁〔註170〕」、「媳婦說話一台戲，老娘說話狗臭屁〔註171〕」，都是疼妻忘娘的具體表現，也讓兒童具體認知到什麼叫做「娶妻忘娘」。

　　誠喻兒童切不可娶妻忘娘的童謠還不止於此。蘇北兒歌中還有另一型兒歌也是以「花喜鵲，尾巴長〔註172〕」或「梧桐樹，葉子稀」起興，不過內容

〔註166〕見《徐州市歌謠集成》〈小女婿尿床〉，頁375。
〔註167〕參見本文第伍章第二節〈勸世歌〉。
〔註168〕參見本文第伍章第三節〈短篇故事歌〉、〈中篇故事歌〉。
〔註169〕見《徐州市歌謠集成》集〈小喜鵲〉，頁356。
〔註170〕見《睢寧縣歌謠集成》〈花喜鵲，尾巴長〉，頁72。
〔註171〕見《海州童謠》〈花喜鵲2〉，頁57。
〔註172〕見《海州童謠》〈花喜鵲1〉，頁58；《邳縣歌謠集成》〈花喜鵲〉，頁251。

卻是套以短篇傳說故事歌〈吃黃梨〔註173〕〉的片段，諷刺人子愛妻勝母的行徑。茲以銅山縣〈梧桐樹，葉子稀〔註174〕〉為例，轉錄於下以供參考：

> 梧桐樹，葉子稀，娘疼兒，兒疼妻。
>
> 老娘要吃蘇州梨，不逢節，不逢集，
>
> 上哪買個蘇州梨。
>
> 妻子要吃蘇州梨，也逢節，也逢集，
>
> 今天晚上俺就去。

　　除了以反面揶揄教導兒童記清不孝子的嘴臉，蘇北兒歌也不忘從正面宣揚著親恩的偉大。銅山縣的〈小大姐才十一〔註175〕〉或〈小大姐才十六〔註176〕〉，都是從兒童的角度，描述兒童為母親服務的心意與行為。如〈小大姐才十六〉中，小大姐到湖邊去摘毛豆，只為了「磨好豆麵好下鍋，燒湯端給我娘喝」；又如〈小大姐才十一〉則是上南湖去摘菱角，只為了「留給娘壓咳嗽」。其實父母親也不是非要孩童做出驚天動地的大事來孝親，只要有心即可；但是如果無心於父母、卻又連說都說不動，那可就要像這樣挨打囉：「攪郎郎，拾豆吃，不給老媽一個吃。老媽拉棍打，一給一大把〔註177〕！」

　　徐州是另外還有一首名為〈蓮蓬開花十三朵〔註178〕〉的兒歌，也是從正面角度頌揚著母親的偉大、以及兒女對母親生病時的關心：

> 蓮蓬開花十三朵，俺娘從小拉拔我。
>
> 吃娘的奶，報娘的恩，長大不給娘親給誰親！
>
> 娘病了，俺心慌；花格子手巾包冰糖。
>
> 左手拿著給娘吃，右手拿著給娘嘗。
>
> 娘不吃、娘不嘗，怎樣疼俺的好親娘！

　　孝親以外，以倫常教育為目標的認知兒歌中，另一類所要傳揚的觀念就是敬師。在徐州及海州，都各有一首傳達師徒情誼的歌謠，如徐州的〈小茶盅〔註179〕〉，頌揚的是師恩浩瀚、高徒滿天下的盛況：

> 小茶盅，紫鈴鈴，誰給師傅送一盅？

〔註173〕見《徐州市歌謠集成》，頁296。
〔註174〕見《銅山縣歌謠集成》，頁8。
〔註175〕見《銅山縣歌謠集成》，頁222。
〔註176〕見《銅山縣歌謠集成》，頁219。
〔註177〕見《睢寧縣歌謠集成》〈攪郎郎，拾豆吃〉，頁128。
〔註178〕見《徐州市歌謠集成》，頁354。
〔註179〕見《徐州市歌謠集成》，頁392。

> 師傅圖我好珍寶，我圖師傅好恩情。
>
> 師傅門前有條河，一對鴛鴦一對鵝。
>
> 鴛鴦扎翅鵝飛起，一對蓮蓬照滿河。
>
> 蓮蓬老了落下籽，師傅老了徒兒多。

至於連雲港的〈小小船〔註180〕〉，則是以頂真歌的形式直接唱出徒兒報答浩瀚師恩的心意：

> 小小船，小小篙，師父站頭我站梢。
>
> 師父是棍我是苗。
>
> 苗上開花結新桃，
>
> 桃也鮮，我也鮮，我送師傅上西天。
>
> 西天有個玻璃洞，玻璃洞裡出神仙。

如此簡單卻充滿童趣的歌謠，帶出了師道傳承的意象，也讓兒童認知到尊師重道的重要；兼之以頂真的形式，讓人容易朗朗上口、廣為傳揚，達到頌揚師恩的目的。

（五）童蒙歌

認知歌謠中的童蒙歌，主要內容在於建立兒童對數字及自然景物變化的認知能力。

1、數字歌

蘇北有許多以數字順序起興的兒歌，既有趣又好記，讓兒童在順口吟唱之際，也建立起了對數字的概念。這些歌謠有的只是單純就情境加以描述，如〈數數歌〔註181〕〉、〈我唱一個一〔註182〕〉、〈數數歌2〔註183〕〉、〈百數歌〔註184〕〉等。也有的數字歌加入了情節，以短小有趣的故事帶出數字，更易於讓兒童加深印象。如〈一字不在家〉就是很有趣的例子：「一字不在家，二字去找他，三字找到老王家，王家有棵彎柳樹，裡邊有四個光蛋不開花」；又如〈一盆玫瑰兩朵花〔註185〕〉：「一盆玫瑰兩朵花，三個小孩都要他，四丫家有五個娃，拿了六塊七棱磚，跑到八仙廟，驚動廟裡九棵樹上十隻大

〔註180〕見《海州童謠》，頁8。

〔註181〕見《海州童謠》，頁235；

〔註182〕見《海州童謠》，頁208

〔註183〕見《海州童謠》，頁236。

〔註184〕見《徐州市歌謠集成》，頁349。

〔註185〕見《海州童謠》，頁183。

老鴉」、〈荒瓜葉〔註186〕〉：「荒瓜葉，動呀動，大姐出門二姐送。三姐追，四姐打，五姐騎個大紅馬」；以及〈十姐打燈照〔註187〕〉、〈大禿有病二禿慌〔註188〕〉等，都是有趣又好記的數字歌。

　　大多數的數字歌的數序都是從一數到十；不過銅山縣的〈拐棍〔註189〕〉則是另一種融合數字與老年生活的兒歌。在蘇北的方言中，「拐棍」除了指的是「枴杖」之外，同時也有數字「七」的意思。這首歌謠從七十一數到八十，唱出老年人從七十歲到八十歲期間的心境轉換與人情冷暖：

> 拐棍一，拐棍一，丟了拐棍走不的〔註190〕。
> 拐棍兩，拐棍兩，拐棍比個兒還強。
> 拐棍三，拐棍三，兒女的碗真難端。
> 拐棍四，拐棍四，閻王不叫自己去〔註191〕。
> 拐棍五，拐棍五，不忘監牢那般苦。
> 拐棍六，拐棍六，兩手捧個熱饅頭。
> 拐棍七，拐棍七，一成家業俺治的。
> 拐棍八，拐棍八，一成家業讓給他。
> 拐棍九，拐棍九，閻王無情叫俺走。
> 拐棍十，拐棍十，老的死了沒人提。
> 聽著大小哭奶奶，伸把拉著小的衣。
> 大小大小甭哭啦，烙油餅，捲雞蛋，
> 大口吃，狠命咽，急得奶奶乾瞪眼。

2、自然景物歌

　　蘇北的認知童謠中的最後一類，就是對於自然界景物的認知兒歌。這些兒歌傳達了包括對天體（如星星、月亮），氣候（下雨、颶風）以及山水景物變化的相關概念。

　　以對天體的認知兒歌而言，除了銅山縣的〈一顆星〔註192〕〉是屬於以星

〔註186〕見《新沂縣歌謠集成》，頁173。
〔註187〕見《海州童謠》，頁120。
〔註188〕見《海州童謠》，頁129。
〔註189〕見《銅山縣歌謠集成》，頁202。
〔註190〕音「迪」
〔註191〕蘇北俗諺，「七十三，八十四，閻王不叫自己去」；指這兩個年紀是老人家最常仙逝的時間。此處疑歌謠有誤。
〔註192〕見《銅山縣歌謠集成》，頁218。

星為主角的認知兒歌以外，多數的天體認知兒歌都是以月亮為主角。

在歌謠中，兒童或把月亮當作是好朋友：「月姥娘，跟我走，我打燒餅你賣酒。賣得多，咱倆喝；賣得少，咱倆吵。一吵吵個大元寶〔註193〕」；或把月亮當作是戀愛的目標：「月亮月亮跟我來，我家有個大花狗。月亮月亮跟我來，我家有快熱烤牌。月亮月亮跟我走，我給你背巴斗。月亮月亮跟我來，我給你繡花鞋。〔註194〕」也有兒童把月亮當作是傾訴心事、祈求發財的對象：「月姥爹，月姥娘，給幾個錢兒洗洗澡。不要多，不要少，就要兩只大元寶〔註195〕」。

以氣候變化為主題的認知兒歌，大多以風及雨為主要唱述內容。以新沂的〈風婆婆〔註196〕〉為例，歌中把風比作老婆婆：「風婆婆，起風囉！給你頭繩扎口袋。扎不住，刮倒樹，扎好囉，貍貓颳跑囉！」；此外〈買傘歌〔註197〕〉則是以風大吹壞傘、暗喻「竹籃兒打水一頭空」的人生境遇：「今兒個攢、明兒個攢，攢兩個錢，買把傘。大風鼓破了，落個大光桿」。見到這種情景，小孩兒們只好祈禱風還是別來得太大才好：「……大風來了別太大，小風來了真爽快〔註198〕。」

雨常隨風一起來，於是在連雲港地區的〈風雨歌〔註199〕〉裡就有這樣模擬著風雨聲的內容，使歌謠充滿了擬人化的趣味：

> 風來了，雨來了，老和尚背個鼓來了。
>
> 風走了，雨走了，老和尚背個鼓走了。
>
> 下大雨，我不跑，我家有個小破襖。

此外還有像是描述雨聲像是炒芝麻的〈天上小雨嘩嘩嘩〔註200〕〉、帶有「唇亡齒寒」意謂的〈大雨嘩嘩下〔註201〕〉等，都是以雨聲為主題的歌謠，讓兒童在觀雨之餘，也能隨興對風與唱起兒歌，增添了不少的趣味。

〔註193〕見《銅山縣歌謠集成》〈月姥娘，跟我走〉，頁228。

〔註194〕見《海州童謠》〈月亮月亮跟我走〉，頁26。

〔註195〕見《海州童謠》〈就要兩只大元寶〉，頁14。

〔註196〕見《新沂縣歌謠集成》，頁223。

〔註197〕見《新沂縣歌謠集成》〈買傘歌〉，頁181。

〔註198〕見《海州童謠》〈求風歌〉，頁37。

〔註199〕見《海州童謠》，頁110。

〔註200〕見《海州童謠》，頁25。

〔註201〕見《海州童謠》，頁169。原歌內容：「大雨嘩嘩下，柴禾要漲價，燒了板凳腿，棒槌也害怕」

　　天文氣候之外，地景風貌也是認知兒歌裡基本的主題之一。如表現出平靜怡然氛圍的〈小溪流〔註 202〕〉：「小溪流，慢慢流。沒有憂，沒有愁，自己的影子自己瞅」；以及暗喻滄海桑田的〈東鄉西鄉變一鄉〔註 203〕〉：「你住東鄉，我住西鄉，山高水深路頭長。有朝一日山水變，東鄉西鄉變一鄉」，都加深了兒歌的深度、將人文素養寓涵在兒歌之中。

　　認知兒歌是兒歌中數量較多的一類。在蘇北的認知兒歌中，把中國傳統文化裡對五尊（天、地、君、親、師）的認識與看法，融入在不同主題的兒歌之中；也將兒童基本的數字啓蒙涵括在內，極力建立起兒童對這個世界的完整認之能力。這些童謠除了展現出蘇北兒童認知歌謠豐富的內容以外、更反映出社會對於兒童心智發展的用心與期許。

四、情境歌

　　情境歌謠不同於認知歌謠以啓發兒童的認知能力爲主要目的；反而是側重於啓發孩童的感知能力爲主。這些觸發孩童情感共鳴的歌謠，對於兒童長成後感覺與知覺的統整能力具有一定的幫助；更同時在認知歌謠的理性認知之外，另外爲兒童建立起感性的同理心及包容心。

　　蘇北的情境歌謠主要包涵以下幾個重要的面向：家庭生活、兩性關係、同儕情誼。在這些面向中，又視歌謠數量及內容，各自發展出若干次要主題，如以家庭生活情境爲主題的歌謠中，以夫妻關係及貧困生活的情境或心境描述爲主，本文因此將其各從家庭生活情境歌中獨立出來、另行介紹討論。本單元將區分爲家庭生活、貧困生活、夫妻關係、同儕嬉遊、嘲弄打趣等部分，分別介紹蘇北兒歌。

（一）家庭生活歌

　　家庭生活歌中所描寫的，主要是以家爲場景所產生出來與心境、感受有關的兒歌。這類兒歌的調性大多溫暖、豐盛，充滿家庭特有的溫暖與趣味，使兒童得到心理上的慰藉與支持。

　　家庭生活歌所涵括的主題很廣，但多數是以廚房爲主要的場景。也因此與廚房有關的兒歌，是家庭生活歌謠中的大宗。例如在蘇北地區流傳最廣的

〔註202〕見《海州童謠》，頁 1。
〔註203〕見《海州童謠》，頁 31。

兒歌〈小板凳〔註204〕〉，唱的就是從新娘出嫁到進入廚房主掌中饋的點滴趣事，整首歌顯得荒唐不經、卻又帶有大而化之的趣味：

> 小板凳，馱衣裳。馱不動，喊張郎。
>
> 張郎擱家蓋瓦房，瓦房底，一溜水，
>
> 淫了大姐花褲腿。大姐大姐你別哭，
>
> 你娘拉車來帶你。
>
> 什麼車？金板銀板車。
>
> 什麼牛？禿尾巴老水牛。
>
> 拉過來，剃了頭，
>
> 先來的，吃塊肉。後來的，啃骨頭。
>
> 骨頭骨頭擱哪兒啦？扔擱大姐花園啦。
>
> 拾草的，剜菜的，剜去家，作麼的？
>
> 剜去家，包餃子，包得大，婆婆罵；
>
> 包得小，婆婆吃正好。
>
> 擱高了，賴雕叼了；擱矮了，貓兒逮了。
>
> 擱床沿，掉尿罐了。
>
> 摸一把，膠黏；吃一口，鮮甜。

這首歌的異文頗多〔註205〕，不過無論如何變化〔註206〕，歌謠都是以描述廚房裡忙中有錯的情境為主，在慌忙中傳達出的混亂與雜沓的趣味及美味。讓人忍不住對其中的荒唐莞爾一笑。

這麼混亂的生活該怎麼收拾？如果能添點幫手有多好呢！最好是小貓、小狗、小雞……大家都來幫忙，那不就讓媽媽輕鬆省事了嗎？想到這裡，女孩兒們就忍不住心想，未來自己出嫁以後，最好是有著「紅被窩、暖和和，狗燒水，貓辦飯，兔子挑水不歇擔，雞鵝鴨子把門看〔註207〕」的生活；再不然換幾個幫手也可以：「狗打水，貓燒鍋，老鼠炕頭捏窩窩，蒸熟給他個

〔註204〕見《新沂縣歌謠集成》，頁 172。

〔註205〕如銅山縣〈倆妞對歌〉，頁 232；〈一炸一煙缸〉，頁 223；連雲港〈小板凳〉，頁 220；睢寧縣〈小板凳，馱白布〉，頁 125。

〔註206〕也有將歌謠一分為二的情況，如新沂就分成〈小板凳〉及〈拾草的，剜菜的〉；或是開頭處再結合入〈小鐵匠〉的下聘過程（小大姐，歇一歇，你拉風箱我打鐵，掙幾個錢給你爹、你爹愛戴紅纓帽，你娘愛穿咯噔鞋）等。

〔註207〕見《海州童謠》〈女兒出嫁媽莫哭〉，頁 116。

〔註208〕」！媽媽你看，這安排得多好啊！

這麼一來，媽媽再也不用擔心小女孩嫁出去以後會吃苦受罪；生活更充滿了快樂的趣味，婆婆也一定會因此寵愛著能幹的小媳婦吧：「小大姐，走婆家，又吃魚，又吃蝦，回來還穿一身花〔註209〕」，那日子真是美極了！誰叫「俺是家裡的白大娃，可人疼，可人意，長大不惹娘生氣〔註210〕」呢？更何況「俺娘家，不是窮人家，刷金鍋，熬金茶，倒攔碗裡冒金花，金牛推，金牛拉，金牛頭上插金花……〔註211〕」，有多麼富貴，說也說不完，這麼可人意的媳婦兒，叫婆家的人打著燈籠上哪兒去找呢！

不過廚房裡總還是麻煩的。如果偷偷藏起好東西給心愛的哥哥，那可是要被全家人罵慘的。且看這位小媳婦怎麼挨罵：

> ……
> 五哥要吃綠豆麵。套了馬推一石，
> 金盆洗洗手，銀盆和上麵。
> 拿了擀軸一大片，拿了食刀一條線。
> 下鍋裡團團轉，盛到碗裡兩碗半。
> 叫了五哥來吃飯，妹妹做的好茶飯。
> 也不鹹，也不淡，公一碗，婆一碗，
> 兩個嫂子兩碗半。案板底下藏兩碗。
> 小二姐，來刷碗，搬了案板砸了碗，
> 爹也吵，娘也罵，兩個嫂子搗閒話。

像這樣因為自私帶來災難的廚房歌謠〔註212〕，讓孩子們體會到小媳婦兒在廚房裡的工作有多麼不容易，一不小心就挨罵的日子，怎比得上家裡！一想到這裡，小丫頭們就忍不住跑去向大大媽媽撒撒嬌〔註213〕：

> 娃娃葫蘆娃娃腰，我是我媽小嬌嬌。
> 娃娃葫蘆娃娃背，我是我大小寶貝。

〔註208〕見《徐州市歌謠集成》，〈一顆星〉，頁218。
〔註209〕見《銅山縣歌謠集成》〈小大姐走婆家〉，頁216。
〔註210〕見徐州市歌謠〈金豆芽，銀豆芽〉，頁359。
〔註211〕見《新沂縣歌謠集成》〈小金姐〉，頁189。
〔註212〕除了銅山縣本身的兩個版本以外，連雲港的〈隔牆聽話〉（見《海州童謠》，頁111）、〈小花雞跳磨台〉（見《海州童謠》，頁63）……等，都是這類歌謠的同宗兒歌。
〔註213〕見《海州童謠》〈撒嬌歌〉，頁127。

我嫂說我不下田，在家還能過幾年？

我好比牆頭一棵草，來了花轎抬就跑。

再想說我也說不到。

看著閨女兒這麼可愛，大大媽媽也忍不住寶貝起閨女來，真是：「小山楂，溜溜紅，誰家的閨女誰家疼。大白梨，上街賣，誰家的閨女誰疼愛〔註214〕」。不過女兒總有出嫁的一天，想到這裡，爸媽就忍不住地抱怨：「養個女兒俏貞貞，爹爹馱上轎，媽媽哭到大地廟……〔註215〕」，到那時候，「……爹跺腳，娘抬手，『再養女兒劈給狗』〔註216〕」，真是情何以堪啊！萬一閨女嫁了過去不受婆家歡迎，又該怎麼辦呢？媽媽忍不住交代起來：到時候千萬要記得，「丈夫愛你還好過，婆婆罵你怎麼了〔註217〕。吃的再好也想家，還是回來跟媽媽〔註218〕」

堂屋裡的話說到這裡，讓在廚房裡正忙和著的小媳婦也忍不住想偷聽一下婆家對自己的看法，不過人在廚房，

……

大鍋燒的茶，小鍋炒芝麻，

芝麻芝麻甫怎炸，俺聽堂屋大姐二姐說什麼話，

說的會擀麵，擀成一條線，

好針線，好茶飯，不出門，到早晚？〔註219〕

說來說去，還是離不開廚房。畢竟對兒童而言，廚房實在是個有趣的地方：裡面除了有手足無措的混亂、爭多吃少的大戰，也有充滿期待美食的甜蜜與滿足，且聽那頭〈烙粑粑〔註220〕〉裡，小拐磨拐呀拐的聲音正在響起：

拐磨拐，拉棍拉，磨點糊子烙粑粑。

公公吃了直點頭，婆婆吃了笑哈哈。

弟弟吃了誇嫂子，妹妹吃了樂開花。

有錢難買全家喜，愛吃粑粑俺烙粑粑。

〔註214〕見《海州童謠》，〈小山楂〉，頁87。
〔註215〕見《海州童謠》〈小蠶豆〉，頁101。
〔註216〕見《新沂縣歌謠集成》〈小白雞〉，頁224。
〔註217〕音同「瞭」，意思是「怎麼辦」。
〔註218〕見《睢寧縣歌謠集成》〈小毛丫，別要繞〉，頁130。
〔註219〕見《新沂縣歌謠集成》〈兒歌2〉，頁198。
〔註220〕見《海州童謠》，頁197。

除了粑粑，燒餅也不錯：

> 拐磨，拐磨，烙燒餅兩個，
>
> 吃一個，剩一個，留給小孩壓壓餓〔註221〕

這麼一個充滿香味與甜蜜互動的廚房，如此一個滿是愛與溫暖的家，讓小娃娃們怎麼離得開它！

（二）貧困生活歌

並不是家家戶戶、天天年年都有好日子過：總有那麼些不如意的人們，就像小巴狗兒家裡那樣，過著三餐不濟的日子；也使得小巴狗兒小小年紀，就得學會些功夫幫著家裡掙點錢來：

> 小巴兒狗，上南山，路子遠，短盤纏。
>
> 割柳條，編簸籃，打黍米，做乾飯。
>
> 老頭兒吃，老孃兒看，急得小孩啃鍋沿。
>
> 照頭打個大疙瘩，疙瘩疙瘩你別起，買個饅頭哄哄你。
>
> 饅頭也吃啦，疙瘩也好啦〔註222〕！

沒有柳條，葛條也行〔註223〕；蘇北到處都是能成活的生意〔註224〕，只要小巴兒狗願意，總是可以換點錢買吃食的；只是如此千辛萬苦才得來的吃食，倘若還吃不進嘴，當然會「急得小孩啃鍋沿」。

其實別說是小巴兒狗，就算是小丫頭，見到平常少見的好東西，也會「一個魚頭沒吃了，含著魚頭往家跑〔註225〕」。反正說來說去，再怎麼委屈，也總比捲起舖蓋去逃荒的王二家好吧！且看那王二家〔註226〕：

> ……

〔註221〕見《海州童謠》，頁98。

〔註222〕見《銅山縣歌謠集成》〈小巴兒狗〉，頁224。

〔註223〕見筆者編輯製作〈2010徐州歌謠採錄〉，由銅山縣大許鎮張世龍演唱，其歌詞如下：「小巴狗，上南山，抽葛條，賣銅錢。買大米，燜乾飯。老爹吃、老媽看，急得小孩啃鍋沿。」詳見附錄。

〔註224〕〈小巴兒狗〉是蘇北常見的兒歌，如邳縣的〈小紅孩〉（見《邳縣歌謠集成》，頁244）、新沂的〈小巴狗1〉、〈小巴狗2〉（見新沂歌謠，頁177及頁200）、《海州童謠》〈小巴狗〉（頁74）、徐州市〈小叭狗1〉（見《徐州市歌謠集成》，頁363）、〈小花花〉（頁360）……等，都是此類的同宗兒歌。

〔註225〕見《海州童謠》〈小丫頭〉，頁104。

〔註226〕見《銅山縣歌謠集成》〈拉大鋸拉大槐〉，頁245。類似的逃荒兒歌還有連雲港的〈小月亮〉，（見《海州童謠》，頁41）。

> 王二兩眼淚汪汪，捲起鋪蓋去逃荒。
>
> 前頭擔的爛棉花套，後邊挑起小孩秧。

好不容易看到了前頭有可以遮風避雨的地方，王二也忍不住喜得逗起孩子來了：

> 小孩小孩你笑一笑，前邊有座奶奶廟。
>
> 奶奶廟裡燒高香。前邊又遇扁擔庄，
>
> 扁擔壓來兩頭翹，苦水挑夠兩水筲。

這下子沒得吃沒得睡，小孩兒又忍不住哭了起來，

> 小孩小孩你別哭，前邊有間小車屋。
>
> 添上水，坐上鍋，灶老爺氣得冒白沫，
>
> 爹一瓢，娘一瓢，兩個小孩兩半瓢，
>
> 眼淚又掉兩水瓢。

不過再怎麼苦，只要別像小貍貓那樣走黑路，叫人給劫了錢包、落得賣小孩兒的下場就好了：

> 小貍貓，上單縣。走黑路，斷盤纏。
>
> 賣公雞，肯叫喚；賣母雞，肯下蛋。
>
> 賣孩子，怪可憐，賣老婆，不值錢。

君不見有孩兒被賣到輪船上做小工，連爹娘面都見不到：「……端起碗，想起娘；擱下碗，餓得慌。張大娘，李大娘，捎個信，給俺娘。俺娘是個補鞋匠，俺大是個打柴郎〔註227〕」，多可憐啊！

（三）婚姻生活歌

婚姻生活在兒歌中也是熱門的題材。對兒童來說，娶新媳婦是家裡的大事，所以關於婚禮上的種種過程，常被兒童做為模仿、嬉戲的主題。如這首〈小豌豆〔註228〕〉，就是兒童模仿迎娶的歌謠：

> 小豌豆，瘸一瘸，俺到南湖接豆姐。
>
> 豆姐兒生氣不來啦，俺把花轎拉來了。
>
> 兩個箱子兩個櫃，兩個手捏子〔註229〕擦眼淚。

不過光是這樣好像還不夠，且看這一家的小男生怎麼對心儀的小女生說：

〔註227〕見《新沂縣歌謠集成》〈兒歌3〉，頁198。
〔註228〕見《新沂縣歌謠集成》，頁187。
〔註229〕手帕。

小大姐，你莫笑，正月十六就來要。

青竹杆，大紅轎，一對喇叭一個號。

一對堂鑼噹噹叫。打開櫃，紅綾被，

打開箱，好衣裳。一雙繡鞋放當央，……

保你到時喜得慌！

對於小男孩來說，娶老婆似乎是件再好不過的事，因為從此可以有個漂亮的小媳婦陪自己玩，還可以隨時照顧自己。所以在蘇北歌謠中，想要娶老婆的兒歌還真不少，不但自己要娶，還要幫兄弟也張羅一個〔註230〕：「小白雞，蹲草個，沒得媳婦實難過，一斗大麥換兩個，大哥一個我一個」。至於要娶什麼樣的老婆呢？當然是娶一個可愛漂亮的老婆啦，於是看到了漂亮的小女生，男生們也就忍不住搶著開起玩笑來〔註231〕：

小葫蘆，開黃花，是我娘看中的。

今年春天娶來家，明年養個胖娃娃

明年養娃娃都還嫌慢了，最好能像這樣：「新媳婦，爬梯子，掉下來，麥粒子。麥粒出芽了，小孩會爬了〔註232〕」，那就再好不過啦！

不過娶來之後，小倆口兒可別吵架；否則可要鬧笑話了〔註233〕：

香杞菜，辣杞菜，兩口子打架要分開。

一個住城裡，一個住城外；

一個打燒餅，一個賣熟菜。

鬧了笑話還不打緊，擔誤了營生才是大事，千萬別像這個賣豆腐的王小兒，發起脾氣來要打老婆〔註234〕：

王小兒，賣豆腐，賣得不夠本，到家打媳婦。

媳婦說，不怨我，怨你給得多。

你要打死我，誰給你做豆腐？

沒想到這個王小兒居然說，「我要打死你，再娶個花媳婦」！唉呀，這可怎麼得了呢！

所以說，吵架打架最好是拉拉手就罷，就像這對小倆口，雖然「兩口子

〔註230〕見《海州童謠》〈小白雞〉，頁 61。
〔註231〕見《海州童謠》〈小葫蘆〉，頁 102。
〔註232〕見《睢寧縣歌謠集成》〈新媳婦，爬梯子〉，頁 134。
〔註233〕見《銅山縣歌謠集成》〈香杞菜〉，頁 214。
〔註234〕見《銅山縣歌謠集成》〈王小兒賣豆腐〉，頁 256。

打架拉傢伙」，弄得身旁的來拉架的也人仰馬翻（俺去拉，給俺兩火叉；俺去拽，給俺兩鑿蓋），不過過了一會兒床頭吵，床尾和（俺走了，兩口子在家喝酒了：俺來了，兩口子在家打牌了），雖然讓雨過天青，不過眞教人不知如何是好；只好轉回頭來安慰旁邊的婆婆：「小孩娘，別生氣，兩口子打仗嘻來意〔註235〕」！

（四）嬉玩歌

兒歌中有一類嬉玩歌，表現出兒童與遊戲對象間的友誼。無論對方是青梅竹馬的玩伴、或是可愛的小動物；甚至是一動也不動的小石龜，透過兒童純眞的雙眼與心靈，都能培養出與成人世界不同的情誼與趣味。

這些嬉玩歌裡，有的是玩伴間相互立誓、約定著就算死了也要等著一起過奈河橋：「你也連，我也連，我倆結交訂百年。哪個九十八歲死，奈何橋上等兩年〔註236〕」，有義氣的小伙伴之間，甚至要好到連一塊簡單的零食也要互相分享：「不用掐，不用算，你一半，我一半，咱倆一塊就大蒜〔註237〕」。沒有零食怎麼辦？沒關係，滿地的泥巴都可以用，「捏個碗，捏個盅，捏倆娃子坐當中。我燒菜，你燎酒，咱倆今天喝個夠。〔註238〕」

這種同伴間的情誼也會延伸到陪伴兒童的小動物身上。像那隻跑得飛快的小牛犢，就是小傢伙的好朋友：「小牛犢，跑得快，拉上桌子擺上菜。你一盅，我一盅，咱們拜個乾兄弟〔註239〕」；至於屋外那隻不吃食的小豬，也是小朋友們關心的對象：「月姥娘，亮堂堂，買個小豬不吃糠。……眼淚汪汪想牠娘〔註240〕」，多讓人心疼啊！還有家裡那隻可愛的小巴兒狗：「小巴狗，講義氣，俺倆拜個乾兄弟。有時好事你讓我，今天好事我讓你。我坐板凳你坐地，我吃饅頭你吃屁〔註241〕」，甚至是被小大姐們抱回家當娃娃的花蛙蛙〔註242〕……都讓這些小毛孩兒的生活增添不少趣味。

不過如果不是自己家裡養的狗，那麼可是會咬人的！你看那個小紅孩，

〔註235〕見《新沂縣歌謠集成》〈金針菜，插媽糊〉，頁128。
〔註236〕見《海州童謠》〈心連心〉，頁45。
〔註237〕見《海州童謠》〈分餅〉，頁29。
〔註238〕見《新沂縣歌謠集成》〈摔泥炮〉，頁156。
〔註239〕見《邳縣歌謠集成》〈小牛犢〉，頁243。
〔註240〕見《睢寧縣歌謠集成》〈月姥娘，亮堂堂〉，頁123。
〔註241〕見《睢寧縣歌謠集成》〈小巴狗，講義氣〉，頁129。
〔註242〕見《新沂縣歌謠集成》〈摟豆葉〉，頁195。

「推紅車，推到南邊高崗上，脫褲撓癢癢」，結果「南邊來隻大花狗，照腚咬一口」，這可怎麼辦？只好看見大娘就嚷著「大娘大娘給點麵，糊腚半！大娘大娘給點油，糊腚油〔註243〕」吧！

　　大花狗會咬人、小豬不乖乖吃食，這些小動物都挺麻煩的，還是不會亂跑的石龜可愛！那麼，蹲在那兒一動也不動的石龜又在幹什麼呢？原來是肚子餓了，那麼：

　　　　……

　　　　　　給你風給你雨，給你星星帶條腿。

　　　　　　不吃風不吃雨，不吃星星帶條腿。

　　　　　　你吃啥？我吃麥，還吃啥？還吃苗。

　　　　　　沒有麥，沒有苗，給你葫蘆給你瓢〔註244〕！

這些純真可愛的友情，真是蘇北小孩兒成長過程中最珍貴的記憶！

（五）嘲弄歌

　　蘇北的情境兒歌中，數量最多的當推嘲弄歌。這一類的歌謠沒有特定目標，但多以對人的嘲弄為主。無論是害羞靦腆的小姑娘、或是急著要討好老丈人的小女婿、懶惰不得人緣的大嫂、或是長相怪異、令人發噱的人，都是孩童們隨口打趣的對象。

　　在各種嘲弄的方式中，最令人發噱卻也難免使人難堪的嘲弄，莫過於打趣他人的外表或行為，像是嘲笑大頭（大頭大頭，下雨不愁。人家有傘，我有大頭〔註245〕）、大腳（大腳好，大腳好，下雨不跌倒〔註246〕）、吃得多（上山吃一鍋、下山吃一瓢，出外轉一轉，回來又吃兩煨罐〔註247〕）、長得醜（鼻子像麻將，驢臉像八餅。嘴八像褲腰〔註248〕）、麻子臉（麻子麻，用刀剮，剮兩肉，包包吃〔註249〕）……等，都是兒童們直接打趣的焦點。

　　至於社會上奇形怪狀的打扮、新潮大膽的作風，在引發注意及話題的同時，也常會成為兒童嘲弄的目標，例如頂著飛機頭的小大姐（小大姐，不用

〔註243〕見《睢寧縣歌謠集成》〈小紅孩推紅車〉，頁121。

〔註244〕見《新沂縣歌謠集成》〈石龜〉，頁156。

〔註245〕見《海州童謠》〈大頭大頭〉，頁134。

〔註246〕見《海州童謠》〈大腳大〉，頁150。

〔註247〕見《海州童謠》〈大肚老窖〉，頁157。

〔註248〕見《海州童謠》〈看你那個樣〉，頁135。

〔註249〕見《海州童謠》〈麻子麻〉，頁153。

愁，打開圓門住高樓。生髮油、飛機頭，想找對象不用愁〔註250〕）；大膽利用美色招徠客戶的攤販（公公坐陣媳婦賣，姑娘門前做招牌。小嬌嬌，招蜂引蝶想發財〔註251〕）；作風大膽的適婚女子（七里村，八里巷，十個大閨九個浪，一個不浪追貨郎〔註252〕）；以及可笑的手藝（三個大姐會梳頭……，三姐不會梳，一梳梳個喜鵲窩，喜鵲來下蛋，一嚇一身汗；喜鵲來抱窩，一嚇一哆嗦〔註253〕）……等，這些千奇百怪、隨機出現的狀況，也都是嘲弄兒歌拿來作文章的對象。

　　上述的題材之外，還有一些社會上平日就引人非議的話題與人物，同樣會引來兒童無情的嘲弄。像是愛吹牛的人（半升小麥過一夏，餓你翻白眼〔註254〕）、說空話的軍人（頭戴黃軍帽，點頭哈哈笑。腳穿解放鞋，你我談得來。身穿紅坎肩，賽如作神仙。手戴中山錶，時間早早早，派克鋼筆胸前掛，一天到晚說大話。……〔註255〕）、刻意走到暗處偷情的男女（大街不走走背巷，一撞撞個武二鬼，叭叭叭叭親個嘴。嘴靠嘴，腮靠腮，小雞又靠蠍子歪〔註256〕）、養出私孩子的閨女（乾妹妹，一頭睡，睡到五更頭，養個小毛頭，包包裹裹上高樓〔註257〕）、好吃懶作的婆娘（不會擀，不會烙，就會和麵燒雞腳。公公兩條婆兩條，男人兩條她兩條，案板底下藏兩條，不是八條是幾條？〔註258〕）；四處留情的花心大少（小花雞，一身花，上山打食不回家。家裡擱著靈芝草，外頭撇朵牡丹花〔註259〕）；吝嗇的遺老（小辮扣銅錢，要吃乾飯等過年〔註260〕）、失勢的官員（點點堂堂，牽豬放羊，新官上任，舊官退堂〔註261〕）、利用特權的聞人（小皮鞋，呱呱叫，坐火車，不打票〔註262〕）、服裝不整的邋遢新娘（歪戴帽，狗抬轎，抬到婆家沒人要〔註263〕）……等，

〔註250〕見《海州童謠》〈小大姐〉，頁107。
〔註251〕見《海州童謠》〈招蜂引蝶想發財〉，頁140。
〔註252〕見《海州童謠》〈一個不浪追貨郎〉，頁137。
〔註253〕見《海州童謠》〈小花雞〉，頁62。
〔註254〕見《海州童謠》〈說大話〉，頁147。
〔註255〕見《海州童謠》〈頭戴黃軍帽〉，頁148。
〔註256〕見《海州童謠》〈大街不走走背巷〉，頁154。
〔註257〕見《海州童謠》〈乾妹妹〉，頁105。
〔註258〕見《銅山縣歌謠集成》〈懶老婆〉，頁242。
〔註259〕見《銅山縣歌謠集成》〈小花雞〉，頁248。
〔註260〕見《海州童謠》〈小辮扣銅錢〉，頁11。
〔註261〕見《睢寧縣歌謠集成》〈點點堂堂〉，頁139。
〔註262〕見《海州童謠》〈小皮鞋〉，頁10。
〔註263〕見《海州童謠》〈歪戴帽〉，頁112。

都成爲被嘲弄的對象。至於曾經作威作福、氣燄高張的〈還鄉隊〔註264〕〉，一旦失了勢，那種前踞後恭的嘴臉，就更讓兒童們大唱特唱了：

> 對，對，王小子，本姓魏，從南邊帶來個還鄉隊。
>
> 提著槍，背著被，手中小雞提一對。
>
> 一時到俺前屋坐，二時到俺後屋睡。
>
> 一時要飯吃，二時要鹹味。
>
> 豆角炒小雞，雞蛋熬小魚，缺少辣椒沒有味。
>
> 他踢俺箱子砸俺櫃，媽雞奶雞罵幾陣，
>
> 掀了桌子摔了盆，大碟小碟砸成對。
>
> 現在解放了，他一不要飯吃，二不要鹹味，
>
> 皺著眉頭流眼淚。

這些露骨直接、批判性極強的童謠，從純眞的兒童口裡唱出來，產生藉由強烈反差所帶來的荒唐感，讓人聽了也不禁直搖頭苦笑。

嘲弄歌中比較殘酷的，當推對於貧窮或不幸者無情的譏諷。在徐州地區，有一首〈請奶奶〔註265〕〉，嘲弄小姐妹三人無法同時出門的窘況，因爲家裡只有一條褲子：

> ……
>
> 奶奶不在家，請你姐妹仨。
>
> 妹妹沒有鞋，氣得亂蹦抬。
>
> 妹妹沒有褲子，氣得亂摸肚子。
>
> 沒有鞋，找磨研，沒有褲多走路，
>
> 沒有襪，找碓搗。

還有對鰥夫生活不便的嘲諷〔註266〕：

> 小紅孩，挎竹籃，你挎的是什麼？
>
> 挎的紅雞蛋，你不吃的？
>
> 沒柴燒呢。你怎不上樹摳呢？
>
> 俺怕掛破大皮襖呢。

〔註264〕見《新沂縣歌謠集成》，頁184。

〔註265〕見《新沂縣歌謠集成》〈請奶奶〉，頁180。同宗兒歌還有《睢寧縣歌謠集成》〈扯大鋸，拉大鋸〉，頁116。

〔註266〕見《睢寧縣歌謠集成》〈小紅孩挎竹籃〉，頁124。同宗歌謠還有銅山縣及邳縣的〈小紅孩〉、新沂縣的〈小紅孩兒提紅籃〉等。

你不能叫媳婦補嗎？

媳子死了呢！

……你怎不哭的？

黑牛鼻黃牛鼻，一直哭到大李集。

黑牛角黃牛角，一直哭到太陽落。

在這些嘲弄歌中，世界上一切關於新舊、貧富、好壞的標準全都重新定義，所憑著的標準是兒童們以的直覺討論出的主觀與情緒化認定。不過這些標準及所唱出的歌謠往往一針見血、直指本心；在表現兒童純真與童趣的同時，不啻為反映社會實貌的哈哈鏡。

五、邏輯歌

蘇北兒歌也像〈生活歌〉，有大量以顛倒邏輯為題材的歌謠。這些或名為〈顛倒歌〉、〈顛倒語〉、〈說空〉、〈十八扯〉……等等的歌謠，雖然同樣是以顛倒是非為主題，但是比起生活歌裡的內容，兒歌中的顛倒歌顯然更具有樸拙的童趣。銅山縣的〈月姥娘長長〔註267〕〉就是一例：

月姥娘長長，狗咬綿羊。

瞎子看著，瘸子撞上。

啞巴出來，吵一晚上。

月亮怎麼可能是長的？狗又怎麼可能要吃綿羊？瞎子怎麼看？瘸子怎麼撞？啞巴怎麼吵能吵上一晚上？這些邏輯不通的說法，正是顛倒歌的趣味所在。

又如新沂縣的〈顛倒語〔註268〕〉唱著：「……螞蟻過河踩塌了橋，鵝毛過河沉了底兒；碌碡過河水上飄，花椒樹，結櫻桃，老鼠含個大貍貓」，歌中把輕重顛倒、大小錯置，又是另一種挑戰邏輯概念的趣味。連雲港市的〈東西大街南北走〔註269〕〉，則是另一首極具趣味的顛倒歌，其歌如下：

東西大街南北走，出門碰見人咬狗。

拿起狗來打磚頭，磚頭咬了狗的手。

除了完全不合邏輯的情境之外，帶有頂真特色也是這首歌能讓人朗朗上口的主因。

〔註267〕見《銅山縣歌謠集成》，頁229。

〔註268〕見《新沂縣歌謠集成》，頁208。

〔註269〕見《海州童謠》，頁170。

　　至於〈八不沾〔註270〕〉，是童謠版的〈古今大會戰〉，把橫跨古今一千年左右的歷史事件與人物重新組合，讓所有人的認知全亂了套。例如「孫臏搬娶王三姐，傳氈來了關美髯」，末了歌者自己也承認「驢頭打在馬嘴上」，是一場十足的古今大混戰。

　　蘇北固然有不少以顛倒邏輯為主題的歌謠，但是也將生活常識依邏輯唱出來、以教導兒童如何觀察事理變化的兒歌，如連雲港的〈桃花開〔註271〕〉：

> 桃花開，杏花開，金銀木耳黃花菜，
>
> 鼻下面是個嘴，眼皮上邊額腦蓋。
>
> 正月裡是新年，餃子下鍋往上翻。
>
> 乾草著火一出溜，濕草著火會冒煙。

歌中「餃子下鍋往上翻」、「乾草著火一出溜，濕草著火會冒煙」，都是兒童在日常生活中常見的物理反應，如果不能學會觀察這些變化所帶來的狀況，那麼必然會出現生活上的困難。

　　銅山縣的〈小孩小孩還怪好〔註272〕〉，則是另一種形式以「怕」為邏輯的兒歌。類似於「生活歌」中的〈怕字歌〉。這首兒歌是以「……還怪好，就怕……」的句型構成，內容則是介紹日常生活的常識，茲轉錄如下：

> 小孩小孩還怪好，就怕稀泥滑倒了。
>
> 稀泥稀泥還怪好，就怕太陽曬乾了。
>
> 太陽太陽還怪好，就怕雲彩遮住了。
>
> 雲彩雲彩還怪好，就怕大風刮跑了。
>
> 大風大風還怪好，就怕牆頭擋住了。
>
> 牆頭牆頭還怪好，就怕老鼠鑽透了。
>
> 老鼠老鼠還怪好，就怕狸貓逮住了。
>
> 狸貓狸貓還怪好，就怕繩索套住了。
>
> 繩索繩索還怪好，就怕石刀砍斷了。
>
> 石刀石刀還怪好，就怕鐵匠砸毀了。

歌中具有連珠修辭的趣味，也帶有邏輯推理的評估，是一首具有強烈節奏性及多重特色的兒歌。

〔註270〕見《新沂縣歌謠集成》，頁214。
〔註271〕見《海州童謠》，頁91。
〔註272〕見《銅山縣歌謠集成》，頁236。

蘇北還有一類過份誇大以至於不合邏輯的歌謠，以新沂縣的〈月月忙〔註273〕〉為例：

> 有位姑娘本姓王，名字叫做王香香。
>
> 正月說媒二月娶，三月生下小兒郎。
>
> 四月會爬五月走，六月喊爹又叫娘。
>
> 七月裡學堂把書念，八月提比寫文章。
>
> 九月裡北京去趕考，十月得中狀元郎。
>
> 十一月裡把官做，十二月告老還家鄉。
>
> 臘月三十得了病，未到天明見閻王。
>
> 這孩子生得快來死得早，一輩子未見餃子湯。
>
> 要問孩子叫什麼？起名就叫月月忙。

無論是顛倒邏輯、教導兒童依照邏輯觀察事物；或是以誇大的方式不合邏輯，這些歌謠中所提供讓人思考的空間，以及有趣的內容，在兒歌中都已別樹一幟，使人玩味。

六、頂眞歌

童謠中的頂眞歌謠，可以說是最具有語言趣味的一類。頂眞歌裡的內容不見得每一首都能合乎邏輯、有時甚至不知所云，但最重要的是具有修辭學中頂眞格的特色，在念唱時能夠順利地一句接著一句發展下去，就可以成為一首出色的頂眞兒歌。

〈小鬼小鬼別淘氣〔註274〕〉是兒童們在遊戲時常在口中念唱的頂眞歌，可以說是頂眞歌最簡明的版本。歌謠以「小鬼小鬼別生氣，媽媽帶我去看戲，什麼戲？游戲；什麼游？豆油；什麼豆？豌豆……」為內容，一層層傳遞延續，長度及內容都是即興發揮，具有極大的彈性。這首歌謠在筆者幼時（約當一九八〇年代）與同學嬉戲時也曾隨口念唱，與〈城門城門幾丈高〔註275〕〉都是膾炙人口的頂眞歌謠。

在蘇北的頂眞兒歌中，最常見的當推以〈月姥娘，八丈高〔註276〕〉為名

〔註273〕見《新沂縣歌謠集成》，頁213。
〔註274〕見《海州童謠》，頁181。
〔註275〕見《海州童謠》，頁193；其同宗兒歌還有〈龍門龍門幾丈高〉，見《海州童謠》，頁194。
〔註276〕見《銅山縣歌謠集成》，頁187。

的廚房兒歌〔註277〕。其歌如下：

> 月姥娘，八丈高，騎白馬，戴洋刀。
> 洋刀快，切白菜，白菜老，切紅襖。
> 紅襖紅，切紫鈴，紫鈴紫，切麻籽；
> 麻籽麻，切板銅；板銅板，切黑碗。
> 黑碗黑，切糞堆。糞堆臭，切臘肉。
> 臘肉辣，切苦瓜；苦瓜苦，切老虎。
> 老虎一睜眼，四個碟子八個碗。

至於老少咸宜的《西遊記〔註278〕》，也被當作是兒歌的題材，改編成嚴謹有趣的頂眞歌，在徐州地區流行〔註279〕：

> 唐僧騎馬蹬蹬蹬，後面跟個孫悟空。
> 孫悟空跑得快，後面跟個豬八戒。
> 豬八戒鼻子長，後念跟個沙和尚。
> 沙和尚挑著籮，後面跟個老妖魔。
> 老妖魔眞正壞，欺騙唐僧和八戒。
> 唐僧八戒太糊塗，是妖是魔分不出。
> 分不出，上了當，多虧悟空眼睛亮。
> 眼睛亮冒金光，高高舉起金箍棒。
> 金箍棒有力量，妖魔鬼怪都消光！

至於其他具有故事情節的頂眞歌，在蘇北兒歌裡實在不勝枚舉，如笑罵不賢婦人挑三揀四的〈摔了一腚泥〔註280〕〉（買來粉，她不擦，攛著漢子去買麻；買來麻，她不搓，攛著漢子去買鍋；買來鍋，她不做，攛著漢子去買肉；買來肉，她不切，攛著漢子去買車……，買來驢，不叫她騎她偏騎，走到漫窪裡，摔了一身泥。）；具有連珠修辭特色的〈疤眼青〔註281〕〉（疤眼要聽戲，聽戲沒有錢；疤眼要打牌，打牌沒有燈；疤眼要當兵，當兵人不要；疤眼急亂跳，亂跳沒人管，疤眼氣得滿街叫），都是具有情節趣味的頂眞歌。

〔註277〕邳縣〈月姥娘〉；睢寧〈月姥娘，八丈高〉、新沂〈望月兒歌〉、〈小小涼船擺
　　　　四方〉；連雲港《海州童謠》〈小白果〉等，都是此歌的同宗兒歌。
〔註278〕見《銅山縣歌謠集成》〈唐僧取經〉，頁206。
〔註279〕睢寧也有〈唐僧騎馬蹬蹬蹬〉，頁133。
〔註280〕見《徐州市歌謠集成》，頁357。
〔註281〕見《海州童謠》，頁130。

　　比較特別的還有連雲港的〈小老兒〔註282〕〉。這是一首與〈胡打算〉有
異曲同工之妙的頂眞歌；甚至可以說是〈胡打算〔註283〕〉的兒歌版，且看小
老兒如何經營：

　　　　小老兒，尿尿和爛泥，捏個大煙袋，自個上街賣。

　　　　賣兩錢，好買鹽；鹽味苦，買豆腐。

　　　　豆腐香，買生薑；生薑辣，買棉襪。

　　　　棉襪暖，買團碗；團碗團，買只船；

　　　　船兒卡，買匹馬；馬兒不上路，買匹布；

　　　　布有絲，買只雞；雞兒不下蛋，買只雁。

　　　　雁不飛，買只龜；龜不爬，買只霞（鳥）；

　　　　霞不喊，買只破燈盞。

　　　　破燈盞會耗油，買個老墩牛。

　　　　老墩牛不擋牆，買口破水缸，

　　　　破水缸會漏水，買條油炸鬼。

　　　　老頭老嫚油油嘴。

　　在各類兒歌中，頂眞歌常與繞口令一樣有較長的篇幅，但是卻仍然受到
兒童的歡迎，主要原因就在於頂眞的句法使兒童易懂易記、歌詞長度固定、
節奏明快、強烈，方便兒童在兒童從事具節奏性的遊戲（如跳繩、跳格子、
拍腳板、過城門、對花瓶等）時念唱，以爲固定速度、齊一節奏之用。

七、繞口令

　　繞口令是我國文化中特有的語文遊戲，要被稱爲是「繞口令」的歌謠，
必須具備「把雙聲、疊韻詞編成字句，使人不易念得清晰〔註284〕」的特點，
方可被歸入「繞口令」之流。

　　繞口令具有「訓練咬字、矯正口音、練習各種聲調〔註285〕」的功用，常
被戲劇界、曲藝界拿來作爲磨練演員的基本入門功；也被民間用來作爲訓練

〔註282〕見《海州童謠》，頁17。

〔註283〕參見本文第伍章第三節〈長篇故事歌〉。

〔註284〕見方中權等編纂《學典》〈繞口令〉條，（台北・三民書局，2006年6月），
　　　　頁968。

〔註285〕見教育部國語文推行委員會《重編國語辭典修訂本》網路版〈繞口令〉條，
　　　　http://dict.revised.moe.edu.tw/cgi-bin/newDict/dict.sh?idx=dict.idx&cond=%C2
　　　　%B6%A4f%A5O&pieceLen=50&fld=1&cat=&imgFont=1

兒童語言表達能力的工具之一。在蘇北歌謠中，繞口令的數量雖然不多，但每一首都是各具特色的傑作。

在蘇北各地所收錄的繞口令中，又以新沂縣所收錄的繞口令最具規模，在多達十首的繞口令中，可以見到為訓練不同類別聲母發音所產生的兒歌，例如以聲母「ㄊ」與「ㄘ」為發聲主軸的〈崔粗腿與崔腿粗〔註286〕〉；以聲母「ㄏ」與「ㄈ」為主軸的〈褲子與縫〔註287〕〉、〈畫與風〔註288〕〉；還有用聲母「ㄓ」與「ㄔ」交織成的〈豬與屎〔註289〕〉；混合了「ㄆ」與「ㄇ」、「ㄅ」與「ㄥ」等聲母及韻母而成的〈門盆棚之歌〔註290〕〉；聲母「ㄍ」與「ㄅ」的〈布與鼓〔註291〕〉、〈瘤與穀〔註292〕〉……等，都是在新沂縣可見到的繞口令。

這些繞口令有長有短，短小精悍如「豬吃我屎，我豬吃屎」；長者如多達五十幾句、具有故事情節的〈好人家〔註293〕〉，都在新沂縣出現。至於徐州市的〈兩個瘸子〔註294〕〉，則是以「ㄑ」、「ㄐ」兩類聲母所形成的字音混搭發揮到極致，使之具有故事內容的繞口令，同樣具有幽默逗趣的內容，茲轉錄於下：

> 從南來個瘸子，腰裡別個橛子；
> 從北來個瘸子，腰裡別個茄子。
> 從南來腰裡別個橛子的瘸子，
> 要從北來腰裡別茄子的瘸子的茄子；
> 從北來腰裡別茄子的瘸子，
> 不給從南來腰裡別橛子的瘸子的茄子。
> 從北來腰裡別茄子的瘸子，
> 要從南來腰裡別橛子的瘸子的橛子；
> 從南來腰裡別橛子的瘸子，

〔註286〕見《新沂縣歌謠集成》〈繞口令〉，頁218。
〔註287〕見《新沂縣歌謠集成》〈繞口令〉，頁219。
〔註288〕見《新沂縣歌謠集成》〈繞口令〉，頁219。
〔註289〕見《新沂縣歌謠集成》〈繞口令〉，頁219。
〔註290〕見《新沂縣歌謠集成》〈繞口令〉，頁218。
〔註291〕見《新沂縣歌謠集成》〈繞口令〉，頁220。
〔註292〕見《新沂縣歌謠集成》〈繞口令〉，頁220。
〔註293〕見《新沂縣歌謠集成》，頁211。
〔註294〕見《徐州市歌謠集成》，頁445。

不給從北來腰裡別茄子的瘸子的楄子。

　　這首繞口令的內容及語音複雜度，可以稱得上是蘇北一絕；就算不以蘇北方言念唱也一樣困難；一般人念到一半往往就就齒舌大亂，趣味橫生。

　　至於〈八兄弟換工〔註295〕〉則更是一絕，歌中將「ㄅ」與「ㄆ」；「ㄅ」與「ㄆ」；「ㄐ」與「ㄑ」；甚至是「ㄓ」、「ㄔ」、「ㄕ」、「ㄖ」等聲韻的字全混在一起，組成整首繞口令，描述老師父不在家時，八個小和尚一時興起、互換任務導致寺裡天下大亂的笑話。於此特別轉錄於下，以供品玩我國語音遊戲之妙：

　　　　出大門，上正東；頂頭碰見一棚僧；

　　　　一棚僧有八個大徒弟，個個徒弟都有名。

　　　　大徒弟就叫崩葫蘆把，二徒弟就叫把葫蘆崩；

　　　　三徒弟就叫乒乓點兒；四徒弟就叫點兒點兒乒；

　　　　五徒弟就叫青頭楞，六徒弟就叫楞頭青；

　　　　七徒弟就叫生生面兒，八徒弟就叫面兒面兒生。

　　　　崩葫蘆把會打鑔，把葫蘆崩會念經；

　　　　乒乓點兒會吹管，點兒點兒乒會捧笙；

　　　　青頭楞會敲磬，楞頭青會撞鐘；

　　　　生生面兒會做飯，面兒面兒生會剝蔥。

　　　　這天老師不在家，他弟兄八個工換工。

　　　　把葫蘆崩要打崩葫蘆把的鑔，

　　　　崩葫蘆把要念把葫蘆崩的經；

　　　　點兒點兒乒要吹乒乓點兒的管，

　　　　乒乓點兒要捧點兒點兒乒的笙；

　　　　楞頭青要敲青頭楞的磬，

　　　　青頭楞要撞楞頭青的鐘；

　　　　面兒面兒生要做生生面兒的飯，

　　　　生生面兒要剝面兒面兒生的蔥。

　　　　把葫蘆崩打不響崩葫蘆把的鑔，

　　　　崩葫蘆把念不會把葫蘆崩的經；

　　　　點兒點兒乒吹不響乒乓點兒的管，

_____

〔註295〕見《徐州市歌謠集成》，頁445。

乒乓點兒不會捧點兒點兒乒的笙；

楞頭青敲不響青頭楞的磬，

青頭楞撞不響楞頭青的鐘；

面兒面兒生不會做生生面兒的飯，

生生面兒不會剝面兒面兒生的蔥。

崩葫蘆把，還打鑔，

把葫蘆崩，還念經，

乒乓點兒還吹管，

點兒點兒乒，還捧笙，

青頭楞，還敲磬，

楞頭青，還撞鐘；

生生面兒，還做飯，

面兒面兒生，還剝蔥。

　　要念出如此嚴謹複雜的繞口令，相信絕不是一蹴可即；如果真能順利念出，必會是一場精彩的表演！

　　蘇北兒歌具有鮮明的節奏，用字簡樸明快，語氣直率純真，且富想像力，表現出純真可喜的趣味。除此之外，從蘇北兒歌可以反映出以下幾點特色：

　　一、**兒歌是整個蘇北大社會的縮影**。兒歌中所唱念的內容，上自天文地理、下至人情世故、旁及歷史地理及社會時事，無所不包的特質，可以說是簡易版的民歌縮影。

　　二、**兒歌用字遣辭具有一語中的的特質**。兒歌限於吟唱者的年齡及認知能力，其用字遣詞往往比一般歌謠更簡明有力；這種情況尤其以情境歌謠中的「嘲弄歌」為最，對於成人世界中曖昧難言的情境，兒歌往往不假辭色，直接道破世事情態的虛偽本質，令人無可迴避。

　　三、**兒歌是最即興的歌謠**。只要能做到合韻、節奏清晰等特性，就是一首膾炙人口的兒歌；至於內容用字則常會視情況更動；這種情況在搖籃曲中最為明顯，其內容往往無可解釋。

　　四、**兒歌是寓教於樂最佳的工具，對於兒童德智體群美等各方面的養成教育，具有一定的輔導作用**。例如認知歌謠具有高度的童蒙教育功能；情境歌謠則為兒童日後養成推己及人的同理心、以及觀察人情世故的判斷能力提

供相關的指標。再者如遊戲歌，提供了兒童鍛鍊體能、培養手眼協調的機會；繞口令則是有目的並嚴謹地對兒童的口語能力提供訓練；遊戲歌提供給兒童培養群性的機會。至於多數的兒歌都同時具有高度的想像力與創造力，引導兒童從不同的角度觀察世界。由此看來，兒歌的教育功能無可輕忽。

五、**兒歌隨時代改變而日趨勢微**。隨著時代的轉變與科技的進步，多數兒童的娛樂方式已從早期舊社會的群體遊戲進化為聲光玩具；遊戲時間也已被大量的課後輔導及才藝課程填滿。這些轉變使得兒歌不再具有存在及傳播的時空優勢，使兒歌與遊戲一起在現代社會中式微。

六、**舊時兒歌大多以廚房生活為唱念背景**。主要原因在傳統社會中，兒童的主要照顧者是母親；而多數婦女終日在廚房中主持中饋、同時照顧幼兒，因此母親的情緒及視野直接影響兒童，成為兒歌中最常見到的主題。兒童在兒歌中的認知，往往直接承襲自母親而來。在成人世界中難以用言語表達的情感或情緒，在兒歌中則可藉著小動物傳達。在童趣之外，同時也反映出成人世界的世故與無奈。

是為蘇北兒歌。